Eugen E. Hüsler, Peter Deuble, Markus Meier

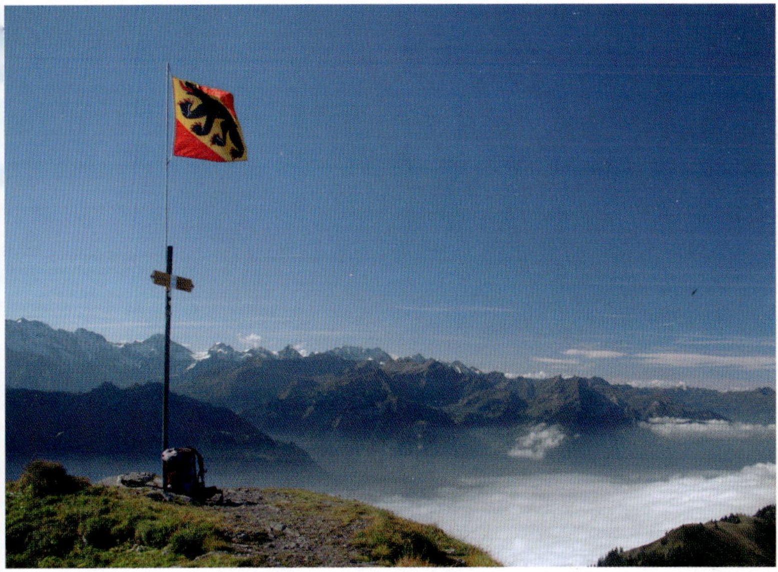

# Berner Oberland

## 48 Gipfeltouren, Hochtouren, Höhenwege und Klettersteige



BRUCKMANN

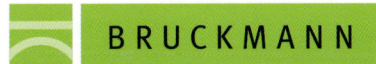

# PIKTOGRAMME ERLEICHTERN DIE ÜBERSICHT

## Tourenbewertung
**Zur genauen Erklärung der Schwierigkeitsgrade s. S. 18**

   Einfachere Touren

   Mittelschwierige Touren

  Schwierige Touren

## Art der Tour

 Wandern

 Klettersteig

 Hochtour

## weitere Informationen

 Gehzeit

 Höhenmeter im Auf- und im Abstieg

# Inhalt

**Vorwort**    **6**

### Einleitung    8

Berner Oberland • Anreise, Reisen vor Ort • Wetter und Klima • Ausrüstung • Alpine Gefahren • Gehzeiten, Höhenmeter, Richtungsangaben • Markierungen • Schwierigkeiten • Unterkünfte, Hütten • Militärische Übungen • Karten, Führer

### Die Touren

**Saanenland, Simmental, Diemtigtal**    **22**

| | | |
|---|---|---|
| **1** | Giferspitz | 24 |
| **2** | Gummfluh | 27 |
| **3** | Oldenhorn | 30 |
| **4** | Arpelistock | 34 |
| **5** | Wildhorn | 38 |
| **6** | Iffighore | 42 |
| **7** | Tierbergsattel | 46 |
| **8** | Wildstrubel | 49 |
| **9** | Wiriehorn | 53 |
| **10** | Seebergsee und Scheidegg | 56 |
| **11** | Gantrisch-Klettersteig | 59 |
| **12** | Stockhorn | 62 |
| **13** | Niesen | 65 |

**Frutigland, Kandertal, Kiental, Engstligental**    **68**

| | | |
|---|---|---|
| **14** | Männliflue | 70 |
| **15** | Albristhorn | 74 |
| **16** | Ammertenspitz | 77 |
| **17** | Lohner-Westflankensteig | 80 |
| **18** | Bunderspitz | 84 |
| **19** | Schwarzhorn | 87 |
| **20** | Üschenegrat und Gemmipass | 90 |
| **21** | Felsenhorn | 94 |

# Inhalt

| | | | |
|---|---|---|---|
| 22 | Balmhorn | | 98 |
| 23 | Lötschenpass und Hockenhorn | | 101 |
| 24 | Doldenhorn | | 105 |
| 25 | Blüemlisalphorn | | 109 |
| 26 | Elsighorn | | 113 |
| 27 | Gamchigletscher | | 116 |

## Jungfrau Region, Thunersee — 120

| | | | |
|---|---|---|---|
| 28 | Sigriswiler Rothorn | | 122 |
| 29 | Gemmenalphorn | | 126 |
| 30 | Hohgant | | 129 |
| 31 | Morgenberghorn | | 132 |
| 32 | Wildgärst | | 134 |
| 33 | Faulhorn | | 136 |
| 34 | Schwarzhorn | | 140 |
| 35 | Männlichen und Eiger-Trail | | 143 |
| 36 | Rosenhorn | | 147 |
| 37 | Guggihütte | | 151 |
| 38 | Mönch | | 154 |
| 39 | Hundshorn | | 157 |
| 40 | Schwalmere | | 161 |

## Haslital, Brienzersee — 164

| | | | |
|---|---|---|---|
| 41 | Augstmatthorn | | 166 |
| 42 | Brienzergrat | | 168 |
| 43 | Glogghüs | | 171 |
| 44 | Tälli-Klettersteig | | 174 |
| 45 | Furtwangsattel | | 177 |
| 46 | Sustenhorn und Gwächtenhorn | | 180 |
| 47 | Gaulihütte und Gauligletscher | | 183 |
| 48 | Oberaarhorn | | 187 |

**Register** — 190
**Impressum** — 192

# Das Berner Oberland –
## viel mehr als Eiger, Mönch und Jungfrau!

Willkommen in einer der schönsten Alpenregionen! In jenem Flecken der Eidgenossenschaft, wo der Bergtourismus »erfunden« wurde, Snobs aus England sich ans Seil kräftiger Bauernsöhne banden, um die großen Gipfel zu stürmen: 13000 Fuß hoch mussten sie damals mindestens sein. Die cleveren Stadtberner taten das Ihre, um die aufkommende Naturbegeisterung – Goethe, Haller und Rousseau grüßen – weiter anzufachen. Zu Beginn des 19. Jahrhunderts organisierten sie bei Interlaken Hirtenspiele – der erste Großevent in den Alpen. Das blieb nicht ohne Wirkung; bereits 1809 mussten die »Schweizerischen Nachrichten« feststellen, »dass selten mehr ein Logis ohne Vorbestellung zu haben ist«.

Was die noblen Damen und Herren anno dazumal entzückte, fasziniert noch heute. Das Publikum kommt mittlerweile aus der ganzen Welt, und der legendäre Blick vom Höheweg auf die Jungfrau wird nur mehr selten auf die Leinwand, dafür zigtausendfach auf einen Minichip gebannt. Man kann's verstehen, groß-grandios und kontrastreich sind sie halt, die Berner Alpen: Palmen am Thunersee, ewiges Eis am Jungfraujoch, düstere Nordwände und grüne Alpweiden, auf denen fleißig wiedergekäut wird. Noch bekannter als die vierbeinigen Simmertalerinnen sind die Bergbahnen des Berner Oberlands, ein dichtes, verzweigtes Netz bis hinauf in die Gletscherregionen. Wer vor der Guggihütte sitzt und hinabschaut zur Kleinen Scheidegg, den winzigen Zügen zuschaut, die Besucher aus Schwamendingen und Fernost in die große Bergarena befördern, dann im stockfinsteren Eigertunnel verschwinden, muss unwillkürlich an eine Modelleisenbahn denken: Puppenstube Schweiz?

Kaum, dafür sind die Berge doch zu groß geraten, am Alpenhauptkamm überall drei- bis viertausend Meter hoch und auch rund um die beiden großen Seen von Thun und Brienz noch von beachtlicher Höhe, teilweise auch mit schroffem Profil. Vielfalt prägt das Ober-

Autorentrio: Markus, Eugen und Peter (v.l.n.r.)

# Vorwort

land, das sich mal granit-düster, dann wiesengrün gibt, mit einem eindeutigen Hang zum Monumentalen.
Und so vielfältig wie die Landschaft im Herzen der Schweiz kommt auch unser Tourenführer daher. Die »Speisekarte« lässt jedem Bergfreund das Wasser im Mund zusammenlaufen: leicht Verdauliches wie die Höhenwanderung am Faulhorn, knackig-würzige Klettersteige, Eis, aber nicht am Stiel, dann als Gipfel der Genüsse ein paar Hochtouren. Und um das Menü würdig abzuschließen, empfehlen wir eine Höhenwanderung über dem Thunersee: das ganze Oberland auf einen Blick.

Übrigens: Wir, das sind
- Eugen, der Alpenoldie mit 40 Jahren Klettersteigeln auf dem Buckel, der aber genauso gern auf spannenden Wegen zwischen Tal und Gipfel unterwegs ist, immer neugierig auf Land und Leute.
- Peter, der Schweizfan mit einem Faible für leichte Dreitausender und lange Gipfelüberschreitungen von Tal zu Tal – am liebsten mit Unterstützung von SBB und Postauto.
- Markus, der Bergsteiger aus Passion, der sich ganz hoch oben in Fels und Eis am wohlsten fühlt.

Und falls es mal regnet, was trotz Föhn und stabilen Hochdruckgebieten schon mal vorkommen kann? Dann empfehlen wir einen Abstecher nach Bern, der Weltkulturerbestadt am Eingang zum Berner Oberland. Da lässt es sich unter den Lauben trockenen Fußes wunderbar flanieren (und shoppen). Wen's auch hier nach oben zieht, der wird den Turm des gotischen Stadtmünsters besteigen: exakt 344 Treppenstufen – fast schon eine kleine Gipfeltour.

Auf einen Blick zu den echten Hochgipfeln wird man möglicherweise verzichten müssen. Doch für die nächsten Tage sagt MeteoSchweiz zunehmenden Hochdruckeinfluss voraus. Dann geht's wieder hinauf und hinein in die Traumwelt des Berner Oberlands. Doch Vorsicht: Wer zu viel Fels und Firn geschaut, kann leicht süchtig werden nach dem Oberland, seiner faszinierenden Landschaft – und nach einer währschaften Röschti.

Den Nutzern und Nutzerinnen unseres Tourenführers wünschen wir erlebnisreiche Tage im Berner Oberland. Last not least: ein Dankeschön an Heike Degenhardt vom Bruckmann Verlag und an unsere Tourenbegleiter und -begleiterinnen auf den Berner Bergwegen!

Im Januar 2010
Eugen E. Hüsler, Peter Deuble und Markus Meier

# Einleitung

**Berner Oberland**

Der Begriff »Berner Oberland« bezeichnet keine Gebirgsgruppe, sondern eine Region im Kanton Bern, eben das »Oberland«, das sich zwischen verschiedenen Gebirgsgruppen erstreckt – von Gstaad im Westen bis Meiringen im Osten. Die Pässe Sanetsch im Westen und Grimsel im Osten gelten als Grenzen der Berner Alpen, die im Süden im Rhonetal enden, dort also bereits im Kanton Wallis liegen. Den Berner Alpen nördlich vorgelagert sind die Berner Voralpen. Als Grenze zwischen Voralpen und (Hoch-)Alpen gilt folgende Linie: Gsteig – Wispile – Ammertenpass – Bunderchrinde – Hohtürli – Sefinenfurgge – Kleine Scheidegg – Grosse Scheidegg – Meiringen. Außerdem zählt der SAC auch die angrenzenden Bergzüge nördlich des Thuner- und Brienzersees (Sigriswilgrat, Güggisgrat, Hohgant und Brienzergrat) dazu. In der Alpeneinteilung des DAV/ÖAV werden diese zu den Emmentaler Alpen gerechnet. Die Berge östlich des Haslitals zwischen Furkapass und Jochpass gehören zu den westlichen Urner Alpen, zwischen Jochpass und Brünig werden sie den Zentralschweizerischen Voralpen zugerechnet. Alles, was westlich der Linie Gstaad – Sanetschpass liegt, zählt zu den Waadtländer Alpen. Nicht zu vergessen die Freiburger Voralpen westlich bzw. nördlich der Linie Schafarnisch – Boltigen – Zweisimmen – Saanen. Auf den ersten Blick ganz schön verwirrend!

Wappentier – der Berner Bär am Suggiture (Tour 41)

# Einleitung

Schwerpunkt in diesem Führer bilden eindeutig die Berner Alpen und Voralpen; die angrenzenden Gebirgsgruppen werden jeweils mit ein paar Touren gestreift.

Das Berner Oberland ist eine der bekanntesten Regionen der Alpen. Die Eiger-Nordwand und das Jungfraujoch locken jedes Jahr Scharen von Touristen (vor allem Nicht-Bergsteiger!) aus allen Ländern der Welt an. Es gibt wohl nur ganz wenig Ferienorte in den Alpen, die ein ähnlich internationales Flair bieten, wie Interlaken und Grindelwald. Dementsprechend überlaufen sind diese Orte vor allem in der Hochsaison, also im Juli und August. Trotz der zugegebenermaßen vielen Highlights in dieser Ecke ist es sehr schade, wenn man als Wanderer oder Alpinist das Berner Oberland auf Grindelwald und Interlaken oder Eiger, Mönch und Jungfrau reduziert. Auch die anderen Täler und Orte haben viel zu bieten, sind selbst in der Hochsaison deutlich weniger überlaufen und nicht zuletzt auch preiswerter. Mehr zu den einzelnen Orten finden sich in den jeweiligen Übersichten zu den Regionen. Die deutsch-französische Sprachgrenze wird übrigens in unserem Führer nicht überschritten, sondern bei den Touren 2–4 lediglich angeschnitten: Verständigungsprobleme wird man also keine haben. Allerdings begegnet man vor allem im Saanenland und Simmental häufig Wanderern und Bergsteigern aus der Romandie (Französische Schweiz), die mit einem freundlichen »Bonjour!« grüßen.

Vierbeiniger Berner Oberländer (Tour 41)

## Anreise, Reisen vor Ort

Wer im Urlaub wirklich einmal auf das Auto verzichten möchte, der ist in der Schweiz und speziell im Berner Oberland bestens aufgehoben. Zwar werden die meisten Urlauber mit dem eigenen Pkw ins Berner Oberland reisen, vor Ort kann man dann jedoch gut auf den eigenen Pkw verzichten.

Bei vielen der hier vorgestellten Touren handelt es sich um großzügige Überschreitungen, die über einen Gipfel und/oder einen Pass in ein anderes Tal führen. Eine Anreise mit dem Pkw bis zum Ausgangspunkt der Tour ist in diesen Fällen selbstverständlich nur wenig

## Einleitung

sinnvoll, da man dann recht umständlich zum Auto zurückkehren muss. In solchen Fällen bietet es sich an, entweder zu übernachten und eine weitere Tour anzuhängen, um evtl. über einen anderen Gipfel wieder an den Ausgangspunkt zurückzukehren, oder aber man stellt das Auto an einem zentralen Bahnhof, wie z.B. Interlaken oder Spiez, ab. Hierher kann man normalerweise bis spät am Abend problemlos zurückkehren.

Falls man im Urlaub mehrere Touren machen möchte, ist es sinnvoll, bereits bei der Urlaubsplanung darauf zu achten, wo man evtl. einen zentral gelegenen Ort hat, der gut mit öffentlichen Verkehrsmitteln erreichbar ist, bzw. auch die entsprechenden Fahrpläne vorher studieren. Eine abgelegene Ferienwohnung mag zwar ruhig und idyllisch sein, hat jedoch den Nachteil, dass man fast immer auf das Auto angewiesen ist. Selbst zentral gelegene Orte wie Interlaken, Spiez, Frutigen oder Zweisimmen bieten in der Regel Unterkünfte in ruhigen Ortsteilen an, von wo aus man per pedes zum Bahnhof oder zur nächsten Bushaltestelle gelangt.

Das Berner Oberland ist – wie die gesamte Schweiz – bestens mit öffentlichen Verkehrsmitteln erschlossen. Zwischen Bern, Thun, Spiez und Interlaken (Linie 310) besteht ein Halbstundentakt. In Interlaken gibt es Anschlussmöglichkeiten in alle Richtungen, wie Grindelwald (312) und Lauterbrunnen (311) sowie Meiringen und Luzern (470). Von Spiez aus führt die Lötschberglinie der BLS (330) über Frutigen nach Kandersteg und durch den (alten) Lötschbergtunnel ins Walliser Lötschental und nach Brig. Auch im Simmental verkehren regelmäßig Züge zwischen Spiez und Zweisimmen (320). In

Gletscherspalten am Oberen Grindelwaldgletscher

# Einleitung

Zweisimmen besteht Anschluss nach Gstaad und via Saanen nach Montreux am Genfer See (120) sowie nach Lenk (120). Die Täler sind mit den gelben Bussen der PTT (diese heißen in der Schweiz »Postauto«) oder privaten Verkehrsbetrieben erschlossen. Die Fahrpläne sind optimal aufeinander abgestimmt, so lassen sich alle der hier vorgestellten Touren mit öffentlichen Verkehrsmitteln durchführen. Mit Fahrplänen und einer guten Karte erschließt man sich auf diese Weise unzählige Möglichkeiten bzw. werden viele lohnende Kombinationen und Überschreitungen überhaupt erst möglich. Im Übrigen haben die Schweizer beim öffentlichen Verkehr einen sehr hohen Standard, von dem man in anderen Ländern nur träumen kann. Es geht nicht darum, das Auto abzuschaffen, sondern um eine sinnvolle Kombination von Auto und öffentlichen Verkehrsmitteln. Das schafft im Urlaub nicht nur Entspannung, sondern auch kleine Freiheiten! Die Anschaffung des jährlich aktuellen Regionalfahrplans Berner Oberland (für Bahn, Bus, Schiff und Bergbahnen) lohnt sich in jedem Fall, dieser ist an allen Bahnschaltern erhältlich.

Infos, Fahrpläne, Preise, Angebote usw. gibt es unter www.sbb.ch, www.bls.ch und www.postauto.ch. Einige der hier vorgestellten Touren lassen sich mithilfe von Bergbahnen verkürzen bzw. variieren. Es ist ratsam, sich jeweils über die Betriebszeiten – vor allem in der Vor- und Nachsaison – zu informieren!

Wetterküche – Am Hundshorn macht's zu (Tour 39)

## Wetter und Klima

Grundsätzlich ist dieser Tourenführer für die Sommermonate Juli bis September bestimmt, wobei viele Touren schon im Juni oder noch bis in den Oktober, in den voralpinen Bereichen manchmal auch bis in den November hinein möglich sind.

Das Berner Oberland liegt auf der Alpennordseite im Einflussbereich der Westwindlagen. Allerdings herrscht nicht unbedingt überall dasselbe Wetter. Wetteränderungen kommen in der Regel aus westlichen bis nordwestlichen Richtungen. Das hat zur Folge, dass man z.B. im Haslital oft noch bei Föhn Touren unternehmen kann, wäh-

## Einleitung

rend es in Gstaad möglicherweise bereits regnet. Andersherum scheint dort oft schon die Sonne, während im östlichen Berner Oberland noch dicke Wolken an den Bergen hängen. Winde, wie Föhn oder Bise, beeinflussen das Wetter maßgeblich. Der Föhn ist vor allem im östlichen Berner Oberland und in den angrenzenden Regionen der Zentralschweiz häufiger zu Gast, während seine Auswirkungen im westlichen Berner Oberland eher bescheiden sind. Bisenlagen bringen in der Regel kalte und trockene Luft (Winde aus östlichen bis nordöstlichen Richtungen), oft aber auch (Hoch-)Nebel mit sich. Der Wetterbericht in der Schweiz ist regional differenziert, das Berner Oberland erscheint unter den Rubriken »Alpennordseite« oder »Deutschschweiz«. Für das Saanenland sind mitunter eher die Prognosen für die Westschweiz anzunehmen. Mit einer genauen Analyse der Wetterprognosen und ein wenig Flexibilität lassen sich oft zusätzliche Tourentage verwirklichen. Aktuelle Wetterinfos und Prognosen gibt's unter www.sf.tv/sfmeteo/ oder unter www.meteoschweiz.ch, alternativ natürlich auch im Radio und im Fernsehen.

## Praktische Hinweise

### Ausrüstung

Ausrüstung für Hochtouren

Eine vernünftige Ausrüstung ist eine Voraussetzung dafür, dass die Bergtour auch Freude macht. Bei Bergstiefeln ist Sparen unangebracht – wer zu Billigmodellen greift, wird in der Regel dafür büßen. Der Stiefel muss zwecks Halts und Stabilität über die Knöchel reichen. Steigeisenfeste Bergstiefel sind nur bei Gletschertouren erforderlich, aber für Touren im weglosen Geröll braucht es unbedingt feste Bergstiefel, keine »reinen Wanderschuhe«! Ob man nun Gore-Tex oder Vollleder bevorzugt, muss jeder selbst entscheiden. In jedem Fall gehören dazu auch moderne Socken aus Mischgewebe. Die Entwicklung der Bergbekleidung ist in den letzten Jahren enorm vorangeschritten, kaum mehr

# Einleitung

vorstellbar sind die Zeiten, als man noch mit schweren Wollpullis unterwegs war: Heute gibt es Fleece-Pullover und Windstopper-Jacken in verschiedenen Ausführungen. Bei T-Shirts kann man auf die sogenannte Funktionswäsche setzen, die den Schweiß nach außen transportiert. Der größte Vorteil ist jedoch der, dass sie schnell wieder trocknet. Trotzdem ist es empfehlenswert, ein oder zwei T-Shirts als Reserve mitzuführen: Eine Gipfelrast im verschwitzten T-Shirt macht bei Wind wenig Spaß. Auf vielen Touren kann man im Sommer gut in kurzen Hosen unterwegs sein. Trotzdem sollte man auch immer eine lange Hose dabeihaben, und sei es nur, um auch bei Kälte ein wenig am Gipfel sitzen zu können. Die meisten Anbieter von Outdoor-Bekleidung haben heute Hosen mit ein oder zwei Zippern am Bein im Programm. So lässt sich schnell einmal aus einer langen Hose eine kurze machen – und umgekehrt. Für den Rucksack gelten im Prinzip dieselben Empfehlungen wie für die Bekleidung – wer hier spart, der spart am falschen Fleck! Ein unbequemer Rucksack kann die schönste Bergtour gründlich verderben. Unterschätzt wird oft die Kraft der Sonne, vor allem an bewölkten oder kühleren Tagen. Deshalb ist – neben einer Sonnencreme mit hohem Lichtschutzfaktor und Sonnenschutz für die Lippen – eine Kopfbedeckung unverzichtbar. Wer schon einmal einen Sonnenstich hatte, der wird dies gern bestätigen. Mütze und Handschuhe sind ebenfalls sinnvoll – auf über 2000 Metern kann es auch im Sommer kalt werden. Teleskopstöcke gehören heute schon zur Standardausrüstung für Bergwanderer. Sie schonen nicht nur die Gelenke beim Abstieg, sie geben beim Aufstieg auch Power (Armarbeit!) und auf Schnee- und Blockfeldern zusätzliche Sicherheit. Zur Ausrüstung für Hochtouren gehören zusätzlich steigeisenfeste Bergschuhe, Seil, Steigeisen, Gamaschen, Anseilgurt, Eispickel, 3 Karabiner mit Sicherheitsverschluss, eine lange Bandschlinge, Prusikschlingen, 2 Eisschrauben, Helm, sowie evtl. Expressschlingen und Abseilgerät – und natürlich das Wissen um den richtigen Umgang damit! Viele Tourengänger führen heute ein Mobiltelefon mit sich. Dagegen ist nichts einzuwenden, solange man sich nicht blind darauf verlässt. Denn es kann auch vorkommen, dass man keinen Empfang hat. Das Risiko-Management sollte deshalb schon früh genug bei der Tourenplanung einsetzen und nicht erst dann, wenn man bereits in Schwierigkeiten steckt!

## Alpine Gefahren

Die Beobachtung der Wetterentwicklung beginnt am besten schon zu Hause, bei der Vorbereitung der Tour. Ratschläge von Einheimischen, Bergführern und Hüttenwirten sollten beachtet werden. Ob-

## Einleitung

jektive Gefahren sind vor allem Steinschlag (bei Regen und nach Neuschnee!), Eis und Eisschlag. Steinschlag kann auch durch Wild (Gämsen, Steinböcke) ausgelöst werden. Mit Gewittern im Hochgebirge ist nicht zu spaßen. Diese kommen jedoch selten ohne Vorzeichen und man kann ihnen durch einen frühzeitigen Aufbruch oder nötigenfalls durch eine rechtzeitige Umkehr ausweichen. Falls man doch in ein Gewitter kommt, gilt es, vor allem Gipfel und Grate zu verlassen! Block- und Schuttfelder bieten in der Regel keine technischen Probleme, aber sie verlangen Trittsicherheit. Wer sich hier den Knöchel verstaucht, hat schnell ein Problem. Konzentration auf den nächsten Schritt und dazu eine flotte Gehweise (das lässt sich erlernen!) ist in Blockfeldern die halbe Miete! Schneefelder im harten und gefrorenen Zustand stellen eine der größten Gefahrenquellen dar. Hier helfen oft Stöcke, ein Pickel oder noch besser (Leicht-)Steigeisen. Vierzackige Grödel bieten eine unschätzbare Sicherheitsreserve, ohne gewichtsmäßig zu belasten. Für Gletscherüberquerungen sind in der Regel Steigeisen und Seilsicherung erforderlich. Zudem empfiehlt es sich, vorher bei Hüttenwirten oder Bergführern Auskünfte über die jeweiligen Verhältnisse einzuholen.

### Gehzeiten, Höhenmeter, Richtungsangaben

Grundsätzlich sind die Gehzeiten immer abhängig von der Kondition der Tourengänger und vor allem von der jeweiligen Tagesform des Einzelnen. Das Tempo richtet sich immer nach dem schwächsten Teilnehmer! In älteren Führerwerken wurde in der Regel von 300 Höhenmetern pro Stunde ausgegangen, für Trainierte ist das nun überhaupt kein Problem, sie schaffen auch 400 oder mehr Höhenmeter pro Stunde. Weniger Trainierte dürfen die 300 Höhenmeter als Richtwert nehmen. Für den Abstieg kann man als Faustregel mit $2/3$ des Zeitbedarfs des Aufstiegs rechnen. Steile und direkte Auf- und Abstiege sind in der Regel schneller zu bewältigen als solche Anstiege, die eine große Horizontaldistanz aufweisen. Die hier angegebenen Zeiten verstehen sich übrigens als reine Gehzeiten ohne Pausen. Viele der Touren verlangen eine gute Kondition, allerdings gibt es meistens lohnende Zwischenziele, auf die im Text jeweils hingewiesen wird. Bei den Höhenangaben sind Gegensteigungen bereits eingerechnet, diese sind manchmal geschätzt. Auf größere Zwischenan- und -abstiege wird im Text hingewiesen.
Richtungsangaben verstehen sich normalerweise in Gehrichtung und nur in Ausnahmefällen im orografischen Sinn, also z. B. in Fließrichtung von Bächen, Flüssen oder Gletschern.

# Einleitung

## Markierungen

Markierungen für (Berg-)Wanderwege sind in der Schweiz durch die SAW (Schweizer Arbeitsgemeinschaft für Wanderwege) einheitlich geregelt:
- gelb für Spazierwege und einfache Wanderwege, meist in den Talregionen
- weiß-rot-weiß für Bergwanderrouten
- weiß-blau-weiß für alpine Routen

Gelb-rote Markierungen zeigen keine Wanderwege, sondern Grenzen der Wildschutzgebiete an!

Markierungen: Alpine Routen (l.), Bergwanderrouten (r.)

## Schwierigkeiten

Um den unterschiedlichen Anforderungen Rechnung zu tragen, verwenden wir drei verschiedene Skalen:

**Berg- und Alpinwanderungen:** Verwendet wird die 6-stufige Skala für Berg- und Alpinwanderrouten des SAC (Schweizer Alpen-Club). Die Gesamtschwierigkeit der Tour bezieht sich immer auf die schwierigste Stelle! Manchmal verwenden wir zusätzlich ein + oder ein –, um damit leicht erhöhte oder verminderte Anforderungen zu kennzeichnen. Es versteht sich von selbst, dass die Skala nur bei guten Verhältnissen gültig ist. Schlechte Verhältnisse können eine einfache Wanderung zu einer schwierigen oder sogar gefährlichen Angelegenheit machen! Ein ernstes und immer wieder zu heiklen Situationen führendes Missverständnis ist die Annahme, dass Wandern dort aufhört, wo die Hochtourenskala einsetzt. In Wirklichkeit ist eine Alpinwanderung im oberen Schwierigkeitsbereich (T5, T6) in der Regel bedeutend anspruchsvoller als beispielsweise eine Hochtour mit der Bewertung L (leicht; unschwierig im AV-Sprachgebrauch). Ein wesentlicher Unterschied zur leichten Hochtour liegt darin, dass auf einer Route T5 oder T6 selten bis nie mit Seil oder sonstigen Hilfsmitteln gesichert werden kann und deshalb das entsprechende Gelände absolut beherrscht werden muss, was ein hohes technisches und psychi-

## Einleitung

sches(!) Niveau erfordert. Typische Beispiele sind extrem steile Grashänge, wegloses Schrofengelände mit schlechtem Fels oder sehr exponierte Gratpassagen. Aufgrund der unterschiedlichen Merkmale einer typischen Hochtour und einer typischen »Extremwanderung« lässt sich ein Vergleich kaum anstellen, doch kann man davon ausgehen, dass eine T6-Route vergleichbare Anforderungen stellt wie eine Hochtour im Bereich von WS bis ZS–! (also mäßig schwierig bis schwierig– im AV-Sprachgebrauch!) (nach SAC, leicht verändert).

**Hochtouren:** Verwendet wird die für Hochtouren übliche Skala des SAC. Bei Hochtouren ist zu beachten, dass die Gletscher ab der Mittagszeit weich werden und sich damit die Gefahr von Spaltenstürzen erhöht. Deshalb ist ein früher Aufbruch unerlässlich! Wer sich die Touren nicht zutraut, nehme sich einen Bergführer.

**Klettersteige:** Zur Bewertung der Klettersteige verwenden wir die Skala nach Hüsler.

### Schwierigkeitsbewertung für Berg- und Alpinwanderungen

| Grad | Weg/Gelände | Anforderungen | Referenztouren |
|---|---|---|---|
| T1 Wandern | Weg gebahnt, falls nach SAW-Normen markiert: gelb. Gelände flach oder leicht geneigt, keine Absturzgefahr. | Keine, auch mit Turnschuhen geeignet. Orientierung problemlos, in der Regel auch ohne Karte möglich. | keine in diesem Führer |
| T2 Bergwandern | Weg mit durchgehender Trasse und ausgeglichenen Steigungen, falls nach SAW-Normen markiert: weiß-rot-weiß. Gelände teilweise steil, Absturzgefahr nicht ausgeschlossen. | Etwas Trittsicherheit. Trekkingschuhe sind empfehlenswert. Elementares Orientierungsvermögen. | Stockhorn (T2) Elsighorn (T2+) |
| T3 Anspruchsvolles Bergwandern | Weg am Boden nicht unbedingt durchgehend sichtbar. Ausgesetzte Stellen können mit Seilen und Ketten gesichert sein. Evtl. braucht man die Hände fürs Gleichgewicht. Falls markiert: weiß-rot-weiß. Zum Teil exponierte Stellen mit Absturzgefahr, Geröllflächen, weglose Schrofen. | Gute Trittsicherheit. Gute Trekkingschuhe. Durchschnittliches Orientierungsvermögen. Elementare alpine Erfahrung. | Bunderspitz (T3) Schwalmere (T3+) |

# Einleitung

| | | | |
|---|---|---|---|
| **T4** Alpinwandern | Wegspur nicht zwingend vorhanden. An gewissen Stellen braucht es die Hände zum Vorwärtskommen. Falls markiert: weiß-blau-weiß. Gelände bereits recht exponiert, heikle Grashalden, Schrofen, einfache Firnfelder und apere Gletscherpassagen. | Vertrautheit mit exponiertem Gelände. Stabile Trekkingschuhe. Gewisse Geländebeurteilung und sehr gutes Orientierungsvermögen. Alpine Erfahrung. Bei Wettersturz kann ein Rückzug schwierig werden. | Oldenhorn (T4–) Hundshorn (T4) |
| **T5** Anspruchsvolles Alpinwandern | Oft weglos. Einzelne einfache Kletterstellen. Falls Route markiert: weiß-blau-weiß. Exponiert, anspruchsvolles Gelände, steile Schrofen. Gletscher und Firnfelder mit Ausrutschgefahr. | Bergschuhe. Sichere Geländebeurteilung und sehr gutes Orientierungsvermögen. Gute Alpinerfahrung und im hochalpinen Gelände. Elementare Kenntnisse im Umgang mit Pickel und Seil. | Guggihütte (T5) |
| **T6** Schwieriges Alpinwandern | Meist weglos. Kletterstellen bis II. Meist nicht markiert. Häufig sehr exponiert. Heikles Schrofengelände. Gletscher mit erhöhter Ausrutschgefahr. | Ausgezeichnetes Orientierungsvermögen. Ausgereifte Alpinerfahrung und Vertrautheit im Umgang mit alpintechnischen Hilfsmitteln. | Glogghüs (T6) |

 **Schwierigkeitsbewertung für Hochtouren**

| Bewertung | Fels | UIAA-Skala (nur Fels) | Firn und Gletscher |
|---|---|---|---|
| **L** (leicht) | In der Regel einfaches Gehgelände (Geröll, einfache Blockgrate). Kletterstellen sind kurz und problemlos. | I–II | Einfache Firnhänge, kaum Spalten. |
| **WS** (wenig schwierig) | Meistens noch Gehgelände, jedoch erhöhte Trittsicherheit, Kletterstellen sind übersichtlich und nur wenig exponiert. | II–III | Mehrheitlich wenig steile Hänge, steilere Passagen sind kurz. Wenig Spalten. |
| **ZS** (ziemlich schwierig) | Es muss wiederholt gesichert werden. Guter Routensinn und effiziente Seilhandhabung erforderlich. Bereits recht lange und exponierte Kletterstellen vorhanden. | III–IV | Steilere Hänge, gelegentlich bereits Standplatzsicherung notwendig. Viele Spalten. |

# Einleitung

## Schwierigkeitsbewertung für Klettersteige

| Grad | Anforderungen |
|---|---|
| K1 – leicht | Natürlich handelt es sich hier nicht um einen simplen Wanderweg, der Steig ist aber in der Regel trassiert, die Sicherungen sind in Relation zum Gelände sehr komfortabel. Durchwegs große natürliche Tritte; wo sie fehlen, sind Leitern, Eisenbügel, Stege usw. montiert. Nur kürzere exponierte (und dann bestens gesicherte) Passagen. |
| K2 – mittel | Man bewegt sich abschnittsweise bereits im Steilfels; die Routen sind aber recht aufwendig gesichert. Senkrechte Passagen mit Eisenbügeln oder Leitern, Drahtseilsicherungen auch in wenig schwierigem Gelände. |
| K3 – ziemlich schwierig | Insgesamt bereits steileres Felsgelände, längere Steilpassagen oder luftige Querungen, in Relation dazu aber eher üppige Sicherungen. |
| K4 – schwierig | Das Gelände wird steiler, schwieriger; oft finden sich nur mehr kleine Tritte und Griffe, die Sicherungen sind sparsamer gesetzt. Auch an exponierten Stellen hilft bloß ein Drahtseil; künstliche Haltepunkte (Haken, Krampen) nur bei den anspruchsvollsten Passagen. |
| K5 – sehr schwierig | Klettersteige in extremem Felsgelände! Senkrechte bis leicht überhängende Passagen, kleingriffig, oft bloß mit einem Drahtseil versehen. Nur für erfahrene Klettersteiggeher, gute körperliche Verfassung (Kraft, Ausdauer) und eine stabile Psyche Voraussetzung. |
| K6 – extrem schwierig | In diese Kategorie fallen nur ganz wenige »Gänsehautrouten«! Etwas für Unerschrockene mit starkem Bizeps. |

## Unterkünfte, Hütten

Die angegeben Öffnungszeiten der Hütten sind allgemeine Richtwerte. Je nach Sommerbeginn oder Wintereinbruch können diese unterschiedlich ausfallen. Um ganz sicherzugehen, ist eine telefonische Anfrage beim Hüttenwirt ratsam. Schon allein deswegen, weil man sich seinen Übernachtungsplatz reservieren sollte. Dies gilt vor allem an schönen Wochenenden im Sommer und Herbst!

## Militärische Übungen

Eine Besonderheit in der Schweiz sind die militärischen Übungen, die zu Sperrungen von Wegen und Steigen führen können. Diese sind eher in den Voralpen als in den hochalpinen Bereichen ein Problem.

# Einleitung

Hier hilft nur, sich vorher zu informieren. In der Regel betrifft es überwiegend die Herbstmonate September bis November mit Schwerpunkt im Oktober. Wochenenden sind davon in der Regel nicht betroffen. Infos erhält man bei den regionalen Auskunftsstellen für militärische Schießübungen. Für unseren Führerbereich sind dies: Bern, Tel. +41/31/324 25 25; Brig, Tel. +41/27/923 51 23; Bulle, Tel. +41/26/913 41 30.

## Karten, Führer

Die Auflistung von Büchern und Führern über das Berner Oberland erhebt keinen Anspruch auf Vollständigkeit. Manche davon sind einfacher vor Ort als in Deutschland erhältlich.

### Karten

Zweifellos verfügen die Schweizer mit der Landeskarte der Schweiz (LKS) über die genausten und schönsten Karten. In drei Maßstäben stehen Wanderern und Bergsteigern sehr detailreiche Werke zur Verfügung. Oft reicht der Maßstab 1:50 000 (dreistellige Nummer) aus. Die Blätter sind mittlerweile auch mit eingetragenen Wanderwegen erhältlich. Die Blattbezeichnung enthält dann den Zusatz »T«, also z.B. 254 T Interlaken. Wer auf markierten Wanderwegen unterwegs ist, für den sind diese Blätter unbedingt zu empfehlen, zeigen sie doch die gesamten Alternativen an Wanderwegen bestens auf und sind vor allem auch bei der Orientierung innerhalb von Ortschaften(!) sehr hilfreich. Sehr empfehlenswert für den westlichen Bereich unseres Führers ist die Zusammensetzung 5025 T »Saanenland Simmental«, die alle Touren westlich der Linie Adelboden – Wimmis enthält. Die beiden Zusammensetzungen 5004 »Berner Oberland« und 5009 »Gstaad-Adelboden« im Maßstab 1:50 000 stellen (fast) die gesamte Region aufs Beste dar, allerdings ohne Eintrag der Wanderwege. Die 1:25 000 (vierstellige Nummer) ist in der Regel nur im weglosen Gelände erforderlich, aber sie ist von erlesener Schönheit. Es sind echte Kunstwerke! Leider braucht es für das hier beschriebene Gebiet 23(!) Blätter, wenn man alles abdecken will. Wo wir es für nötig gehalten haben (Touren, die ganz oder teilweise durch wegloses Gelände verlaufen), sind sie angegeben. Die 1:100 000 (zweistellige Nummer) ist nur als Übersichtskarte und als Planungsgrundlage geeignet. Infos mit Blattschnitten gibt's unter www.swisstopo.ch. In Deutschland sind die Karten zwar auch erhältlich, aber eher teurer als in der Schweiz. Von vielen Verkehrsvereinen

# Einleitung

werden Umgebungskarten in verschiedenen Maßstäben herausgegeben, die in der Regel auf der LKS basieren. Diese sind am einfachsten vor Ort erhältlich.

Etwas problematisch sind die Ortsbezeichnungen, die auf den neuesten Ausgaben immer öfters in der örtlichen Mundart angegeben werden. Dies gilt gerade für das Berner Oberland. Auf den Wanderwegweisern stehen jedoch die bisher üblichen Bezeichnungen, z. B. Bergli statt Bärgli auf der Karte. Das kann für Ortsfremde ein wenig verwirrend sein. Zudem bekommt man den Eindruck, dass diese Bezeichnungen ein wenig willkürlich und ohne System eingeführt worden sind. Das Hundshorn heißt z.B. jetzt »Hundshore«, beim Schilthorn hat sich hingegen nichts geändert. Könnte man dies hier noch mit der Bekanntheit des Schilthorns begründen, dass man deshalb den Namen nicht geändert hat, so gibt es andere Beispiele: Aus dem Felsenhorn ist mittlerweile ein »Felshore« geworden, beim benachbarten Daubenhorn hat sich hingegen nichts geändert.

## SAC-Führer

Wie der Alpenverein für die Ostalpen, gibt der Schweizer Alpen Club Führer über die Schweizer Berge heraus. Für die Berner Alpen und Voralpen gibt es insgesamt 7 Bände. Leider sind die meisten davon ein wenig veraltet und vor allem im Gletscherbereich nicht immer auf dem aktuellsten Stand. Aktuell ist der Auswahlführer »Hochtouren in den Berner Alpen«, allerdings mit dem Nachteil, dass nicht alle Gipfel erfasst sind. Die Berner Voralpen werden in einem eigenen (aktuellen) Führer beschrieben. Wer sich für die Gebiete östlich des Haslitals interessiert, muss sich die Bände »Urner Alpen West« und »Zentralschweizerische Voralpen« zulegen, für die Grenzbereiche zur Romandie gibt es die (nur französischsprachigen) Bände »Préalpes Fribourgoises« und »Alpes et Préalpes Vaudoises«. Vor allem letzterer ist schon ein wenig veraltet. Weitere Infos unter www.sac-verlag.ch

- **Berner Alpen Bd. 1-5**, Die klassischen, teilweise aber veralteten Clubführer (Bd. 3 ist übrigens nicht erforderlich, liegt komplett im Wallis!).
- **Hochtouren in den Berner Alpen**, Auswahlführer, der die Veränderungen und die neuen Gegebenheiten berücksichtigt.
- **Berner Voralpen – Gstaad bis Meiringen**, Clubführer, der alle Gipfel der Berner Voralpen beschreibt.
- **Alpinwandern – Rund um die Berner Alpen**, gute Ergänzung zum vorliegenden Tourenführer, Bergführer Ueli Mosimann beschreibt eine zusammenhängende Rundtour um die Berner Alpen.

# Einleitung

- **Alpinwandern – Voralpen zwischen Saane und Reuss**, ebenso gute Ergänzung von Ueli Mosimann. Wer gerne die Berner, Freiburger und Zentralschweizer Voralpen kennen lernen möchte, wird hier bestens bedient. Dabei handelt es sich vielfach um sehr anspruchsvolle Touren.

**Berner Wanderbücher**

- 3094 Saanenland Simmental Diemtigtal
- 3095 Thunersee Frutigland
- 3096 Jungfrau-Region Brienzersee Oberhasli
- 3100 Passwege im Berner Oberland

**Diverse Autoren und Verlage**

Anker, Daniel: **Wanderbuch Berner Oberland**, Rother; neuer Wanderführer vom Lokalmatador, der das Berner Oberland kennt wie seine Westentasche. Gute Ergänzung mit vielen anderen Touren.
Anker, Daniel und Schnegg, Ralph: **Gruyère – Diablerets**, Rother; Wanderführer Freiburger und Waadtländer Alpen, bester deutschsprachiger Wanderführer über diese Region.
Bachmann, Thomas: **Jungfrau-Aletsch-Bietschhorn**, Rotpunktverlag; Wanderführer rund ums UNESCO-Weltnaturerbe mit vielen Hintergrundinfos. Deutlich mehr als ein Wanderführer – topp!
Hüsler, Eugen: **Genusswandern Berner Oberland**, Bruckmann; wer mehr als nur Gipfelerlebnisse sucht, wird hier sicher fündig.
Ihle, Jochen: **Alpinwanderungen Berner Oberland**, Werd Verlag; beschreibt sehr schön (Fotos!) und anschaulich 20 alpine Wanderungen.
Ihle, Jochen: **Wildstrubel-Runde** und **Tour du Wildhorn**, Conrad Stein Verlag; beschreibt die mehrtägigen Rundtouren um den Wildstrubel und das Wildhorn mit zahlreichen Varianten.
Von Känel, Jürg: **plaisir ALPIN**, Edition Filidor; Topoführer für einfache Hochtouren in der Schweiz, mit knapp 20 Touren rund ums Berner Oberland. Ein kleines Kunstwerk!
Zbären, Ernst: **Rund um das Wildhorn und den Wildstrubel**, Ott Verlag; Bildwanderführer mit erstklassigen Fotos!

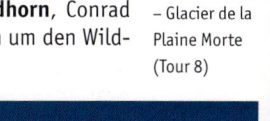

Gletschersumpf – Glacier de la Plaine Morte (Tour 8)

# SAANENLAND, SIMMENTAL, DIEMTIGTAL

Im Westen des Berner Oberlandes erstreckt sich mit dem Simmental und dem Saanenland eine weiträumige Landschaft, die früher in Prospekten als »Grünes Hochland« beworben wurde. Solche Schlagwörter sind heutzutage völlig »out«. Heute wird mit modernen neudeutschen Begriffen wie »Gstaad Mountains« geworben. Dabei passt die Bezeichnung »Grünes Hochland« perfekt, denn hier ist tatsächlich alles offener, weiter und grüner als im östlichen Berner Oberland. Auch die Berge sind deutlich niedriger und weniger wild, obwohl zwei davon »wilde« Name tragen. Knapp westlich hinter dem Hauptort Saanen beginnt übrigens mit Rougemont bereits der Kanton Vaud, das französischsprachige Waadtland.

Das Saanenland ist vor allem Skifahrern ein Begriff. Werner Munter, der »Lawinenpapst«, schrieb im Gebietsführer »Berner Alpen« über den Nobelkurort Gstaad: »Nach Gstaad kommt man in erster Linie, um dem Tennis- und Golfsport zu huldigen. Bergsteiger sieht man am wenigsten und wenn, dann fallen sie am meisten auf.« Da ist schon etwas Wahres dran. Trotzdem sollte man die Bergwelt hier einmal genauer unter die Lupe nehmen. Man muss dazu ja nicht gleich im Nobelhotel logieren. Andererseits ist es zuweilen auch ganz amüsant, die Schönen und Reichen und ihr Verhalten in den Restaurants und Cafés zu beobachten ...

Südlich von Gstaad liegt ganz hinten im Tal Gsteig, der Talort für den Sanetschpass und den Col du Pillon. Neben voralpinen Wanderungen bietet die Umgebung von Gsteig auch (hoch-)alpine Touren, von denen zwei in diesem Führer vorgestellt werden. Viele Ortsbezeichnungen tragen hier, ähnlich wie in Saanen, bereits französische Namen. Und wer über den Col du Pillon nach Les Diablerets fährt, kommt endgültig in der Romandie, der französischen Schweiz, an.

Eingebettet zwischen dem Giferspitz-Massiv und dem Gratzug der Walliser Wispile wird Lauenen im Süden vom Wildhorn und seinen Trabanten überragt. Die Gemeinde hat bereits 1957 Weitblick bewiesen, als sie auf lukrative Wasserzinsen verzichtete und stattdessen den Lauenensee und die Wasserfälle im Lauenental unter Schutz gestellt hat. Das Naturschutzgebiet Gelten-Iffigen (zum Teil auf dem Boden der Gemeinde Lenk gelegen) ist das zweitgrößte im Kanton Bern. Lauenen (Louwene) ist Ausgangspunkt für viele lohnende

## Saanenland, Simmental, Diemtigtal

Berg- und Alpinwanderungen, die hier beschriebenen Touren (1 und 4) sind zwei der schönsten Möglichkeiten, das Tal und seine Bergwelt näher kennenzulernen.

Das Simmental ist im unteren Teil zwischen Wimmis und Zweisimmen voralpin geprägt. Die nördlich des Tals aufragenden Gipfel erreichen »nur« noch Höhen von knapp 2200 m. Doch auch hier finden sich lohnende Ziele, wie z.B. die Klassiker Stockhorn und Gantrisch, die beide in diesem Führer (allerdings von Norden aus) vertreten sind. Es lassen sich von allen Orten im Tal aus lohnende Berg- und Gipfeltouren unternehmen, die im SAC-Führer »Berner Voralpen« bestens beschrieben sind.

Grünes Hochland – Blick vom Oldenhorn (Tour 3)

Das Obersimmental mit Lenk als Hauptort ist zwar ebenso grün und weit, aber im Talschluss dominieren bereits die Felsen und Gletscher des Wildstrubelmassivs. Gemeinsam mit der Wildhorngruppe bieten sich Berg- und Alpinwanderern, aber auch Hochalpinisten eine Fülle lohnender Touren. Die beiden Hauptgipfel Wildhorn und Wildstrubel sind in diesem Führer ebenso beschrieben wie die bekannten Wandergipfel Ammertenspitz und Albristhorn. Recht populär sind mittlerweile die beiden alpinen Mehrtageswanderungen »Rund um den Wildstrubel« und »Tour du Wildhorn«. In beiden Fällen ist man 4–6 Tage oder auch länger unterwegs, je nachdem wie viele Varianten und Gipfel eingebaut werden.

Das größte Seitental des Simmentals ist das Diemtigtal. Diese in sich fast abgeschlossene kleine Welt bietet eine Vielzahl von lohnenden Bergwanderungen, mit denen man fast schon einen eigenen Führer füllen könnte. Neben Männliflue und Wiriehorn, die hier beschrieben werden, gibt es noch viele weitere Gipfel, auf die markierte Wege führen, so z.B. Drunengalm, Turnen oder Niderhorn. Wer sich dafür und auch für weitere (weglose) Gipfelziele interessiert, der sei auf den SAC Führer »Berner Voralpen« verwiesen. Dazu die Karte 5025 T von Swisstopo und schon erschließt man sich eine Fülle weiterer lohnender Ziele!

*Peter Deuble*

Saanenland, Simmental, Diemtigtal

# 1

## Giferspitz (2542 m)
Gipfelüberschreitung im Saanenland

| T 3 |  7 Std. |  ↑↓ 1400 m |
|---|---|---|

**Tourencharakter:** Großzügige Gipfelüberschreitung auf markierten Wegen. Keine technischen Schwierigkeiten, wegen der Länge der Tour ist aber eine ordentliche Kondition wichtig. Als höchster Gipfel zwischen Saanenland und Simmental bietet der Giferspitz Ausblick auf ein immenses Panorama. Neben den Großen der Berner Alpen entdeckt man im weiten Rund auch viele unbekannte Zacken, vor allem im Westen, in der Freiburger und Waadtländer Nachbarschaft. Abstieg vom Louwenehore in den Turnelssattel bei Nässe unangenehm rutschig.
**Beste Jahreszeit:** Ende Juni bis Mitte Oktober.
**Ausgangs-/Endpunkt:** Turbach (1329 m), Postbushalt bzw. kleiner Parkplatz unten an der Straßenbrücke über den Turbachbach.

**Verkehrsanbindung:** Ins Turbachtal führt von Gstaad (1050 m) eine teilweise etwas schmale Straße. Postbus.
**Gehzeiten:** Gesamt 7 Std. Turbach – Giferhüttli 2 Std., Giferhüttli – Giferspitz 1.30 Std., Giferspitz – Louwenehore 0.45 Std., Louwenehore – Obere Turnels 1.15 Std., Obere Turnels – Scheidbach – Turbach 1.30 Std.
**Einkehr/Unterkunft:** Alphütte Turnels, Juli/August einfach bewirtschaftet. Einkehrmöglichkeit sonst nur in Turbach.
**Markierung:** Weiß-rot-weiß markierte Bergwege, gelbe Wegzeiger.
**Karten:** Swisstopo 1:50 000, 263 T Wildstrubel.
**Info:** Gstaad Saanenland Tourismus, Promenade, CH-3780 Gstaad; Tel. +41/33/748 81 81, www.gstaad.ch

Der Giferspitz vom Turnelssattel

Zwischen dem Saanenland und dem Obersimmental überragt ein Berg alle anderen: der Giferspitz, (2542 m). Das macht ihn natürlich zu einem beliebten (aber noch lange nicht zu einem überlaufenen) Tourenziel, ein großes Panorama ist – wenn's Wetter mitspielt – aufgrund von Lage und Höhe garantiert. Auf den Almen rundum sömmert das Vieh, und auf der Alp Turnels können Wanderer nicht nur beim Käsen zugucken, sondern sich auch angemessen stärken. Ein spezieller Service für durstige Kehlen: die Komfortquelle oben am Turnelssattel – wir können's bestätigen.

Der Ausgangspunkt dieser Gipfelüberschreitung liegt im Turbachtal, und al-

# Giferspitz 1

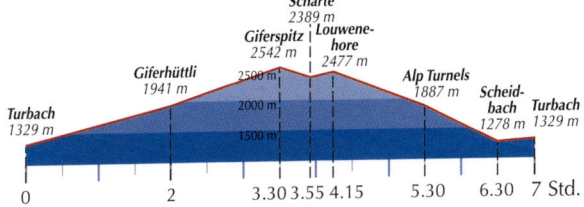

lein das ist schon einen Besuch wert. Denn nur ein paar Kilometer vom mondänen Gstaad entfernt, dessen Fünf-Sterne-Schloss als Ikone der Reichen und Schönen über dem Ort thront, werden keine Himmelbetten gelüftet, sondern Ställe ausgemistet und frühmorgens kräht hier der Hahn. Da steigt man dann aus dem Postbus und startet zum langen, aber schönen Weg auf den Giferspitz und seinen südlichen Nachbargipfel, das Louwenehore (2477 m), vorbei an mehreren Alpen. Schönes Saanenland.

# 1 Saanenland, Simmental, Diemtigtal

Schieferfelsen am Giferspitz

**Aufstieg zum Giferspitz** Vom Postbushalt im **Dörfli** (1329 m) führt ein Weg hinunter zur Straße über den **Turbachbach** (so heißt der wirklich). Man folgt dem Asphaltband kurz bergan, biegt dann links (Tafeln) in den Weg ein, der zu den Wiesen von Fang ansteigt, einen Fahrweg kreuzt und schließlich in das Sträßchen zur **Alp Berzgumm** (1662 m) mündet. Die Wanderroute kürzt ihre weit ausholende Schleife ab, steigt über einen Wiesenrücken direkt zur Alphütte hinauf. Der Gipfel des Giferspitz ist nun bereits ein Stück näher gerückt, oberhalb des **Giferhüttli** (1941 m) wird das Gelände steiler, felsiger. Die gute Spur folgt dem Nordgrat über den namenlosen Vorgipfel (2376 m) zum **Giferspitz** (2542 m).

**Übergang zum Louwenehore** Vom Gipfel zurück bis zur signalisierten Weggabelung (ca. 2480 m), dann rechts über leichte Felsen hinab in die Ostflanke des Giferspitz. Das Weglein führt quer über ein Blockfeld, tangiert die **Scharte** (2389 m) zwischen Giferspitz und Louwenehore und steigt dann – eine Gratkuppe östlich umgehend – an zum **Louwenehore** (2477 m) mit schöner Aussicht, vor allem auf die Bergstöcke von Wildhorn und Les Diablerets. Stimmungsvoll der Tiefblick auf das Dörfchen Lauenen (Louwene, 1252 m), von dem der Berg seinen Namen hat.

**Abstieg** Er folgt dem grasigen, zunächst recht steilen Westgrat des Louwenehore, führt dann fast flach in den **Turnelssattel** (2086 m; Quelle). Eine halbe Gehstunde weiter nördlich lädt die **Alp Turnels** (1887 m) zur Einkehr. Von der Alp unter dem Giferspitz führt ein Sträßchen hinab und hinaus durch das Tal des Turnelsbachs. Beim Weiler **Scheidbach** (1278 m) stößt man auf eine Asphaltstraße. Sie führt mit einem kleinen Gegenanstieg zurück zur Brücke über den Turbachbach bzw. nach **Turbach-Dörfli** (1329 m).

# Gummfluh (2458 m)

Auf das Matterhorn des Saanenlandes

| T5 |  6.30 Std. |  ↕ 1120 m |

**Tourencharakter:** Gipfeltour auf nur teilweise markierten Wegen mit einer kurzen, etwas ausgesetzten Kletterpassage. Trittsicherheit und Ausdauer sind unerlässlich; kein Stützpunkt unterwegs. Vom Gipfel toller Blick auf viele Berner, Freiburger und Waadtländer Alpengipfel. An der Südseite der Gummfluh Steinbockkolonie.
**Beste Jahreszeit:** Juni bis zum ersten Schnee im Herbst.
**Ausgangs-/Endpunkt:** Chalberhöni (1334 m).
**Verkehrsanbindung:** Saanen (1011 m) erreicht man von Thun/Spiez bequem per Bahn oder auf guten Straßen. Vom Bahnhof führt eine Straße nach Chalberhöni (1334 m); Parkmöglichkeit. Kein Postbus!
**Gehzeiten:** Gesamt 6.30 Std. Chalberhöni – Trittlisattel 1.45 Std., Trittlisattel – Gummfluh 2 Std., Gummfluh – Trittlisattel 1.15 Std., Trittlisattel – Gour de Comborsin – Chalberhöni 1.30 Std.
**Einkehr/Unterkunft:** Restaurant Waldmatte (1340 m), Chalberhöni.
**Markierung:** Bis zur Verzweigung oberhalb des Trittlisattels weiß-rot-weiße Markierungen, dann Steinmännchen.
**Karten:** Swisstopo 1:25 000, 1265 Les Mosses.
**Info:** Gstaad Saanenland Tourismus, Promenade, CH-3780 Gstaad; Tel. +41/33/748 81 81, www.gstaad.ch

Kontraste machen Landschaften: zum Beispiel im Saanenland mit seinen grünen Matten, wo man fast immer das Bimmeln der Kuhglocken im Ohr hat und folgerichtig an Milch und Käse denkt. Doch über dem fürs Auge so beruhigenden Grün sticht helles Grau in den Himmel, kantig und schroff. Wer über Saanenmöser anreist, hat unvermittelt ein geradezu dolomiteskes Bild vor sich: den schlanken Felszahn des Rubli (2285 m), der seinem Namen alle Ehre macht (Rüebli = Möhre), und links dahinter die Gummfluh (2458 m). Beide Gipfel könnten, ganz ohne aufzufallen, in den Dolomiten stehen. Ob das »Rüebli« deshalb zwei Klettersteige (Vie ferrate) hat, weiß ich nicht, auf die Gummfluh helfen nur Bergerfahrung und etwas Kletterfertigkeit. Dass der stolze Gipfel vergleichsweise leicht zu besteigen ist, erstaunt bei dem Profil allerdings nicht wenig, doch die auf den ersten Blick so geschlossen-vermauerte Süd-

Die gewaltige Ostwand der Pointes de Sur Combe

# 2  Saanenland, Simmental, Diemtigtal

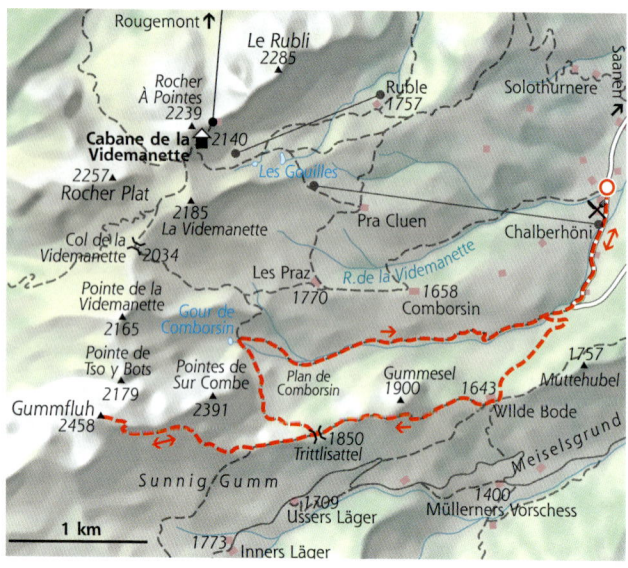

flanke hat eine Schwachstelle: Sie erlaubt den Aufstieg zum Ostrücken des Gipfels, der sich als harmloser Grashang erweist.

**Zum Trittlisattel** Vom Ausgangspunkt **Chalberhöni** (1334 m) folgt man dem Asphaltsträßchen bis zur Linkskehre, biegt dann ein in den Fahrweg, der über zwei weitere Schleifen taleinwärts führt. Noch vor der **Lätziweid** (1481 m) geht links der Wanderweg zum Wilde Bode ab. Er steigt unter den Felsen des Muttehubels an und mündet schließlich auf den Wiesenboden. Gleich hinter der **Alphütte** (1643 m) weisen die deutlichen weiß-rot-weißen Markierungen halbrechts in den Wald. Das Weglein leitet zwischen den Felsabbrüchen des **Gummesels** (1900 m) zum Kammrücken. An ihm entlang – etwas an Höhe verlierend – zur Weggabelung beim **Trittlisattel** (1850 m).

**Gipfelanstieg** Aus der Senke geht's an dem licht bewaldeten Rücken kurz bergan, dann führen die Markierungen in einen engen Felsspalt. Wenig später, auf ca. 1950 m, gabelt sich die Route; hier verlässt man den zum Col de Jable führenden Weg (Hinweis) und nimmt die rechts abgehende Spur, die über einen Steilhang gegen die Felsen der **Pointes de Sur Combe** (2391 m) ansteigt (Steinmännchen), dann nach links umknickt und die teilweise recht abschüssigen Gras- und Geröllhänge des Sunnig Gumm nach Westen hin quert. Schließlich führt die Spur direkt an den Felsfuß. Hier heißt

# Gummfluh 2

Ein (echtes) Wandgemälde: Gummfluh, Rubli und zwei Simmentaler Kühe

es: Aufpassen! Ein Steinmann markiert den Einstieg (daneben ein neuer Bohrhaken). Man quert an guten Haltepunkten über ein wenig ausgeprägtes, etwas abschüssiges Band, das den Zugang zu einer schrofigen und steilen Grasrampe vermittelt (gut einsehbar von unten). Rechts haltend auf den Grat und mit einer deutlichen Spur über den Gipfelhang auf den höchsten Punkt der **Gummfluh** (2458 m).

**Abstieg/Rückweg** Bis in den **Trittlisattel** (1850 m) steigt man über die Anstiegsroute ab. In der wenig ausgeprägten Senke zweigt links ein hübscher Weg ab, der über eine Felsstufe in den Geröllkessel unter den Ostwänden der Pointes de Sur Combe absteigt, dann zur winzigen Lacke des **Gour de Comborsin** (1716 m) quert (eine Stelle gesichert). Nun rechts weiter bergab zum Plan de Comborsin und mit schönen Rückblicken auf die Gummfluh und ihre fast senkrechte Nordwand talauswärts. Bei der **Lätziweid** (1481 m) stößt man wieder auf den Anstiegsweg. Auf ihm zurück nach **Chalberhöni** (1334 m).

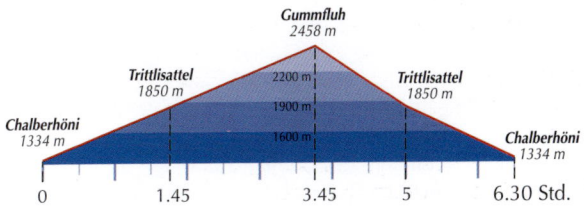

Saanenland, Simmental, Diemtigtal

# 3

## Oldenhorn (3123 m)
Zweithöchster Gipfel der Waadtländer Alpen

| T 4– |  5.15 Std. |  ↑↓ 1204 m |

**Tourencharakter:** Abwechslungsreiche Tour in alpiner Umgebung auf einen überragenden Aussichtsberg. Die Tour verlangt Trittsicherheit, am Gipfelaufbau zusätzlich Schwindelfreiheit und ein wenig Kraxelkünste. Dort sind einige Stellen mit Drahtseilen gesichert, die an den unteren Enden nicht immer verankert sind. Vorher überprüfen!
**Beste Jahreszeit:** Juli bis September, im Juli noch große Schneefelder unter dem Oldensattel.
**Ausgangs-/Endpunkt:** Reusch (1350 m), Talstation der Seilbahn zur Oldenegg, Parkplätze. Gstaad 3000 AG, Le Chalet, CH-3780 Gstaad, Tel. +41/24/492 09 23, www.glacier3000.ch
**Verkehrsanbindung:** Straße von Gsteig bzw. von Les Diablerets über den Col du Pillon, ebenso Busverbindung von beiden Orten.
**Gehzeiten:** Gesamt 5.15 Std. Oldenegg – Oldensattel 2.15 Std., Oldensattel – Oldenhorn 0.45 Std., Abstieg 2.15 Std.
**Einkehr/Unterkunft:** Bergrestaurant Oldenegg (1919 m), Tel. +041/79/481 65 61, www.glacier3000.ch
**Markierung:** SAW-Wegweiser und weiß-rot-weiße Markierung bis zum oberen Rundweg, zum Oldenhorn weiß-blau-weiß markiert.
**Karte:** Swisstopo 1:25 000, 1285 Les Diablerets; 1:50 000, 5025 T Saanenland Simmental.
**Info:** Gstaad Saanenland Tourismus, CH-3780 Gstaad, Tel. +41/33/748 81 81, www.gstaad.ch

In Atlanten wird die lange und eindrucksvolle Bergkette zwischen der Grimsel und dem Rhoneknie bei Martigny als Berner Alpen be-

Alpes Vaudoises vom Oldenhorn

# Oldenhorn 3

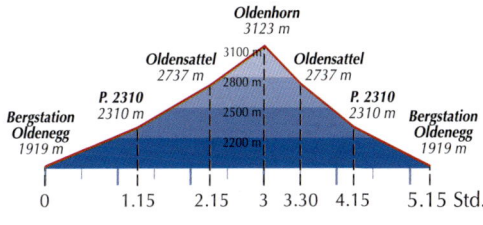

zeichnet. Für Schweizer gehören die Berge westlich vom Sanetschpass nicht mehr dazu – sie zählen zu den Waadtländer Alpen, frz. Alpes Vaudoises. Dazu muss man wissen, dass der Schweizer Alpen-Club (SAC) die Berggruppen nach Kantonen einteilt. Das Oldenhorn ist nach dem Sommet des Diablerets der zweithöchste Gipfel der Waadtländer Alpen und erhebt sich im Schnittpunkt der drei Kantone Bern, Wallis und Waadt, frz. Vaud. Die Waadt ist ein rein französischsprachiger Kanton und Teil der sogenannten Romandie, der Französischen Schweiz. Diese Berge sind in Deutschland und Österreich, zum Teil sogar in der Deutschschweiz, recht unbekannt. Woran das liegt? Vielleicht an der fremden Sprache? Davon sollte

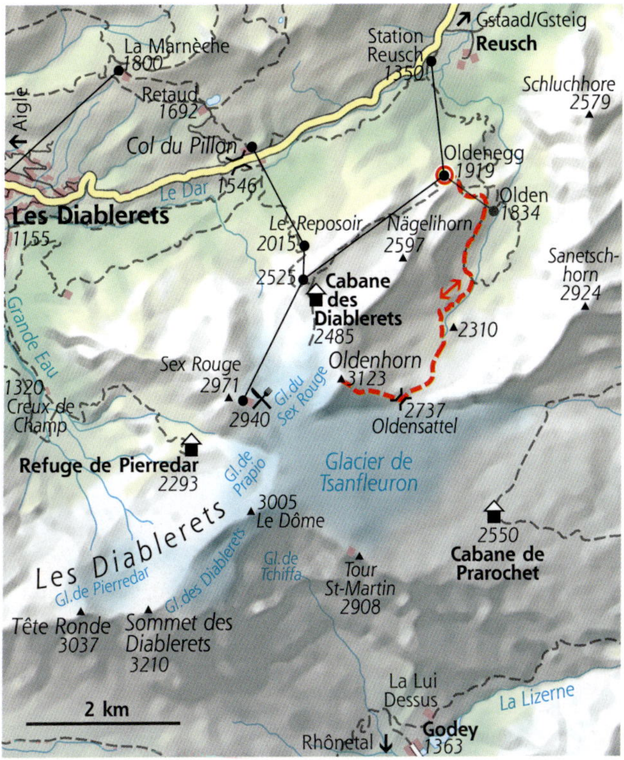

# Saanenland, Simmental, Diemtigtal

sich jedoch kein Bergfreund ernsthaft abhalten lassen. Gerade rund um Les Diablerets gibt es viele lohnende Ziele, nicht zu reden von den Bergen im Unterwallis und oberhalb des Genfer Sees. Die Tour zum Oldenhorn ist ein echter Höhepunkt für ambitionierte Alpinwanderer. Deshalb sollte man auf alle Fälle einen klaren Tag abwarten – die Bahn zur Oldenegg fährt erst ab 9 Uhr und bis man oben ist, sind zumindest im Hochsommer die Quellwolken meist auch schon da. Schon allein das Hochtal der Oldenalp, das während des Aufstiegs durchquert wird, ist einen Besuch wert. Man kann es auf zwei markierten Rundwegen erwandern. Der Schock folgt dann im Oldensattel: Planierraupen, die auf dem Glacier de Tsanfleuron über die Eisfläche walzen. Ebenfalls nicht schön ist der Anblick der Bergstation auf dem Sex Rouge – Disney World im Hochgebirge. Das Oldenhorn wird übrigens häufiger von dort aus besucht als von der Oldenegg. Dazu muss allerdings der Glacier de Tsanfleuron überquert werden; zwar auf einem mit Stangen markierten Pfad, trotzdem sollte man dies nur bei aperem Firn und keinesfalls nach Neuschneefällen tun.

**Aufstieg**   Von der Bergstation/Seilbahn **Oldenegg (1919 m)** auf markiertem Weg Richtung **Oldenalp**. Bei der ersten Wegverzweigung rechts halten, in das Hochtal von **Olden**. Der Weg ist Teil des kleinen Rundweges durch das Tal. In angenehmer Steigung geht's zur nächsten Abzweigung: Hier zweigt der große Rundweg nach rechts ab und damit auch der Anstieg zum Oldenhorn. Deutlich steiler geht es nun über eine Gras- und Schrofenrippe auf die die nächste Talstufe westlich von **P. 2310 m**. Man bleibt so lange am markierten Weg, bis sich

Walliser Alpen vom Oldensattel

# Oldenhorn 3

Sommet des Diablerets und Montblanc (l.)

rechts die ersten weiß-blau-weißen Markierungen zeigen. Hier beginnt der deutliche Pfad, der zunächst fast eben in Richtung Oldensattel führt. Die Vegetation wird mit einem Schlag spärlicher, es gibt keine Wiesen mehr, fast nur noch Block- und Schuttfelder. Der Weg zieht dann wieder steiler in Kehren über einen Moränenrücken empor. Dadurch gewinnt man rasch an Höhe und erreicht schon bald die letzte Stufe unter dem Oldensattel, wo sich das ganze Jahr über zumindest ein Schneefeld hartnäckig hält. Oberhalb führt die breite Trasse einer Skipiste in den **Oldensattel** (2737 m). Der Kontrast zwischen der dunklen, schattigen Nordseite und der hellen, vergletscherten Südseite könnte kaum größer sein. Rechterhand steigt der weiterhin gut markierte Steig über den Rücken an, der vom Oldenhorn hinabzieht. Nördlich von **P. 2945 m** wendet er sich nach rechts und führt zu einer plattigen und felsigen Steilstufe, die zum Teil mit Drahtseilen gesichert ist. Weiter oben geht es wieder in Kehren im Geröll, ab und zu gesichert, zum Gipfelrücken. Dieser leitet zum höchsten Punkt des **Oldenhorns** (3123 m) mit Gipfelkreuz und -buch. Die Rundsicht könnte kaum schöner sein, auch wenn die negativen Eingriffe der »Spaß- und Freizeitgesellschaft« ein wenig stören. Im Süden präsentieren sich schön und sauber aufgereiht die Walliser Viertausender. Über dem Glacier de Tsanfleuron der Sommet des Diablerets, links davon der Montblanc. Im Westen hinter den Türmen von Leysin das Blau des Genfer Sees, dahinter der komplette Jura, der vom Crêt de la Neige bei Genf bis zum Weissenstein bei Solothurn zu sehen ist. Im Norden die Waadtländer, Freiburger und Berner Voralpen. Die Berner Hochalpen im Osten schließen eines der schönsten Panoramen der Alpen!

**Abstieg**  Dieser erfolgt auf demselben Weg.

Saanenland, Simmental, Diemtigtal

# Arpelistock (3036 m)

Der westlichste Dreitausender der Berner Alpen

| T4 | 7.30 Std. | ↑↓ 1657 m |

**Tourencharakter:** Landschaftlich sehr abwechslungsreiche Gipfeltour am westlichen Ende der Berner Alpen. Trittsicherheit und – trotz Markierungen – ein Mindestmaß an Orientierungssinn sind nötig. Bei schlechter Sicht, Nässe, Schnee und Eis nicht zu empfehlen. Als Eintages- oder Zweitagestour möglich. Eine gute Kondition gehört ebenso zur Ausrüstung.
**Beste Jahreszeit:** Juli bis September, im Juli allerdings noch viele Schneefelder auf beiden Seiten des Gipfels!
**Ausgangs-/Endpunkt:** Parkplatz Legerlibrügg (1379 m) am Lauenensee, gebührenpflichtige Parkplätze, Bushaltestelle.
**Verkehrsanbindung:** Straße und Busverbindung von Lauenen.
**Gehzeiten:** Gesamt 7.30 Std.
Lauenensee – Geltenhütte 1.45 Std.,
Geltenhütte – P. 2685 m 1.45 Std.,
P. 2685 m – Arpelistock 1 Std.,
Arpelistock – P. 2685 m 0,30 Std.,
P. 2685 m – Geltenhütte 1.15 Std.,
Geltenhütte – Lauenensee 1.15 Std.
**Einkehr/Unterkunft:** Geltenhütte (2003 m), bewartet von Ende Juni – Anfang Oktober,
Tel. +041/33/765 32 20,
www.geltenhuette.ch
**Markierung:** SAW-Wegweiser und weiß-rot-weiße Markierung bis zur Geltenhütte, zum Arpelistock weiß-blau-weiße Markierungen, Abstiegsalternativen bis zur Arête de l'Arpille ebenfalls blau-weiß, ab Sanetschpass in beide Richtungen wieder weiß-rot-weiß markiert.
**Karte:** Swisstopo 1:25 000, 1266 Lenk, 1286 St. Léonard; 1:50 000, 5025 T Saanenland Simmental.
**Infos:** Gstaad Saanenland Tourismus, CH-3780 Gstaad,
Tel. +41/33/748 81 81
www.gstaad.ch

Gipfelgefühle – Am Arpelistock

Der starke Gletscherrückgang der letzten Jahre hat für Hochalpinisten einschneidende Konsequenzen: Heutzutage sind viele der klassischen Hochtouren nicht mehr oder nur noch unter den allerbesten Bedingungen möglich. Für Berg- und Alpinwanderer haben sich dafür neue Ziele ergeben. Eines davon ist der Arpelistock. Noch bis in die Neunzigerjahre des letzten Jahrhunderts war der Gipfel eine einfache Gletschertour, nun kann man ihn auf schnee- und eisfreien Anstiegen sogar

# Arpelistock 4

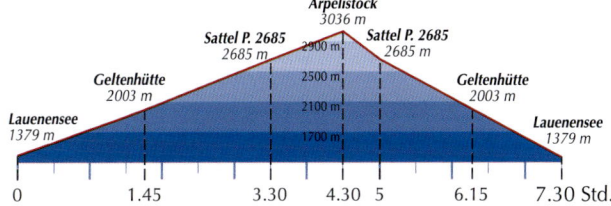

überschreiten. Der mittlerweile zweigeteilte Geltengletscher ist mit seinen vielen Spalten trotz Rückgang noch immer sehr wild, selbst aus der Ferne wirkt er noch recht beeindruckend. Für einen Gletscher in dieser Höhe (unter 3000 m) scheint er noch nicht ganz so viel eingebüßt zu haben. Das mag daran liegen, dass Fronten aus Westen zuerst eintreffen und bereits hier einiges an Feuchtigkeit liegen lassen. Für konditionsstarke Alpinwanderer ist die Tour vom Laue-

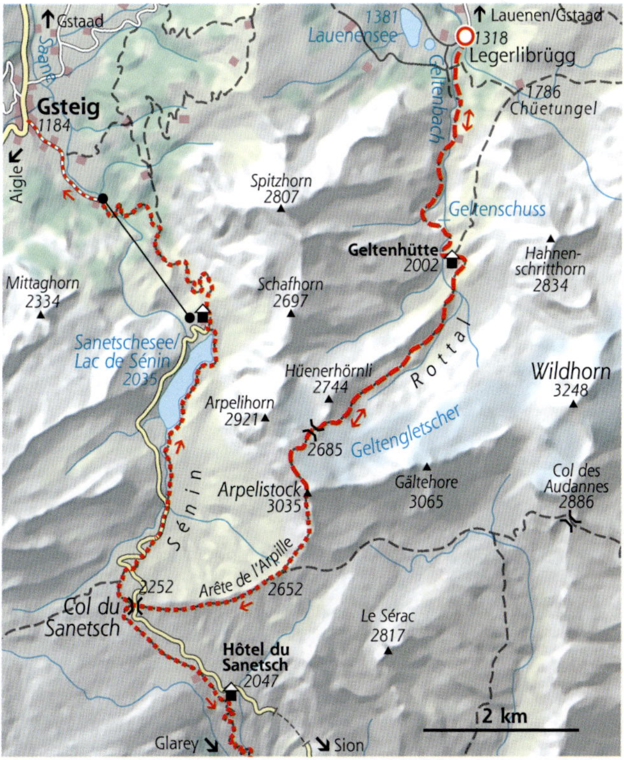

**Saanenland, Simmental, Diemtigtal**

*Alpin – Geltengletscher und Wildhorn (hinten)*

nensee an einem Tag machbar. Die Überschreitung innerhalb eines Tages hingegen ist ein sehr anstrengendes Unternehmen, obwohl sie oft von Gsteig aus mithilfe der Seilbahn zum Sanetschsee von West nach Ost durchgeführt wird. Am Arpelistock ist Französisch übrigens deutlich häufiger zu hören als Deutsch – kein Wunder, schließlich befindet man sich hier ebenso wie am Oldenhorn an der Sprachgrenze. Zudem ist die Region für viele Bergsteiger aus der Romandie einfacher zu erreichen als aus der Deutschschweiz.

**Aufstieg** Beim Parkplatz bzw. der Bushaltestelle **Legerlibrügg** (1379 m) am Lauenensee beginnt der landschaftlich einmalige Weg zur Geltenhütte, der allein schon eine Tour wert ist! Auf gutem Wanderweg werden mehrere Talstufen des Geltenbachs durchquert und man kommt mehrfach an Wasserfällen vorbei. Höhepunkt ist dabei der Geltenschuss im obersten Teil. Kurz darauf wird die **Geltenhütte** (2003 m) erreicht. Hinter der Hütte nach links dem Wegweiser »**Rottal**« folgen. Bald schon entdeckt man die ersten blau-weißen Markierungen. In einem Linksbogen und über eine Brücke erreicht man das Rottal. Dieses wird von einem riesigen Felszirkus umgeben, über die untersten Wände von Wildhorn und Geltenhorn stürzen unzählige Wasserfälle herab. Was für ein Talschluss! Über Moränengelände geht es nun steiler auf die nächste Talstufe und erneut durch Block-

# Arpelistock 4

felder hinauf bis in den Sattel **P. 2685 m**. Das Felsgelände darüber machte bisher nicht den Einruck, dass es sich einfach durchsteigen ließe. Am Sattel sieht man jedoch, dass es problemlos möglich ist: Die guten Markierungen leiten sicher durch das Fels- und Schuttgelände. Ab und zu braucht es zwar die Hände zum Fortkommen, wirklich schwierige Stellen gibt es aber keine. Oberhalb der Felsen wird das Gelände deutlich flacher. Die Wegspur macht nun zunächst einen Bogen nach rechts, um dann wieder links haltend den Gratrücken und über diesen den Gipfel zu erreichen. Bald darauf steht man am **Arpelistock** (3036 m) und genießt eine fantastische Rund- und Weitsicht. Die Viertausender der Walliser Alpen sind im Südhalbrund aufgereiht, ebenso wie die Spitzen und Zinnen des Montblanc-Massivs. Nebenan im Osten Wildhorn und Geltenhorn, im Westen Diablerets und Oldenhorn. Die Voralpen und die Höhenzüge des Jura schließen das Bild im nördlichen Halbrund.

**Abstieg**   Auf demselben Weg.

**Variante**   Der Arpelistock lässt sich auch nach Süden ins Wallis überschreiten. Dazu folgt man der Wegspur, die vom Gipfel in Kehren durch die steile Südflanke hinabzieht. Im steilen Kalkgeröll sind absolute Trittsicherheit sowie Konzentration auf den Weg gefragt! Der anspruchsvollste Abschnitt ist jedoch bereits im nächsten Sattel vorbei und die Wegspur führt durch die Flanke und wieder ein paar leichte Felsstufen hinab zur Arête de l'Arpille. Hier mündet von links der Weg von der Cabane des Audannes ein. Dies ist ein Teilstück der vor allem in der Romandie populären Tour du Wildhorn. Über diesen aussichtsreichen Gratrücken geht's dann zügig zum **Sanetschpass** (2242 m) frz. Col du Sanetsch. Ab hier gibt es zwei Alternativen: entweder nach Norden auf markiertem Weg hinab zum Sanetschsee (2034 m) und von dort mit der Bahn hinab nach Gsteig. Selbstverständlich kann man auch das restliche Teilstück nach Gsteig laufen. Zeit 2 Std. bis zum Sanetschpass ↓ 794 Hm, T 4. Weitere 2 Std. bis Gsteig, ↓ 1067 Hm. Oder aber nach Süden auf markiertem Weg zum Hôtel du Sanetsch, 2047 m und von dort steil hinab via Glarey zur Bushaltestelle bei Glarey (1437 m). Allerdings sind die Verbindungen ab hier sehr spärlich und man sollte sich vorher gut darüber informieren. Man kann ab dem Sanetschpass auch den gesamten »Abstieg« ins Wallis mit dem Postauto bewältigen.

Arête de l'Arpille mit Diablerets-Massiv

Saanenland, Simmental, Diemtigtal

# 5 Wildhorn (3248 m)
## Höchster Gipfel der westlichen Berner Alpen

| L+ | 9.30 Std. | ↕ 1664 m |

**Tourencharakter:** Einfache und viel begangene Hochtour auf den höchsten Berg der westlichen Berner Alpen. Dabei ist die übliche Gletscherausrüstung unbedingt erforderlich, denn vor allem der Chilchligletscher hat Spalten! Allerdings kann der untere spaltenreiche Teil des Gletschers mittlerweile umgangen werden. Eine gute Kondition ist ebenso Voraussetzung.
**Beste Jahreszeit:** Juli bis September.
**Ausgangs-/Endpunkt:** Iffigenalp (1584 m) bei Lenk, Parkplätze, Bus von Lenk.
**Verkehrsanbindung:** Busverbindung von Lenk. Mit dem Pkw auf zum Teil geschotterter Straße von Lenk. Achtung: zeitlich geregelter Einbahnverkehr, Infos siehe Tour 6.
**Gehzeiten:** Gesamt 9.30 Std. Iffigenalp – Wildhornhütte 2.30 Std., Wildhornhütte – Wildhorn 3 Std., Wildhorn – Wildhornhütte 2.15 Std., Wildhornhütte – Iffigenalp 1.45 Std.
**Einkehr/Unterkunft:** Wildhornhütte (2303 m), bewartet von Ende Juni – Mitte Oktober, Tel. +41/33/733 23 82, www.cas-moleson.ch; Berghaus Iffigenalp, 1584 m, Tel. +41/33/733 13 33.
**Markierung:** SAW-Wegweiser und weiß-rot-weiße Markierung bis zur Wildhornhütte. Bis zum Gletscher weiß-blau-weiße Markierung.
**Karte:** Swisstopo 1:25 000, 1266 Lenk, 1286 St. Léonard.
**Info:** Lenk-Simmental Tourismus, CH-3775 Lenk, Tel. +041/33/736 35 36, www.lenk-simmental.ch

Zwar ist der Wildstrubel deutlich massiger, aber eben ein paar lumpige Meter niedriger als das Wildhorn, der höchste Gipfel in den westlichen Berner Alpen. Dieser Status verspricht eine fantastische Rundsicht. Seit einigen Jahren wird das Wildhorn vermehrt von der

Firngipfel – Unterwegs zum Wildhorn

# Wildhorn 5

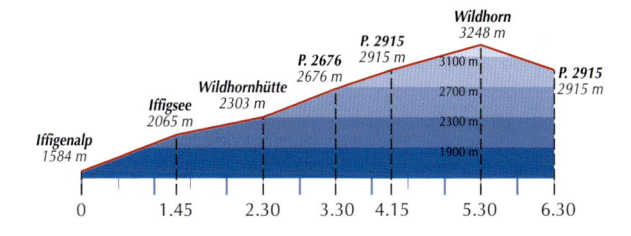

Walliser Seite erstiegen, seit am Lac des Audannes die Cabanne des Audannes besteht. Viele steigen ohne Seil zum Gipfel. Dies vor allem ab August, d.h. sobald der Glacier de Ténéhet aper ist. Der hier beschriebene Anstieg von der Berner Seite ist anspruchsvoller, denn der Tungelgletscher und besonders der Chilchligletscher weisen einige Spaltenzonen auf. Seilsicherung sollte hier selbstverständlich sein, auch wenn der Gletscher in der Regel gespurt ist.

**Aufstieg zur Wildhornhütte**  Vom Berghaus **Iffigenalp** (1584 m) führt der markierte Wanderweg mit zunächst nur mäßiger Steigung durch das Iffigtal. Erst bei P. 1824 m steigt er stärker an und führt in der Folge über einen Rücken zum **Iffigsee** (2065 m). Der Weg geht rechts am See vorbei, holt nach rechts aus und erreicht schließlich die **Wildhornhütte** (2303 m).

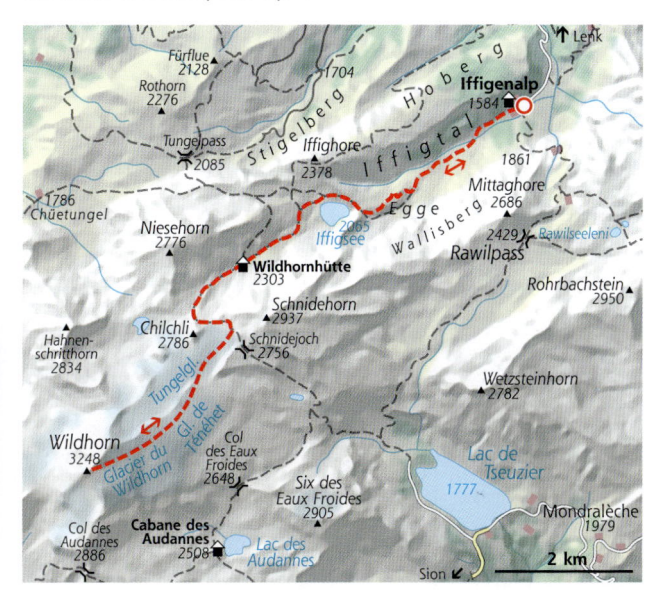

## 5  Saanenland, Simmental, Diemtigtal

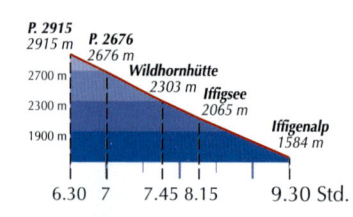

```
P. 2915
2915 m   P. 2676
         2676 m
2700 m   Wildhornhütte
         2303 m   Iffigsee
2300 m            2065 m
                         Iffigenalp
1900 m                    1584 m

6.30  7   7.45 8.15       9.30 Std.
```

**Zum Wildhorn**  Von der Hütte folgt man den deutlichen Wegspuren in Richtung Schnidejoch (blau-weiß markiert) über einen Moränenrücken. Unterhalb des **Chilchli** quert der Steig nach links. Früher wurde hier der Gletscher betreten. Mittlerweile dürfte es meist einfacher sein, noch ein Stück weit den Weg in Richtung Schnidejoch zu verfolgen und den Gletscher weiter oben, d.h. südöstlich von **P. 2676 m**, zu betreten. So lassen sich die ausgeprägten Spaltenzonen im unteren Gletscherteil auf der Ostseite des Chilchli vermeiden. Über den Chilchligletscher steigt man in den kleinen Sattel links von **P. 2915 m**. Hier wird der Glacier de Ténéhet betreten, über den man Richtung Gipfel ansteigt. Über einen steilen (Schnee-)Hang wird der Vorgipfel erreicht, mit dem sich viele Bergsteiger bereits zufrie-

Traumtag – Am Wildhorn

Wildhorn **5**

dengeben. Alle anderen steigen noch über den Grat zum Hauptgipfel des **Wildhorns** (3248 m). Die Rundsicht ist phänomenal, weil kein höherer Gipfel den Blick verstellt. Kontrastreich und gegensätzlich ist der Blick nach Süden und nach Norden – auf der einen Seite die Viertausender der Walliser Alpen und der Montblanc, gegenüberliegend die grünen Gipfel der Voralpen.

**Abstieg**   Dieser verläuft auf derselben Route.

Rückblick – Niesehorn vom Glacier de Ténéhet

Saanenland, Simmental, Diemtigtal

# 6 Iffighore (2378 m)
## Kleiner Gipfel, große Landschaft

| T 3 | 6 Std. | ↑↓ 1210 m |
|---|---|---|

**Tourencharakter:** Gipfelüberschreitung auf teilweise schmalen Pfaden; etwas Kondition und Trittsicherheit erforderlich. Das innere Iffigtal ist ein echtes Landschaftsjuwel; am Iffighore blüht im Sommer das Edelweiß en masse. Faszinierend die kontrastreiche Aussicht vom Gipfel.
**Beste Jahreszeit:** Mitte Juni bis Mitte Oktober.
**Ausgangspunkt:** Parkplatz Hubelmatte (1270 m) an der Straße zur Iffigenalp bzw. Postbushalt Iffigfall.
**Endpunkt:** Parkplatz Hubelmatte oder Posthalt Iffigfall.
**Verkehrsanbindung:** Nach Lenk im Simmental kommt man von Thun/Spiez via Zweisimmen auf guten Straßen oder mit der Bahn. Weiter Richtung Iffigenalp (Straße/Postbus). Hinweis: Verkehr auf der Zufahrtsstraße ab Parkplatz Hubelmatte zeitlich geregelt. Bergfahrt jede Stunde 0.30–0.45 Uhr, Talfahrt 0.00–0.15 Uhr.
**Gehzeiten:** Gesamt 6 Std.; mit Abstecher zur Wildhornhütte 7.15 Std. Parkplatz – Hoberg 2.15 Std., Hoberg – Iffighore 1.15 Std., Iffighore – Iffigenalp 1.45 Std., Iffigenalp – Parkplatz 0.45 Std.
**Einkehr/Unterkunft:** Berghaus Iffigenalp, Mai bis Oktober; Tel. +41/33/733 13 33, www.iffigenalp.ch
**Markierung:** Weiß-rot-weiße Markierungen, gelbe Wegzeiger.
**Karten:** Swisstopo 1:50 000, Blatt 263 T Wildstrubel.
**Info:** Lenk-Simmental Tourismus, Rawilstraße 3, CH-3775 Lenk; Tel. +41/33/736 35 35, www.lenk-simmental.ch

Der Iffigsee, darüber das Wildstrubelmassiv

Wanderungen sind manchmal auch Zeitreisen, die uns mehr oder weniger weit zurück in die Vergangenheit führen oder einen Blick in die Zukunft erlauben. Letzteres macht das zurückweichende Gletschereis möglich, Wissenswertes über den Bau der Alpen lässt sich an Gesteinsarten und -strukturen ablesen. So zeigen sich an den Nordabstürzen des Schnidehorns (2937 m) die titanenhaften Kräfte, die der (Zeitlupen-)Zusammenprall zweier Kontinentalplatten freisetzte: wild verformte Felsschichten, durch- und übereinandergeschoben. Was für ein Kontrast dazu die sanft gerundeten Bergrücken im Norden, grün bis zu den Grathöhen, und nur da und dort ein paar Felszacken, Wald im

# Iffighore 6

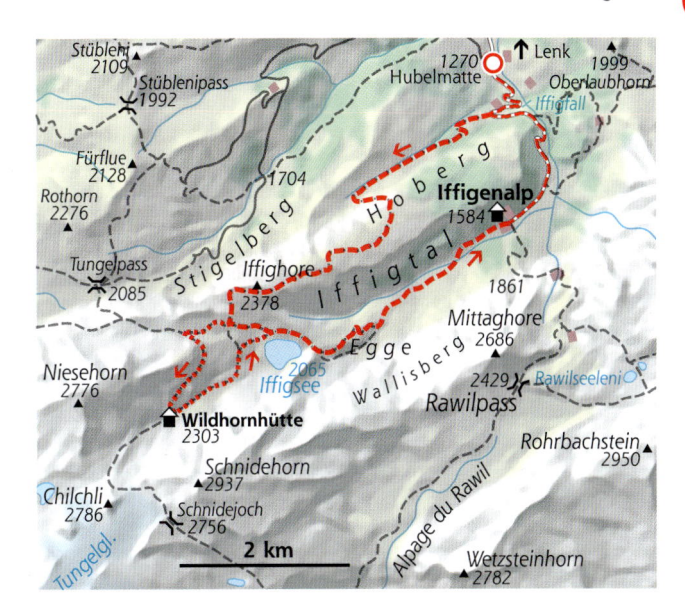

Wechsel mit ausgedehnten Alpflächen – seit Jahrhunderten Bergbauernscholle.

**Der »Schnidi«** Das Land war allerdings schon viel früher besiedelt, auch die hohen Pässe ins Wallis wurden bereits in prähistorischer Zeit begangen. Einer dieser Pfade ging über das vergletscherte Schnidejoch (2756 m). Und das Eis barg bis zum Jahrhundertsommer 2003 ein Geheimnis: rund 300 Objekte, von Kleidungsstücken, Pfeil und Köcher über Gewandnadeln aus Bronze bis zu Schuhnägeln, die ältesten aus der Zeit um 4500 v. Chr.! Besonders interessant waren die zahlreichen Lederfragmente, die neue Erkenntnisse über die prähistorische Gerbtechnik lieferten. Die zeitliche Einordnung der Funde lässt aber auch Rückschlüsse auf das alpine Klima zu. Gletschervorstöße, wie sie immer wieder vorkamen, machten eine Begehung des Passes für Jahrzehnte oder Jahrhunderte unmöglich. »Die

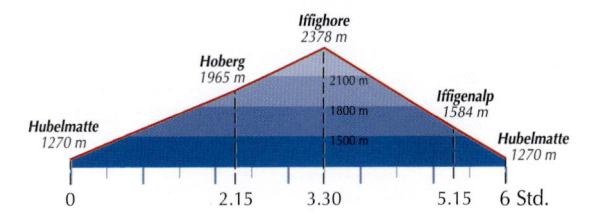

## 6 Saanenland, Simmental, Diemtigtal

Schnidejoch-Funde erlauben die bis dahin präziseste Rekonstruktion von Gletscherschwankungen im Alpenraum in prähistorischer Zeit.« (Martin Grosjean, Universität Bern)
Auch als Cäsar sein Riesenreich regierte, wurde das Joch rege begangen. Im Uferbereich des Iffigsees entdeckte man Mauerreste einer römischen Herberge, entlang der Passroute über hundert Nägel, die von römischen Sandalen (Caligae) stammen, und in der Nähe der Wildhornhütte einen Sesterz aus dem späten 2. Jahrhundert.

**Auf das Iffighore** Auch im 21. Jahrhundert genießt der Wanderer noch die (relative) Unversehrtheit dieses herrlichen Bergwinkels. Die Straßenschleifen zum **Iffigfall** lassen sich auf dem weiß-rot-weißen Wanderweg abkürzen; an der vierten Kehre weist eine große Tafel auf das Naturschutzgebiet Gelten-Iffigen hin, Wegweiser schicken den Wanderer allerdings auf eine breite Sandpiste. Sie entpuppt sich als neue Zufahrt zu den Alphütten von Pöris. Ihre weit nach Norden ausholende Schleife lässt sich abkürzen; im Talinnern knickt der Pfad dann abrupt nach links ab. Steil ansteigend überwindet er die Felsstufe zum **Hoberg** (1965 m), einem breiten Rücken mit knorrig-schönen Arven, ein paar Moortümpeln – und einer herrlichen Aussicht auf das oberste Simmental.
Beim weiteren Anstieg über den lang gestreckten Hoberg begleiten die schroffen Felswände von Mittaghorn (2686 m) und Schnidehore den Wanderer zur Linken. Kurz unterhalb des Gipfels, der nordseitig über eine beachtlich hohe, fast senkrechte Wand abbricht, bietet sich ein erster Tiefblick auf den Iffigsee – ein Traumbild! Blickfang im Panorama des **Iffighore** (2378 m) ist das Wildhorn (3248 m) mit

Tiefblick auf den Iffigsee

Iffighore **6**

seinen Gletschern; nach Norden schaut man weit über die grünen Berner Voralpen bis zu den Gipfeln über Thuner- und Brienzersee.

**Abstecher zur Wildhornhütte** Das Wildhorn gibt auch die Abstiegsrichtung vor. Über den Wiesenrücken geht's hinunter in eine kleine Scharte. Wenig weiter, kreuzt man den Weg vom Iffigsee zum Stigelschafberg, heißt es: rechts oder links. Wer sich für den (lohnenden) Abstecher zur Wildhornhütte entscheidet, steigt über den felsdurchsetzten Hang bis knapp unter die Kammhöhe an. Hier biegt man links (Wegzeiger) in den bereits lange sichtbaren Querweg ein, der unter den Felsen in den hintersten Winkel des Iffigtals, die **Stieren Iffige**, leitet. Nach kurzem Abstieg mündet das Steiglein in den vom Iffigsee heraufkommenden Zustieg; knapp zehn Minuten höher thront auf einer kleinen Anhöhe die **Wildhornhütte** (2303 m); zusätzlicher Zeitaufwand 1.15 Std.

Ein Moortümpel am Hoberg

**Abstieg** Dieser führt von oben erwähnter Wegkreuzung kurz hinunter zum **Iffigsee** (2065 m), der unterirdisch entwässert, dann über dessen nördlichem Ufer zu einem felsigen Durchlass und hinaus auf den Grasrücken der Egge. Weit draußen im Iffigtal ist das Gasthaus Iffigenalp zu sehen. Der Weg folgt der Krete einer markanten Randmoräne, steigt dann in ein paar Schleifen ab in den Talboden, wo er zum Sträßchen mutiert, das hinausläuft zur **Iffigenalp** (1584 m), einem beliebten Ausflugs- und Einkehrziel.
Wer nicht den Postbus benützt, folgt der Asphaltstraße bis zum Eingang in die malerische Mündungsschlucht von Iffigen. Hier beginnt der schön angelegte Klammweg, auf dem man – stets das Rauschen des Wassers im Ohr – im Wald hinabwandert zum imposanten Iffigfall. Zuletzt geht's auf der Straße zurück zum Ausgangspunkt der schönen Runde.

Saanenland, Simmental, Diemtigtal

# 7 Tierbergsattel (2654 m)
## Versteckstes Bergjuwel unter dem Wildstrubel

| T4 | 8.15 Std. | ↑↓ 1600 m |

**Tourencharakter:** Lange, anstrengende Tour, bei der Trittsicherheit und eine tadellose Kondition unerlässlich sind. Die Wege sind teilweise schmal, im Abstieg vom Flueseeli auch recht ausgesetzt (einige Sicherungen). Grandios die Kulisse rund um den Rawilpass und im Vorfeld des Glacier de la Plaine Morte bzw. unter dem Wildstrubel. Wer nicht auf das eigene Fahrzeug angewiesen ist, kann vom Rezliberg zu den Simmenfällen absteigen, spart sich so den finalen Gegenanstieg.
**Beste Jahreszeit:** Ende Juni bis Anfang Oktober.
**Ausgangs-/Endpunkt:** Iffigenalp (1584 m).
**Verkehrsanbindung:** Nach Lenk im Simmental kommt man von Thun/Spiez via Zweisimmen auf guten Straßen oder mit der Bahn. Weiter Richtung Iffigenalp (Straße/Postbus). Achtung: zeitlich geregelter Einbahnverkehr, Infos siehe Tour 6.
**Gehzeiten:** Gesamt 8.15 Std. Iffigenalp – Stiereläger 2 Std., Stiereläger – Tierbergsattel 1.15 Std., Tierbergsattel – Rezligletscherseeli 1 Std., Rezligletscherseeli – Flueseeli 0.45 Std., Flueseeli – Rezliberg 1 Std., Rezliberg – Ritzmad 1.30 Std., Ritzmad – Iffigenalp 0.45 Std.
**Einkehr/Unterkunft:** Berghaus Iffigenalp, Mai bis Oktober; Tel. +41/33/733 13 33, www.iffigenalp.ch. Einkehrmöglichkeiten Rezliberg, Alp Langermatten, Alp Ritz.
**Markierung:** Weiß-rot-weiß, gelbe Wegweiser.
**Karten:** Swisstopo 1:50 000, Blatt 263 T Wildstrubel.
**Info:** Lenk-Simmental Tourismus, Rawilstraße 3, CH-3775 Lenk; Tel. +41/33/736 35 35, www.lenk-simmental.ch

Dass manche Bergwinkel nur recht schwierig zu erreichen sind, sich über steilen Felsbarrieren oder hinter tiefen Schluchten verbergen, liegt in der Natur der alpinen Geografie. Ein gutes Beispiel dafür ist der Tierberg, eine vom Gletschereis gezeichnete Mulde unter dem Wildstrubel, so wild wie abgelegen, mit schroffen Felsen rundum. Diese sind aus den unterschiedlichsten Gesteinen aufgebaut, was den Reiz der hochalpinen Szenerie noch erhöht und (buchstäblich!) die Grundlage für eine besonders artenreiche Flora bilden.

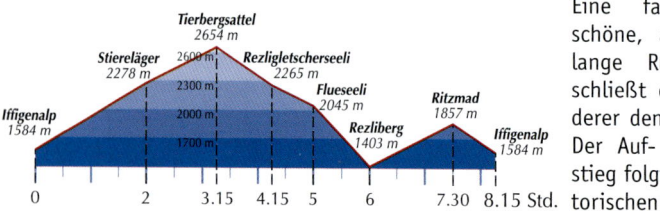

Eine faszinierend schöne, aber sehr lange Runde erschließt dem Wanderer den Tierberg. Der Auf- bzw. Zustieg folgt dem historischen Rawil-

# Tierbergsattel 7

Passweg, am Tierbergsattel betritt man dann den versteckten Bergwinkel. Wäre da nicht die Seilbahn, die von der Iffigenalp zu einem militärischen Horchposten am Weisshorn (2948 m) hinaufzieht, könnte man glatt der schönen Illusion der »unberührten Alpenwelt« nachhängen. Dass ausgerechnet hier vor fast 4000 Jahren steinzeitliche Jäger unterwegs gewesen sein sollen, überrascht einigermaßen, doch die Funde aus der Tierberghöhle sind gesichert und lassen keine Zweifel zu.
Leise Zweifel beschleichen manchen Fußgänger unserer Tage dafür beim schwindelerregenden Tiefblick über den jähen Flueschafberg in den grünen Boden des Rezlibergs: Da hinunter? Das geht aber überraschend leicht; vom Flueseeli – noch so ein alpines Kleinod! – schraubt sich ein guter Weg bergab ins Flache, wo abseits eine mächtige Karstquelle, die Siebenbrunnen, entspringt. Etwas Erfrischung kann jetzt manche/r gut gebrauchen, steht doch die anhängliche Gegensteigung zur Ritzmad an. Hat man die Höhe einmal gewonnen, taucht auch bald im verschatteten Tal die Iffigenalp auf, Ausgangs- und Endpunkt einer der schönsten Wanderungen im (wilden) Westen des Berner Oberlands.

Stiebende Wasser: Abfluss des Glacier de la Plaine Morte

**Auf den Tierbergsattel**   Am alten **Rawilweg** überquert man den Iffigbach und steigt dann über einen Murkegel gegen die Felsen an. In kunstvoll angelegten Kehren gewinnt der Saumpfad zügig an Höhe, im Bereich einer Steilrinne ist er aus dem mürben Gestein gehauen. Eine längere Querung leitet zur **Blattihütte** (2027 m), durch die zwischen Rothore und Mittaghore (2686 m) eingelagerte Mulde geht es weiter bergan zur Verzweigung am **Stiereläger** (2278 m), wo man sich links hält. Nächste Wegstation sind die seichten **Rawilseeleni** (2490 m), noch gut eine halbe Gehstunde unterhalb des **Tierbergsattels** (2654 m). Von der Scharte genießt man freie Sicht auf den Rawilpass (2429 m) und die ausgedehnte grüne Mulde der Alpage de Rawil, über der sich im Westen das vergletscherte Wildhorn erhebt.

**Zum Rezliberg**   Gut einzusehen ist auch der Weiterweg. Er läuft zunächst steil, dann flacher hinunter in den Tierberg. Die Markierungen

# 7 Saanenland, Simmental, Diemtigtal

leiten zwischen einst vom Eis rund geschliffenen Felsbuckeln in leichtem Auf und Ab hinüber gegen das **Rezligletscherseeli** (2265 m). Zwei solide Eisenbrücken helfen über Abflüsse des Glacier de la Plaine Morte, ein kurzer Gegenanstieg führt in das Gletschervorgelände unterhalb der Roti Steine, wo rechts der Normalweg zum Wildstrubel abzweigt (Hinweis am Fels). Links geht's über eine steile Geländestufe (prächtiger Wasserfall) hinab zum **Flueseeli** (2045 m), in dessen Nähe die gleichnamige unbewirtschaftete Hütte steht. Am nordwestlichen Ufer beginnt der Steilabstieg zum Rezliberg (1403 m); der Weg schraubt sich, geschickt in das steile und felsige Gelände trassiert (kurze Drahtseilpassage), in Serpentinen hinunter in den weiten grünen Talboden. Hier lohnt sich der kurze Abstecher zu »**De Siebe Brünne**« (Siebenbrunnen, 1410 m), einer mächtigen Karstquelle, aus der im Sommer bis zu 2800 Liter Wasser pro Sekunde strömen.

**Über die Ritzmad**   Vom Rezliberg folgt man zunächst dem Fahrweg nach Westen, bis die weiß-rot-weißen Markierungen in den Wald leiten. Der Pfad kürzt die Straßenschleifen ab; er steigt zunächst schattig, dann über Almwiesen hinauf zur **Langermatten**. Hier bietet sich ein faszinierender Rückblick zum Wildstrubelmassiv. Von der flachen **Ritzmad** (1857 m) geht's über die **Ritz-Alphütte** (1739 m) hinunter zum Iffigbach. Zuletzt auf der Straße zurück zur **Iffigenalp** (1584 m), wo die große Runde endet.

# Wildstrubel (3244 m)

Leichte Hochtour zum Westgipfel

| L | 11 Std. | ↑↓ 1858 m |

**Tourencharakter:** Einfache Hochtour über einen flachen und spaltenarmen Gletscher, die jedoch eine gute Kondition erfordert. Ideale Gletschertour für Einsteiger. Der Gletscher ist in der Regel ab Mitte August aper, sodass der erfahrene Tourengänger auch einen seilfreien Anstieg riskieren kann. Diese Angabe ist jedoch ohne Gewähr – man erkundige sich zuvor über die herrschenden Verhältnisse.
**Beste Jahreszeit:** Juli bis September.
**Ausgangs-/Endpunkt:** Iffigenalp (1584 m) bei Lenk, Parkplätze, Bus von Lenk.
**Verkehrsanbindung:** Busverbindung von Lenk, mit dem Pkw auf zum Teil geschotterter Straße von Lenk. Achtung: zeitlich geregelter Einbahnverkehr, Infos siehe Tour 6.
**Gehzeiten:** Gesamt 11 Std. Iffigenalp – Wildstrubelhütte 3.30 Std., Wildstrubelhütte – Wildstrubel 2.45 Std., Wildstrubel – Wildstrubelhütte 2.15 Std., Wildstrubelhütte – Iffigenalp 2.30 Std.
**Einkehr/Unterkunft:** Wildstrubelhütte, 2791 m, bewartet von Ende Juni – Mitte Oktober, Tel. +41/33/744 33 39, www.wildstrubelhuette.ch; Berghaus Iffigenalp, Tel. +41/33/733 13 33.
**Markierung:** SAW-Wegweiser und weiß-rot-weiße Markierung bis zum Gletscher, Gletscher zwar oft gespurt, bei aperen Verhältnissen jedoch keine Spuren erkennbar. Im Gipfelbereich gute Wegspuren und Steinmänner.
**Karte:** Swisstopo 1:25 000, 1266 Lenk, 1267 Gemmi.
**Info:** Lenk-Simmental Tourismus, CH-3775 Lenk, Tel. +041/33/736 35 36, www.lenk-simmental.ch

Westlich von Kandersteg sind die Gipfel der Berner Alpen längst nicht mehr so hoch wie in den östlichen Gebieten. Auch die Formen sind bei Weitem nicht so spektakulär, es dominieren hier drei breit

Fernsicht – Montblanc (l.) und Wildhorn (r.)

# 8 Saanenland, Simmental, Diemtigtal

gelagerte Massive – Wildstrubel, Wildhorn und Les Diablerets. Das östlichste der drei Massive ist der Wildstrubel – kein einzelner Berg, sondern ein breit gelagertes Gebirge mit drei kurioserweise fast auf den Meter genau gleich hohen Gipfeln – dem Grossstrubel (auch Adelbodenerstrubel genannt), dem Mittleren Gipfel und dem Westgipfel, dem Lenkerstrubel. Zum Wildstrubel führen insgesamt vier oft bis sehr oft begangene Routen, drei davon über Gletscher – von der Lämmerenhütte zum Mittleren Gipfel, von der Engstligenalp zum Grossstrubel und von der Wildstrubelhütte zum Lenkerstrubel. Daneben gibt es noch einen gletscherfreien Anstieg, ebenfalls zum Lenkerstrubel. Dieser wartet jedoch mit einer beträchtlichen Höhendifferenz von über 2100 m auf und bietet als Unterkunft lediglich die nicht bewartete Flueseehütte. Wer möchte, kann den Wildstrubel zu den Simmenfällen überschreiten. Dazu verlässt man den Anstiegsweg auf einer Höhe ca. 2910 m (man kann auch schon von weiter oben auf Wegspuren direkt absteigen) und folgt den Markierungen ins Rottäli. Oberhalb des Flueseelis trifft man auf den Weg vom Tierbergsattel (siehe Tour 7). Die hier vorgeschlagene Tour ist zwar bei Weitem die einfachste Hochtour in diesem Führer und der Glacier de la Plaine Morte ist normalerweise spaltenarm. Trotzdem ist auch die-

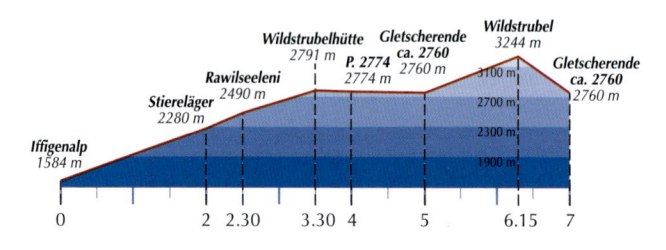

50

# Wildstrubel 8

Kollegen – Die beiden anderen Wildstrubel-Gipfel

ser Gletscher mit der nötigen Vorsicht und mit Seil (solange der Gletscher nicht aper bzw. mit Firnschnee bedeckt ist) zu begehen. Das Problem sind hier weniger Gletscherspalten, sondern sogenannte Gletschermühlen. Auch da kann man hineintappen. Im Hochsommer verwandelt sich die Gletscherfläche spätestens ab der Mittagszeit in einen Gletschersumpf mit vielen gurgelnden Bächen.

**Aufstieg zur Hütte** Von der Iffigenalp zunächst – wie in Tour 7 beschrieben – dem Weg bis zu den **Rawilseeleni** (2490 m) folgen. Der Anstieg wird bald einmal steiler und bei P. 2552 m (von rechts Einmündung des Weges vom Rawilpass) geht es über Schutt und kleinere Felsstufen zwar steil, aber problemlos zur **Wildstrubelhütte** (2791 m).

Wer den Hüttenaufstieg gemütlicher mag, der kann von der Walliser Seite (Montana) aus per Bahn bequem zur Pointe de la Plaine Morte schweben. Von hier auf markiertem Weg zunächst westlich am Glacier de la Plaine Morte vorbei. Mit einer kurzen Gegensteigung in die Weisshornlücke erreicht man in gut 1 Std. die Wildstrubelhütte. Dabei kann man bereits die Route über den Gletscher unter die Lupe nehmen.

**Zum Wildstrubel** Von der Hütte geht's zunächst in die **Weisshornlücke** (2852 m), das Schneefeld unter der Lücke ist zwar morgens gefroren, aber in

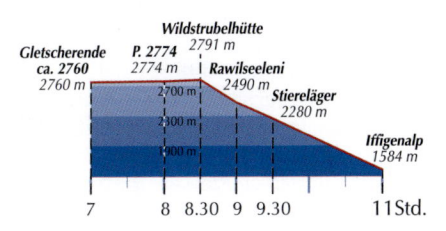

# 8 Saanenland, Simmental, Diemtigtal

Tote Ebene – Glacier de la Plaine Morte

der Regel gespurt. Dann auf markiertem Steig hinab, den man nördlich der Pointe de Vatseret verlässt. Durch flachen Schutt und über Schneereste betritt man knapp nördlich von **P. 2774 m** den **Glacier de la Plaine Morte**. Nicht zu weit rechts halten, denn hinter der Pointe de Vatseret breitet sich ein Gletschersee aus! Ziemlich genau in der Gletschermitte ist eine Spaltenzone zu erkennen, die in einem Rechtsbogen umgangen wird. Dahinter wieder links haltend in Richtung des Sporns, der vom Wildstrubel am weitesten in den Gletscher ragt und der bei ca. 2760 m Höhe betreten wird. Von hier den Steinmännern folgen, die Wegspuren sind zunächst noch recht spärlich, doch bereits in der Querung unterhalb der Schulter von **P. 2910 m** ist eine deutliche Wegspur vorhanden. Der Anstieg wird nun wieder steiler, aber die Wegspuren sind gut in Kehren angelegt und der Schutt ist weich und gut begehbar. So steht man schon bald am **Lenkerstrubel** (3244 m) mit seinem Gipfelkreuz. Die Rundsicht gehört zu den schönsten der Alpen. Die Walliser Alpen stehen mit ihrer gesamten Prominenz Parade und im Südwesten grüßt aus der Ferne der Montblanc. Bei klarem Wetter ist Martigny im Rhonetal erkennbar, im Osten das vergletscherte Wildstrubelmassiv, rechts davon die Gemmi, darüber die Berner Eisriesen. Sehr schön auch der Blick über die Plaine Morte mit dem Wildhorn darüber. Im Norden die voralpinen Gipfel über dem »Grünen Hochland«.

**Abstieg** Dieser verläuft auf derselben Route – oder wie oben angedeutet – via Flueseeli zum Hotel Simmenfälle. Wer plant, den Wildstrubel über den Mittleren Gipfel zur Lämmerenhütte zu überschreiten, muss auf alle Fälle eine komplette Gletscherausrüstung mit sich führen. Im Gegensatz zum Glacier de la Plaine Morte wartet der Wildstrubelgletscher mit gefährlichen Spaltenzonen auf! Infos gibt's auf der Lämmerenhütte – der Hüttenwart Christian Wäfler ist Bergführer und kennt den Wildstrubel wie kein Zweiter.

# Wiriehorn (2304 m)
## Mittelpunkt im Diemtigtal

| T2 | 5.45 Std. | ↑1130 m ↓1489 m |

**Tourencharakter:** Einfache Bergwanderung in voralpiner Umgebung. Eine solide Kondition macht es trotzdem einfacher.
**Beste Jahreszeit:** Juni bis Oktober. Im Juni evtl. noch Schneefelder auf der Gipfelabdachung.
**Ausgangspunkt:** Bushaltestelle »Altes Schulhaus« (1174 m).
**Endpunkt:** Bushaltestellen Horboden (815 m) oder Riedli (984 m).
**Verkehrsanbindung:** Straße und Busverbindung von Oey-Diemtigen, Zugverbindung nach Oey-Diemtigen.
**Gehzeiten:** Gesamt 5.45 Std. Diemtigtal – Wirie 1.45 Std., Wirie – Wiriehorn 1 Std., Wiriehorn – Schwarzenberg 1.30 Std., Schwarzenberg – Horboden 1.30 Std.
**Einkehr/Unterkunft:** Alp Schwarzenberg, Tel: +41/33/684 13 32, www.alp-schwarzenberg.ch
**Markierung:** SAW-Wegweiser und weiß-rot-weiße Markierung.
**Karte:** Swisstopo 1:50 000, 5025 T Saanenland Simmental.
**Info:** Diemtigtal Tourismus, CH-3753 Oey, Tel. +41/33/681 26 06, www.diemtigtal-tourismus.ch

Das Diemtigtal zählt zu den schönsten Wanderregionen in den Schweizer Alpen. Es ist schon fast so etwas wie eine kleine Welt für sich und außerhalb des Kantons Bern weitgehend unbekannt. Wer sich einen Überblick über das Tal und seine Bergwelt verschaffen möchte, der ist auf dem Wiriehorn genau richtig. Fast könnte man

Diemtigtal mit Seehore (r.)

# 9 Saanenland, Simmental, Diemtigtal

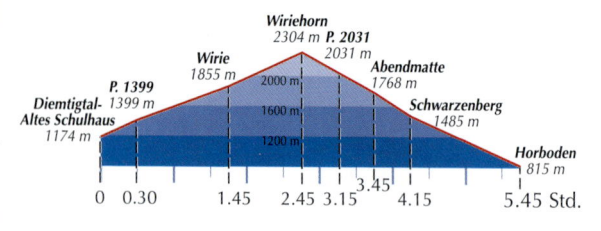

```
Diemtigtal-     P. 1399      Wirie        Wiriehorn              Abendmatte
Altes Schulhaus 1399 m       1855 m       2304 m  P. 2031        1768 m     Schwarzenberg
1174 m                                    2000 m  2031 m                    1485 m
                                          1600 m
                                          1200 m                                        Horboden
                                                                                        815 m
0       0.30           1.45        2.45  3.15  3.45       4.15         5.45 Std.
```

meinen, der Berg habe sich aus den ostschweizerischen Churfirsten hierher verlaufen, denn er bildet ebenso ein gleichmäßig geneigtes Pultdach. Bei der hier vorgeschlagenen Überschreitung wird der Berg sogar noch fast komplett umrundet und man lernt ihn richtig gut kennen – und schätzen. Ganz gleich, ob der Gipfel nun tatsächlich der Mittelpunkt des Tales ist, einer der schönsten und einfachsten Aussichtsberge der Berner Voralpen ist er allemal. Achtung: Die Wiriehornbahn ab Riedli ist im Sommer nur an Wochenenden in Betrieb! Infos unter: Infotel +41/33/684 13 23, www.diemtigtal-tourismus.ch

**Aufstieg**  Von der **Bushaltestelle »Altes Schulhaus«** (1174 m) talwärts kurz der Straße entlang, bis der markierte Wanderweg rechts abzweigt. Auf dem Fahrweg bis zur nächsten Abzeigung. Dort links halten und weiter bis zur nächsten Kreuzung bei **P. 1399 m**. Den Fahrweg überqueren und durch den Wald und in den Wiriegraben. Hier lichtet sich der Wald und schon bald ist die **Alp Wirie** (1855 m) erreicht. Der Weiterweg wendet sich hier nach rechts bis zu einer weiteren Abzweigung. Dort zweigt der Gipfelaufstieg links ab und führt in einem großen Bogen hinaus auf das breite grasige Gipfeldach. Schließlich geht's am Nordwestkamm aussichtsreich zum gro-

Wirie Alp überm Diemtigtal

# Wiriehorn 9

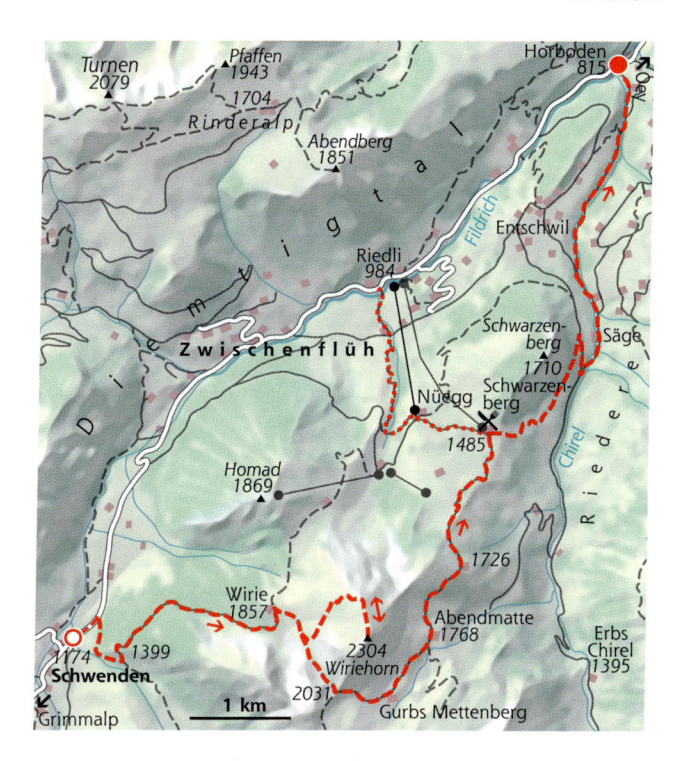

ßen Gipfelsteinmann am **Wiriehorn** (2304 m). Von hier oben lässt sich die Bergwelt über dem Diemtigtal bestens studieren. Beherrschend vor allem Spillgerte und Männliflue. Dazu natürlich viele Gipfel der Berner Alpen und Voralpen.

**Abstieg** Wieder über die Gipfelwiese hinab bis zur Wegverzweigung und dort nach links bis zur Einsattelung bei **P. 2031 m**. Hier links unter der prallen Südwand des Wiriehorns zunächst durch Schutt, weiter unten wieder über Alpweiden zu den Hütten von Gurbs und **Abendmatte** (1768 m). Der Weg quert den Hang bis Tubelfärrich und führt dann am Kamm entlang hinab nach **Schwarzenberg** (1485 m). Nun gibt es zwei Alternativen für den Schlussabstieg: entweder nach rechts, steil den Hang hinab nach Eggweid und weiter zur Talstraße und an der Säge vorbei nach **Horboden** (815 m); leider muss man dabei viel auf Asphalt laufen. Oder aber links absteigen nach Nüegg und durch das Skigebiet zur Bushaltestelle Riedli bei der Talstation. Diese Alternative ist weniger weit, führt aber durch ein Skigebiet.

Saanenland, Simmental, Diemtigtal

# 10 Seebergsee (1831 m) und Scheidegg (1991 m)
## Kontraste im Diemtigtal

| T3 | 7 Std. | ↕ 1200 m |

**Tourencharakter:** Recht lange, deshalb auch anstrengende Wanderung auf überwiegend guten Wegen, teilweise auch Alpsträßchen. Faszinierend die immer wieder wechselnden Eindrücke und Fernblicke, von idyllisch bis felsig-alpin. Ein besonderes Highlight ist der Seebergsee.
**Beste Jahreszeit:** Juni bis Oktober.
**Ausgangs-/Endpunkt:** Schwenden-Post (1163 m).
**Verkehrsanbindung:** Ins Diemtigtal führt eine ordentlich ausgebaute Straße. Postbus ab Oey-Diemtigen bis Schwenden. Es gibt ein Wandertaxi von Zwischenflüh (Diemtigtal) zum Seebergsee;

Infos Tel. +41/33/681 26 06.
**Gehzeiten:** Gesamt 7 Std.
Schwenden – Stand 2.30 Std., Stand – Stiereberg 0.45 Std., Stiereberg – Scheidegg 1.45 Std., Scheidegg – Schwenden 2 Std.
**Einkehr/Unterkunft:** Bergrestaurant Seebergsee, Mitte Juni bis Ende September; Stiereberg, Mitte Juni bis Mitte Oktober.
**Markierung:** Gelbe Wegzeiger, weiß-rot-weiße Markierungen.
**Karten:** Swisstopo 1:50 000, 5025 T Saanenland Simmental.
**Info:** Diemtigtal Tourismus, CH-3753 Oey; Tel. +41/33/681 26 06, www.diemtigtal-tourismus.ch

---

*Schroffe Kalkzacken am Weeriweg hinauf zum Stand*

Das Diemtigtal ist ein Landstrich der Kontraste: eng und weit zugleich, da sanftwellig, dort schroff. Im Mündungsbereich hat sich der Chirel tief in das Gestein gegraben, eine Waldklamm geschaffen, weiter taleinwärts rücken die grünen Hänge zurück, wird der Blick auf schroffe Kalkmauern frei. Und zuhinterst thront das Felsmassiv der Spillgerte (2476 m), streckt es seine Felsfinger in den Himmel. Es ist aber nur ein Blickfang auf dieser Runde, die immer wieder neue Perspektiven, Landschaftsformen, Ein- und Fernsichten bietet. Nach steilem Anstieg von Schwenden findet man sich am Stand (1939 m) unvermittelt auf einem ausgedehnten Hochplateau, das Aussicht in alle Richtungen gewährt. Nach kurzem Abstieg ist der idyllische, von knorrigen Arven umrahmte Seebergsee erreicht. Oben am Gubi wird dann die Sicht auf das obere Simmental frei, am Fromattgrat gibt es einen überraschenden Durchblick zum Eiger, dann vermauern die schroffen Kalkfelsen der Spillgerte zunehmend den Horizont. Im milden Licht der Nachmittagssonne wandert man schließlich über das Alpetli wieder hinab ins

## Seebergsee und Scheidegg — 10

Diemtigtal, das so viele überraschende Seiten hat. Seebergsee und Spillgerte liegen innerhalb des regionalen Naturparks Diemtigtal.

**Zum Stand**   Von **Schwenden** (1163 m) führt ein Sträßchen westlich in den Graben unter dem Seehore (2281 m). Man folgt ihm, eine erste Schleife abkürzend, etwa eine halbe Stunde weit bis zur Abzweigung des Weeriweges. Der zickzack über einen von Sturmschäden gezeichneten, steilen Waldhang hinauf gegen die Felsen, gewinnt dann die namenlose Grassenke, **P. 1851 m** zwischen Meniggrat und Stand (1939 m). Letzterer ist kein richtiger Gipfel, sondern ein welliges Wiesenplateau, genau richtig für eine Rast mit Aussicht. Im Westen hat man die lang gestreckte Felsenmauer des Niderhore, am östlichen Horizont zeigt sich der Eiger mit seiner Nordwand.

**Seebergsee und Scheidegg**   Nach kurzem Zwischenabstieg kommt man zum Bergrestaurant am **Seeberg** (1800 m), wo die Zufahrts-

# 10 Saanenland, Simmental, Diemtigtal

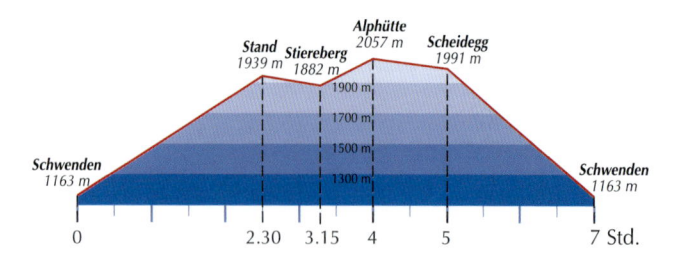

straße von Zwischenflüh (Wandertaxi) mündet. Sie führt südwärts weiter zum idyllischen **Seebergsee** (1831 m) und zum **Stiereberg** (1882 m), ebenfalls mit einer Einkehr. Das Berggasthaus steht auf der Wasserscheide zwischen Diemtig- und Simmental, doch Aussicht auf die Bergketten rund um Saane und Simme gibt es erst eine halbe Gehstunde später, oben an der **Gubischarte** (1987 m), noch schöner dann von der **Alphütte** (2057 m) unter dem Fromattgrat, dem höchsten Punkt der Runde. Die packende Fernsicht bis zu den Teufelshörnern (Les Diablerets) genießt man auch auf dem Weiterweg, der erst flach unter dem Kamm, dann absteigend ins ausgedehnte Almgelände von **Fromatt** (1857 m) führt.

Im Südosten, über der Hinderi Fromatt, ragen die markant geschichteten Kalkzacken der Spillgerte, (2476 m) in den Himmel. Das markierte Weglein steigt über einen Grashang steil an zur **Scheidegg** (1991 m), wo man wieder ins innerste Diemtigtal wechselt. Stimmungsvoller Rückblick auf die schroffen Gipfel im Dreikantonseck Bern-Fribourg-Waadt mit der Gummfluh.

Herbst am Seebergsee

**Abstieg ins Tal** Unter der mächtigen Felsbarriere des Fromattgrats und des Seehore steigt man über steinige Almwiesen ab ins Alpetli. Bei der ersten **Hütte** (1794 m) wird aus der dünnen Spur ein Karrenweg, wenig weiter dann eine Sandpiste. Sie zieht in Serpentinen hinunter nach **Würzi** (1335 m). Weiter im Graben des Senggibachs talauswärts und zurück nach **Schwenden**.

# Gantrisch-Klettersteig

## Steile Route über grüne Wiesen

**11**

| K4 | 🕐 3.45 Std. | ▲ ↕ 560 m |

**Tourencharakter:** Anspruchsvoller Sportklettersteig, mit 420 Metern Drahtseil, rund 400 Eisenbügeln und vier Leitern gesichert. Im kraftraubenden Mittelteil sind die Krampen vielfach leicht versetzt angeordnet – etwas gewöhnungsbedürftig, wie auch das durchhängende Sicherungsseil. Der Klettersteig ist aus Wildschutzgründen bis Mitte Juni gesperrt.
**Beste Jahreszeit:** Mitte Juni bis zum ersten Schnee im Herbst.
**Ausgangs-/Endpunkt:** Parkplatz wenig oberhalb der Wasserscheide (1590 m).
**Verkehrsanbindung:** Zum Ausgangspunkt der Tour kommt man von Bern bzw. Thun via Riggisberg und das ehemalige Gurnigelbad auf guten Straßen. Postbus, Wanderparkplatz knapp oberhalb der Wasserscheide.
**Gehzeiten:** Gesamt 3.45 Std. Zustieg 0.45 Std., Klettersteig 1.45 Std., Abstieg 1.15 Std.
**Einkehr/Unterkunft:** Berghaus Gurnigel, 1594 m, Ende April bis Ende November;
Tel. +41/33/809 04 30,
www.gurnigel-berghaus.ch.
Hier kann man auch eine Klettersteigausrüstung mieten.
Alp Obernünenen, Einkehr im Sommer.
**Markierung:** Wegzeiger, weiß-rot-weiße Markierungen am Zu- und Abstieg.
**Karten:** Swisstopo 1:50 000, 253 T Gantrisch.
**Info:** Verkehrsverband Schwarzenburgerland, Dorfplatz 22, CH-3150 Schwarzenburg;
Tel. +41/31/731 13 91;
www.schwarzenburgerland.ch

Schroffer Kalkfels und steile Grashänge: der Gantrisch

Eingeweiht wurde die Route im Gantrischgebiet am 7. 7. 2007 bei schönem Wetter – ein gutes Omen? Ja, und nach zwei Saisons kann man ein durchwegs positives Fazit ziehen: Die Ferrata hat sehr schnell viele Freunde gefunden und erfüllt ihre Funktion als Impulsgeber für den stagnierenden Sommertourismus der Region. Dass die Sprachgrenze hier nicht mehr weit ist, sieht man der Route durchaus an: Endlose Bügelreihen sichern den luftigen Gang nahe der Vertikalen, dazu vier Leitern und natürlich ein durchlaufendes Drahtseil – ganz à la française. Immerhin führt die Route auf einen Gipfel; dieser bietet ein Panorama von ausgesuchter Schönheit, das übers Mittel-

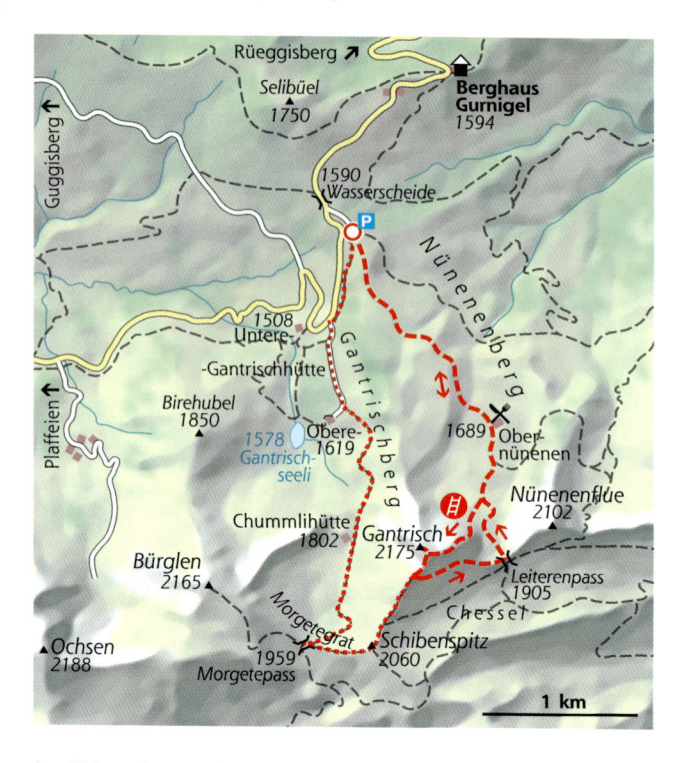

# 11 Saanenland, Simmental, Diemtigtal

land bis zu den Juraketten reicht. Im Süden stehen die großen »Berner«, angeführt vom Trio Eiger, Mönch und Jungfrau.

Doch vor dem Preis (der schönen Aussicht) steht bekanntlich der Schweiß. Und auf den 240 Höhenmetern des Gantrisch-Klettersteigs wird der eine oder die andere ordentlich ins Schwitzen kommen, vielleicht schon an den kleinen Einstiegsüberhängen oder später am langen Wanddurchstieg, der ganz schön in die Arme geht. Als finale Herausforderung lauert vor dem Ausstieg die »Horber-Kante«, senkrecht bis leicht überhängend. Benannt ist sie nach dem Hauptinitiator der Route, Ruedi Horber, der sich damit möglicherweise einen Platz an bernischen Klettersteig-Stammtischen sichert: »Ganz schön knackig, der Horber!« Achtung: Bei militärischen Übungen kann die Mulde von Obernünenen gesperrt sein. Infos dazu bei Tour 12.

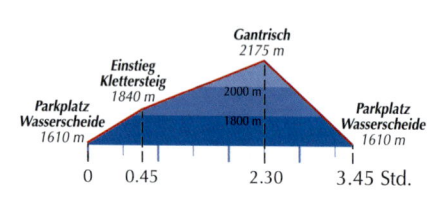

# Gantrisch-Klettersteig 11

**Zustieg** Vom **Parkplatz** (1610 m) wenig oberhalb der **Wasserscheide** wandert man zunächst auf der Schotterpiste über den Nünenenberg zur **Alp Obernünenen** (1689 m). Am **Leiterenboden** (der heißt wirklich so!) zweigt rechts der Zustieg zur Ferrata ab (Hinweistafel). Über einen steinigen Hang geht's hinauf zum Einstieg (ca. 1840 m).

Eine Schautafel informiert über den Klettersteig.

## Gantrisch-Klettersteig
Der Auftakt macht gleich deutlich, dass hier kein Felsspaziergang auf den Klettersteigler wartet: steil, mit zwei kleinen Überhängen. Nach dem rasanten Beginn steigt man ein ins fast senkrechte, etwa 70 Meter hohe »**Küre-Wandli**«, das einen ziemlich geschafft auf ein Grasband entlässt. Über Wiesenhänge (Aluleitern) und gestufte Felsen geht's vergleichsweise leicht weiter aufwärts zur **Wandfluh-Traverse**. Hier quert man links zur finalen Herausforderung, der leicht überhängenden, luftigen »**Horber-Kante**«. Drahtseile leiten weiter zum Ausstieg; über den Grasrücken gewinnt man rasch den Gipfel des **Gantrisch** (2175 m) mit großem Panorama.

**Abstieg** Der weiß-rot-weiße Abstieg leitet über eine harmlose Felsstufe hinunter zum Südwestgrat, wo sich der Weg gabelt. Der direkte Abstieg führt hier links hinunter in die Scharte der **Leiteren** (1805 m) und durch die nordseitige Karmulde weiter bergab zur **Alp Obernünenen**. Auf dem Hinweg zurück zum Ausgangspunkt.

**Variante** Etwas weiter ist der Abstieg über den Morgetegrat: Von der Verzweigung am Südwestgrat des Gantrisch führt ein schmaler Weg geradeaus weiter zum Schibenspitz (2060 m) mit einem alten Bunkerloch der Swiss Army. Hinter dem Grasmugel geht es hinunter zum Morgetegrat (1959 m). Hier wendet man sich nach Norden und steigt ins Gantrischchummli ab. Vorbei an der Chummlihütte wandert man auf einer Sandpiste hinab und hinaus zum Gantrischberg. Zuletzt auf schmalem Weg an einem bewaldeten Hang zurück zum Wanderparkplatz.

Saanenland, Simmental, Diemtigtal

# 12 Stockhorn (2190 m)
## Höhenwanderung zum Wahrzeichen von Thun

| **T2** | 7.15 Std. | ↑ 850 m ↓ 1750 m |

**Tourencharakter:** Einfache, aber großzügige und lange Höhenwanderung ohne große Höhenunterschiede, dafür mit vielen kleineren Gegensteigungen; der zweite »richtige« Anstieg kommt erst ganz zum Schluss.
**Beste Jahreszeit:** Juli bis Oktober. Im Juni noch Schneefelder unter der Stockhorn-Wand.
**Ausgangspunkt:** Bushaltestelle Wasserscheide (1580 m) auf der Gurnigel Bergstraße, Parkplätze.
**Endpunkt:** Erlenbach im Simmental (681 m), Bahnhof.
**Verkehrsanbindung:** Bus von Thurnen via Riggisberg zur Wasserscheide, S-Bahn von Thun nach Thurnen, gut ausgebaute Straße über den Gurnigel; Zugverbindung von Erlenbach nach Spiez.
**Gehzeiten:** Gesamt 7.15 Std. Wasserscheide – Leiterenpass 1.15 Std., Leiterenpass – Chouelauenen 1.15 Std., Chouelauenen – Baachegg 1 Std., Baachegg – Stockhorn 1 Std., Stockhorn – Chrindi 1 Std., Chrindi – Erlenbach 1.45 Std.
**Einkehr/Unterkunft:** Panoramarestaurant Stockhorn und Restaurant Chrindi, Tel. +41/33/681 21 81; Berggasthaus Oberstockenalp, 1776 m, Tel. +41/33/681 14 88, www.oberstockenalp.ch
**Markierung:** SAW-Wegweiser und weiß-rot-weiße Markierung.
**Karte:** Swisstopo 1:50 000, 253 T Gantrisch.
Info: Gemeindeverwaltung CH-3762 Erlenbach, Tel. +41/33/681 82 30, www.lenk-simmental.ch; Stockhornbahn AG, Tel. +41/33/681 21 81, www.stockhorn.ch

Direkt über dem Flachland ragt das turmartige und formschöne Stockhorn als Wahrzeichen der Stadt Thun in den Himmel. Es ist von Süden mit einer Bergbahn erschlossen und bietet dem Bergwanderer eine ganze Reihe Aufstiegsmöglichkeiten an. Der aussichtsreichste und längste Anstieg führt vom Gurnigel durch die Südflanke der Stockhorn-Gantrisch-Kette und bietet ab dem Leiterenpass ständig weite Ausblicke auf das Berner Oberland. Gleich zu Beginn der Tour wartet möglicherweise ein Problem: Wenn sich das Schweizer Militär auf dem »Kriegspfad« befindet, kann der erste Wegabschnitt durch

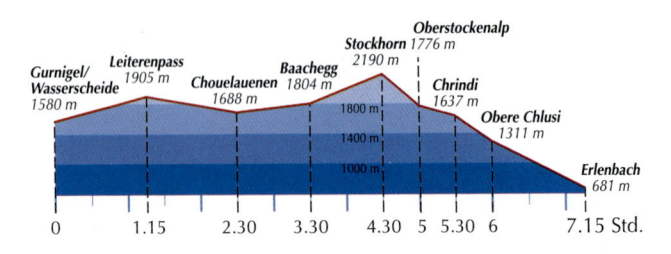

# Stockhorn 12

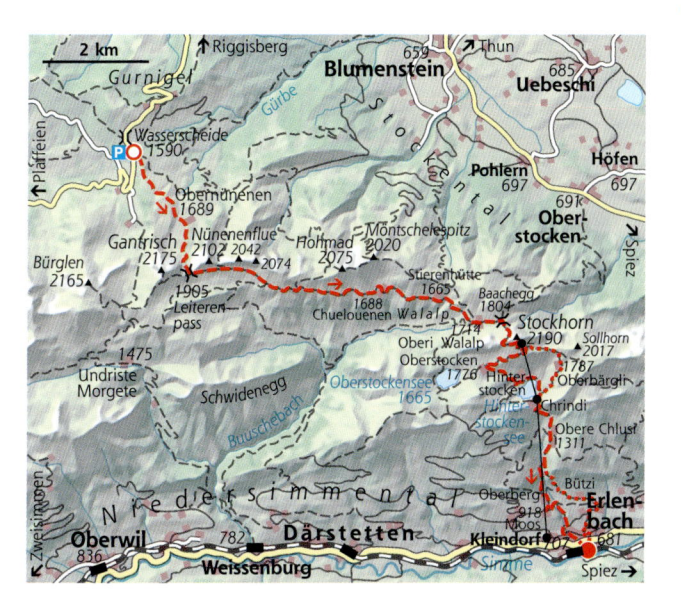

die Mulde der Alp Obernünenen gesperrt sein. Dann bleibt nur der Umweg über Lägerli, der allerdings gut 1 Std. mehr Zeit in Anspruch nimmt. Sperrungen gibt es vor allem im Herbst an Werktagen. An Wochenenden und auch im Hochsommer hat man normalerweise nichts zu befürchten. Im Zweifelsfall bei der Auskunftsstelle in Bern, Tel. +41/31/324 25 25 nachfragen.

**Aufstieg und Höhenweg**  Von der Bushaltestelle auf der Wasserscheide verläuft der Wanderweg zunächst auf der (Militär-)Straße.

Steiler Zahn – Höhenweg zum Stockhorn

Diese ist wenigstens bald geschottert. Von der **Alp Obernünenen** (1689 m) steigt der Wanderweg durch das Kar zwischen Gantrisch und Nünenenflue in den **Leiterenpass** (1905 m). Nach einem kurzen Abstieg führt der Höhenweg stets in leichtem Auf und Ab unter den Südhängen der Chrummenfadenflue. Später quert er mit Höhenverlust in den Kessel der **Alp Chuelouenen** (1688 m), führt an der Stierenhütte vorbei zur **Oberen Walalp** (1714 m) und erreicht in leichtem Anstieg den Sattel der **Baachegg** (1804 m) unter dem Stockhorn. In zahllosen Kehren geht's auf breitem Weg unter der Stockhorn-Wand hindurch zum Sattel oberhalb des Strüssligrates. Wegen Erosion bitte die Kehren nicht abkürzen, auch wenn die Stufen reichlich unbequem zu gehen sind. Nach einer kurzen Querung durch die Südflanke gelangt man zur Bergstation und zum **Stockhorn-Gipfel** (2190 m). Die harmonische Rundsicht bietet neben dem Panorama der kompletten Berner Alpen eine schöne Sicht auf den Thunersee. Über dem Mitteland erheben sich in der Ferne die Jurahöhen. Im Westen reihen sich zahllose Zacken und Hörner der Berner und Freiburger Voralpen.

**Abstieg**   Vom Gipfel durch die grasige Südflanke auf breitem Weg hinab zur **Oberstockenalp** (1776 m). Von hier durch Wald und teilweise verkarstetes Gelände zum Hinterstockensee und mit einer leichten Gegensteigung zur **Chrindi** (1637 m), der Mittelstation der Bergbahn. Der Abstieg nach Erlenbach ist im obersten Teil sehr steil, führt aber problemlos und rasch hinab zur **Oberen Chlusi** (1311 m). Immer den Markierungen folgend, bieten sich weiter unten zwei Alternativen an: entweder rechts herum via Oberberg, Moos und das Wildebach-Tobel oder aber links herum via Bützi und Tal. In beiden Fällen erreicht man **Erlenbach** (681 m) und den Bahnhof, der noch ein Stück weit unterhalb der Kantonsstraße liegt.

Alpidyll – Auf Chuelouenen

**Variante**   Eine einfache Stockhorn-Tour für die ganze Familie bietet die beliebte Rundwanderung ab Chrindi. Auf markiertem Weg zur Alp Oberbärgli (1787 m). Von dort hoch in die Mulde östlich unter dem Stockhorn und recht steil auf die Grathöhe, die bei P. 1998 m erreicht wird. Vorsicht, wenn hier im Frühsommer noch Schnee liegt! Über den Südhang schließlich zum Gipfel. Der Abstieg erfolgt via Oberstockenalp zur Chrindi. Gesamtgehzeit 2.45 Std., ↕ 553 m, T2.

# Niesen (2362 m)

Die perfekte Pyramide über dem Thunersee

**13**

| T 2+ | 7.45 Std. | ↑ 1733 m ↓ 1671 m |

**Tourencharakter:** Einfache und bestens markierte, aber lange und anstrengende Bergwanderung mit beachtlichen Höhenunterschieden auf einen herausragenden Aussichtsgipfel. Auf den meist sehr steilen Wegen ist Trittsicherheit erforderlich. Kürzere Varianten möglich.
**Beste Jahreszeit:** Juni bis Oktober. Im Juni oft noch Schnee im Hinteren Ahorni.
**Ausgangspunkt:** Wimmis (629 m), am Eingang ins Simmental, Bahnhof der BLS, Parkplätze.
**Endpunkt:** Mülenen (691 m) im Frutigtal, Talstation der Niesenbahn, Bahnhaltestelle der BLS, Parkplätze.
**Verkehrsanbindung:** Ausgangs- und Zielpunkt sind problemlos mit Bahn und Pkw aus allen Richtungen erreichbar.
**Gehzeiten:** Gesamt 7.45 Std. Wimmis – Vorderes Ahorni 2 Std., Vorderes Ahorni – Stueffistei 1.15 Std., Stueffistei – Niesen 1.15 Std., Niesen – Schwandegg 1.15 Std., Schwandegg – Mülenen 2 Std.
**Einkehr/Unterkunft:** Berghaus Niesen (ca. 2350 m) am Gipfel, bewirtet während der Betriebszeiten der Bahn, Tel. +41/33/676 77 11, www.niesen.ch
**Markierung:** SAW-Wegweiser und weiß-rot-weiße Markierung.
**Karte:** Swisstopo 1:50 000, 253 T Gantrisch, 1:25 000, 1227 Niesen.
**Info:** Niesenbahn AG, CH-3711 Mülenen, Tel. +41/33/676 77 11, www.niesen.ch

Bereits im 16. Jh. wurde der Niesen erstmals bestiegen, im Jahre 1829 gab es am Gipfel eine kleine Sommerwirtschaft, 1856 wurde das erste Berghotel eröffnet und im Jahr 1910 nahm die Niesenbahn den Betrieb auf. Es gab um 1900 Pläne für eine weitere Niesenbahn ab Wimmis, die jedoch nie zur Ausführung kamen. Der Niesen steht in der Tradition der großen klassischen Schweizer Aussichtsberge am Alpenrand, wie Rigi, Pilatus, Rochers de Naye, Monte Generoso … Geologisch gehört der Niesen zur gleichnamigen Niesendecke, die aus Sandsteinbänken und Schiefer besteht, die als Flysch bezeichnet werden. Diese Schichten sind zum Teil stark verfaltet, was am Vorgipfel des Kleinen Niesen, vor allem aber am benachbarten Fromberghore gut zu sehen ist. Am Gipfel erläutern große Tafeln viel Wissenswertes über den Niesen und seine Geschichte.

Seeblick – Oberländer Seen vom Niesen

# 13 Saanenland, Simmental, Diemtigtal

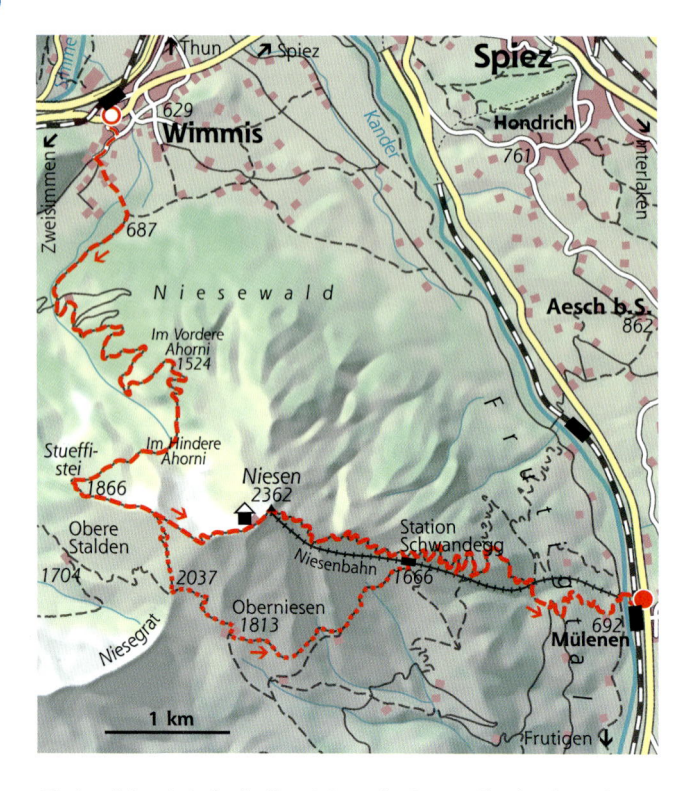

Die Aussicht wird oft als die schönste im Berner Oberland gepriesen. Ob es stimmt, mag jeder selbst entscheiden. Fest steht, dass sich hier die Blicke auf die Hochalpen und die beiden Oberländer Seen zu einem wunderschönen Bild vereinigen. Man kann den Gipfel statt mit Schweiß auch mit einigen Fränkli »ersteigen«. Es lohnt sich aber, den Gipfel per pedes zu erklimmen, denn er hat wunderschöne Anstiege zu bieten. Einer davon führt von Wimmis meist anhaltend steil über die Nordseite zum Gipfel. Wer den langen Weg via Ahorni auf sich nimmt, der kann den Berg in seinen ganzen Ausmaßen erfahren und

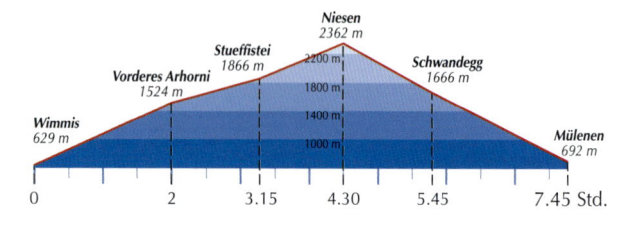

# Niesen 13

dabei gleichzeitig noch Ruhe und Ursprünglichkeit erleben. Wer nicht unbedingt Lust auf große Höhenunterschiede hat oder vielleicht mit seiner Familie unterwegs ist, der braucht auf eine Niesentour nicht zu verzichten: Die unten stehende Variante bietet eine Fülle an schönen Eindrücken, ohne dass man gleich die Höhe der Eiger-Nordwand anpeilen müsste. Denn diese ist in etwa so hoch wie die Höhendifferenz zwischen Wimmis und dem Niesengipfel.

**Aufstieg** Vom **Bahnhof Wimmis** (629 m) führen die Markierungen durchs Dorf auf den Niesen zu. Im Wald nach rechts abzweigen, während der Weg langsam ansteigt. Anschließend dreimal die Forststraße kreuzen, die zum Schwendiboden führt. In lang gezogenen Kehren wird die **Alpe Vorderes Ahorni** (1524 m) erreicht, einer der schönsten Plätze am Niesen! Der Weg quert dann die Geröllmulde des hinteren Ahorni und erreicht beim **Stueffistei** (1866 m), einem markanten Gratturm, den breiten Nordwestgrat. Der Anstieg führt von hier aussichtsreich zunächst am Kamm entlang und quert weiter oben in die Südseite unter dem **Vorgipfel** (2297 m), auch Kleiner Niesen genannt. Mit einem Mini-Gegenanstieg, geht's am Berghotel vorbei zum Gipfel des **Niesen** (2362 m). Die Rundsicht ist unbeschreiblich schön und umfasst die gesamten Berner Hochalpen von den Diablerets bis zum Wetterhorn. Dazu Tiefblicke auf die Oberländer Seen und die umliegenden Täler. Hinter den Hügeln des Mittellands erkennt man die Jurahöhen zwischen Chasseral und Weissenstein. Famos!

**Abstieg** Direkt neben dem Berghotel bietet der vielarmige Wegweiser eine ganze Menge an Abstiegsalternativen an. Der Abstieg nach Mülenen führt neben der Bergstation steil hinab. In vielen Kehren und zum Teil hochtrittig steigt man stets in Gratnähe ab. Immer wieder bleibt man stehen, um die unglaublich schönen Blicke auf die Oberländer Seen zu genießen. Die Steilheit bleibt bei dieser Tour die größte Konstante. So erreicht man die Zwischenstation der Niesenbahn auf der **Schwandegg** (1666 m). Links an der Station vorbei in vielen Kehren durch den Röllerenwald hinab. Weiter unten im Niesenwald kann man zwischen zwei Alternativen wählen: links die gemütlichere Variante über Bad Heustrich oder rechts steiler und direkter. In beiden Fällen erreicht man so die Talstation der Niesenbahn in **Mülenen** (692 m).

**Variante/Rundtour** Von der Zwischenstation Schwandegg zum Niesengipfel. Abstieg nach Süden und via Alp Oberniesen (1813 m) zurück zur Schwandegg. Sehr lohnende Rundtour, auch für Familien gut geeignet! Gesamtgehzeit ca. 3.30 Std., ↑↓ ca. 700 Hm., T2.

# *FRUTIGLAND, KANDERTAL, KIENTAL, ENGSTLIGENTAL*

Eine richtige schöne Ecke der Alpen! Verkehrstechnisch zwar bestens erschlossen, dennoch nicht überlaufen – ein interessantes Spannungsfeld. Den Taleingang zum Frutigland bewacht der Niesen, einer der schönsten Aussichtsberge im Berner Oberland. Auf dem Weg vom Thunersee ins Wallis passieren Reisende das Frutigland und das Kandertal – es sei denn, sie haben es eilig und nehmen den Weg durch den neuen Lötschberg-Basistunnel.

Zentraler Ort ist Frutigen, von wo aus sich die anderen Orte und Täler problemlos erreichen lassen. Früher hielten alle Züge in Frutigen, heute muss man meistens in Spiez umsteigen, wenn man diese Region besuchen möchte. Das Tourengebiet von Frutigen ist zwar begrenzt, aufgrund der guten Verkehrsverbindungen gehören auch sämtliche Touren rund um Kandersteg, Adelboden und im Kiental zum erweiterten Bereich. Selbst ins Simmen- und Diemtigtal oder nach Interlaken gelangt man rasch, auch mit öffentlichen Verkehrsmitteln.

Bei Reichenbach zweigt nach Südosten das Kiental ab. Das noch ursprüngliche Bergtal wird von der weißen Mauer der Blüemlisalp und vom wilden Gspaltenhorn beherrscht. Im vorderen Tal bestimmen Gras- und Schrofengipfel, wie Gehrihorn, Wetterlatte oder Dreispitz, das Bild. Diese bieten neben beeindruckenden Blicken auf die hochalpine Szenerie wunderschöne Bilder vom Thunersee. Im hinteren Teil des Tales dominieren wilde Eis- und Felsgipfel die Szenerie. Einfache (Wander-)Gipfel gibt es hier (fast) keine. Dafür ein Ambiente, das seinesgleichen sucht! Mehr dazu bei Tour 27. Viel Abwechslung auf kleinstem Raum. Die Gemeinde Kiental setzt mittlerweile verstärkt auf den Wandertourismus und versucht, sich mit Themenwegen noch besser in diesem Bereich zu positionieren. Dazu gibt es einen Übersichtsprospekt mit eingetragenen Routen, der im Tourismusbüro erhältlich ist.

Kandersteg hat das vielleicht abwechslungsreichste und vielseitigste Tourenangebot im Berner Oberland. Zwar gibt es hier keine Viertausender wie in Grindelwald, dafür aber viele Hochtouren von leicht bis schwierig, dazu jede Menge Wandergipfel und Passrouten. Highlights sind unbestritten die Gipfel Blüemlisalp, Doldenhorn und Balmhorn. Alle drei sind in diesem Führer beschrieben und wer dann

## Frutigland, Kandertal, Kiental, Engstligental

auf den Geschmack gekommen ist, findet in den SAC-Führern »Hochtouren Berner Alpen« oder »Berner Alpen Bd.1 und 2« sicher noch weitere spannende Touren. Nicht nur für Hochtouristen, auch für Alpin- und Bergwanderer hat Kandersteg unglaublich viel zu bieten. Von gemütlichen Alp- und Passwanderungen bis hin zu einfachen Dreitausendern reicht die vielseitige Palette. Hinzu kommt, dass via Lötschbergtunnel das Lötschental und selbst Ziele in den Walliser Alpen (zumindest als Zweitagestouren) zum erweiterten Tourengebiet gehören. Sehr populär sind viele der Passrouten in die benachbarten Täler. Vor allem Gemmi- und Lötschenpass, aber auch Hohtürli und Bunderchrinde werden häufig begangen und zählen zu den bekanntesten Wanderrouten in der Schweiz.

Adelboden genießt als Wintersportort internationalen Ruf, unter anderem auch aufgrund der Austragung von Ski-Weltcup-Rennen. Der Ort liegt eingebettet zwischen grünen Wiesen und Matten und ist deshalb vor allem für Bergwanderer interessant. Ausnahmen sind die Massive von Wildstrubel und Lohner. Während der Wildstrubel von der Engstligenalp aus eine oft begangene und nicht allzu schwierige Hochtour bietet, sind die Routen am Lohner ausnahmslos anspruchsvolle Routen, die zudem meist in zweifelhaftem Gelände und Gesteinen verlaufen. Selbst die hier vorgestellte (Höhen-)Route auf der Westseite des Massivs ist alles andere als eine gemütliche Wanderung! Eine besondere Perle ist das Hochtal der Engstligenalp, die vom Wildstrubel dominiert wird: Tour 16 stellt eine lohnende Wanderung durch dieses Hochtal vor. *Peter Deuble*

Allmealp mit Blüemlisalp und Doldenhorn (Tour 18)

Frutigland, Kandertal, Kiental, Engstligental

# 14 Männliflue (2652 m)
## Höchster Gipfel im Diemtigtal

**T 3+**    7.15 Std.    ↑ 1633 m ↓ 1465 m

**Tourencharakter:** Vor allem konditionell anspruchsvolle Bergwanderung auf einen überragenden Aussichtsgipfel. Trittsicherheit braucht's vor allem unter dem Otterepass und am steilen Gipfelaufbau. Da nicht überall gut markiert, ist zudem Orientierungssinn erforderlich. Bei Nässe (rutschige Wege!) und bei schlechter Sicht nicht zu empfehlen. Aber dann geht man auch nicht auf die Männliflue.
**Beste Jahreszeit:** Juli bis September, evtl. im Oktober noch möglich.
**Ausgangspunkt:** Bushaltestelle Achseten »Beim hohen Steg« (1067 m).
**Endpunkt:** Grimmialp (1235 m) im Diemtigtal.
**Verkehrsanbindung:** Straße und Busverbindung von Adelboden und Frutigen; Straße und Busverbindung von der Grimmialp nach Oey-Diemtigen.
**Gehzeiten:** Gesamt 7.15 Std. Achseten – P. 1463 m 1.15 Std., P. 1463 m – Otterealp 1.15 Std., Otterealp – Otterepass 1 Std., Otterepass – Männliflue 1.15 Std., Männliflue – Hindere Fildrich 1.45 Std., Hindere Fildrich – Grimmialp 0.45 Std.
**Einkehr/Unterkunft:** Unterwegs keine Möglichkeit. Grimmialp: Hotel Spillgerten, Tel. +41/33/684 12 84, www.hotel-spillgerten.ch
**Markierung:** SAW-Wegweiser und weiß-rot-weiße Markierung, Gipfelanstieg sparsam markiert, aber nicht zu verfehlen.
**Karte:** Swisstopo 1:25 000, 1247 Adelboden; 1:50 000, 5025 T Saanenland Simmental.
**Info:** Adelboden Tourismus, CH-3715 Adelboden, Tel. +41/33/673 80 80, www.adelboden.ch; Diemtigtal Tourismus, CH-3753 Oey, Tel. +41/33/681 26 06, www.diemtigtal-tourismus.ch

Die Männliflue ist der höchste Gipfel über dem Diemtigtal. Sie überragt ihre Kollegenschar deutlich, nur das Winterhore kann einigermaßen mithalten. Der Berg ist ein wenig aus dem Niesengrat nach Westen gerückt. Deshalb fehlen packende Tiefblicke fast völlig. Dafür bietet sie eine Fernsicht, die ihresgleichen sucht. Die hier vorgeschlagene Tour ist eine großzügige Überschreitung mit ordentlichen Höhenunterschieden, die einiges an Kondition und einen frühen

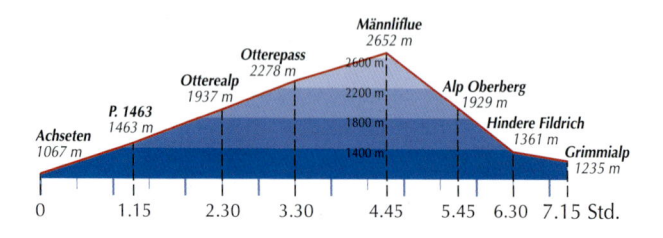

# Männliflue 14

Aufbruch erfordert, vor allem dann, wenn man den letzten Bus auf der Grimmialp erreichen möchte. Kürzer ist die Tour, wenn man in Fildrich (Pkw-Zufahrt) startet; allerdings wird dann nichts aus einer Überschreitung. Machbar ist die Tour ab Juli. Es kann dann jedoch sein, dass auf der Ostseite unter dem Otterepass noch viel Schnee liegt. Kommt noch hinzu, dass der Anstieg im Hochsommer schon

Panorama – Auf der Männliflue

71

**14**  Frutigland, Kandertal, Kiental, Engstligental

sehr früh am Morgen der Sonne ausgesetzt ist. Meine Empfehlung lautet daher, die Männliflue erst im Spätsommer, also ab Ende August oder im September zu machen. Zumindest, wenn man sie wie hier vorgeschlagen von Ost nach West überschreitet. Natürlich kann man die Überschreitung auch umgekehrt machen und morgens auf der Westseite im Schatten ansteigen, muss dann aber zunächst über die Fahrstraße ansteigen. Geschmackssache, das Ganze. Was allerdings für eine Besteigung im Spätsommer spricht, ist die phänomenale Rundsicht vom Gipfel. Bei meinem ersten Besuch, war ich froh, wenigstens Balmhorn und Jungfrau zu sehen. Das war im Hochsommer. Das zweite Mal kam ich im September und habe gesehen, was ich beim ersten Mal alles nicht gesehen habe! Definitiv einer der schönsten Aussichtsberge in den Berner Voralpen!

**Aufstieg**  Von der **Bushaltestelle »Beim hohen Steg«** (1067 m) in Achseten dem Wegweiser folgend in Richtung Otterepass. Der Wanderweg ist zunächst eine asphaltierte Straße, die man zwischendurch abkürzen kann. Erst bei den Alphütten von **Im Schwand**, ein Stück weit oberhalb von **P. 1463 m**, ist der Asphalt zu Ende. Weiter oben wird dann aus dem Fahr- ein Wanderweg. Deutlich steiler, in vielen Kehren und in einem großen Bogen durch die steile Grasmulde, wird die **Otterealp** (1937 m) erreicht. Die Alphütten liegen wunderbar aussichtsreich über dem Engstligental, dies gilt vor allem für die einzelne Hütte etwas weiter oben. Oberhalb dieser Hütte ist der Weg nicht immer zu erkennen, manchmal sind nur Markierungen

Rückblick zum Otterepass

Männliflue **14**

Ottere-Alp mit Wildstrubel

und Wegspuren vorhanden. Achtung bei schlechter Sicht! In der Mulde unter dem Erbithore holt der Weg nach rechts aus, quert die Schutthalden und führt zum Schluss recht steil in den **Otterepass** (2278 m). Von hier kurz absteigen bis zu einer Wegverzweigung und bei dieser dann rechts halten. In einem Bogen geht's zum Gipfelaufbau der Männliflue und ab **P. 2415 m** wird es so richtig steil. Hochtrittig und steil zieht der Weg nun am Südwestkamm der Männliflue in kleinen Kehren empor. Ab und zu verleiten Spuren dazu, in die scheinbar weniger steile Südflanke zu queren. Dies ist nicht empfehlenswert, handelt es sich dabei doch zumeist um Schafwege, die ins Nichts führen. Weiter oben legt sich das Gelände zurück und schon bald ist man am Gipfel der **Männliflue** (2652 m) mit Gipfelbuch und einer Aussicht, die man nie mehr vergisst! Die Voralpen liegen zu Füßen, dahinter breitet sich der komplette Schweizer Jura aus. Man blickt über den gesamten Niesengrat hinweg und erkennt rechts davon sogar die beiden Oberländer Seen. Die westlichen Gipfel der Berner Alpen sind nicht mehr ganz so hoch, sodass sich dahinter auch einige der Walliser Riesen zeigen. Knapp hinter dem Wildhorn ist sogar noch ein wenig Montblanc sichtbar.

**Abstieg** Den steilen Gipfelaufbau wieder absteigen bis zur oben erwähnten Abzweigung. Dort rechts haltend auf gutem Weg in einem Bogen zur **Alpe Oberberg** (1929 m). Die Straße kann zumindest bis **Hindere Fildrich** (1361 m) meist auf Wanderwegen abgekürzt werden. Von hier aus hat man leider keine andere Wahl – der restliche Weg bis zur **Grimmialp** (1235 m) muss auf der Straße zurückgelegt werden.

Frutigland, Kandertal, Kiental, Engstligental

## 15 Albristhorn (2762 m)

Große Gratwanderung mit spannendem Auftakt

| T4 | 6.15 Std. | ↑ 940 m ↓ 910 m |

**Tourencharakter:** Recht anspruchsvolle Gipfelüberschreitung, die etwas Bergerfahrung und einen sicheren Tritt verlangt. Unmarkierter, im Verlauf aber eindeutiger Weg über das Albristhorn mit einigen kurzen Passagen an der Grenze zur leichten Kletterei. Wichtig: gutes Wetter, keine Gewittergefahr!
**Beste Jahreszeit:** Ende Juni bis Anfang Oktober.
**Ausgangspunkt:** Bergstation der Gondelbahn Adelboden – Tschentenalp (1940 m).
**Endpunkt:** Liftstation Sillerenbühl (1973 m).
**Verkehrsanbindung:** Adelboden (1348 m) erreicht man von Spiez über Frutigen auf einer guten Straße. Bahn bis Frutigen, dann Busverbindung.

**Gehzeiten:** Gesamt 6.15 Std. Tschentenalp – Furggeli 2.45 Std., Furggeli – Albristhorn 1.15 Std., Albristhorn – Laveygrat 1.30 Std., Laveygrat – Sillerenbühl 0.45 Std.
**Einkehr/Unterkunft:** Restaurants an beiden Liftstationen, unterwegs keine Einkehrmöglichkeit.
**Markierung:** »Gsürweg« weiß-blau-weiß, Aufstieg zum Furggeli, Tierberg – Laveygrat und Abstieg zum Sillerenbühl weiß-rot-weiß markiert. Überschreitung des Albristhorn unmarkiert, aber deutliche Wegspur.
**Karten:** Swisstopo 1:50 000, 263 Wildstrubel, 1:25 000, 1247 Adelboden.
**Info:** Adelboden Tourismus, Dorfstraße 23, CH-3715 Adelboden; Tel. +41/33/673 80 80, www.adelboden.ch

Den höchsten Punkt der lang gestreckten Niesenkette, die Engstligen- und Diemtig- bzw. Obersimmental trennt, markiert das Albristhorn (2763 m). Auffallender mit seinen steilen, von tiefen Gräben durchfurchten Flanken ist allerdings das Gsür (2708 m). Quer durch das weiche Schiefergestein seiner Südostflanke verläuft der Auftakt zur großen, sehr aussichtsreichen Überschreitung auf dem vor einigen Jahren neu angelegten »Gsürweg« – ein spannender Gang, aber an keiner Stelle wirklich ausgesetzt. Gefährlich kann's hier allerdings bei einem Gewitter mit Platzregen werden: Steinschlaggefahr! Wem die Knie angesichts der abschüssigen, tiefen

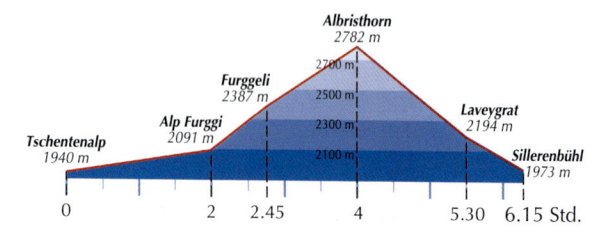

Albristhorn **15**

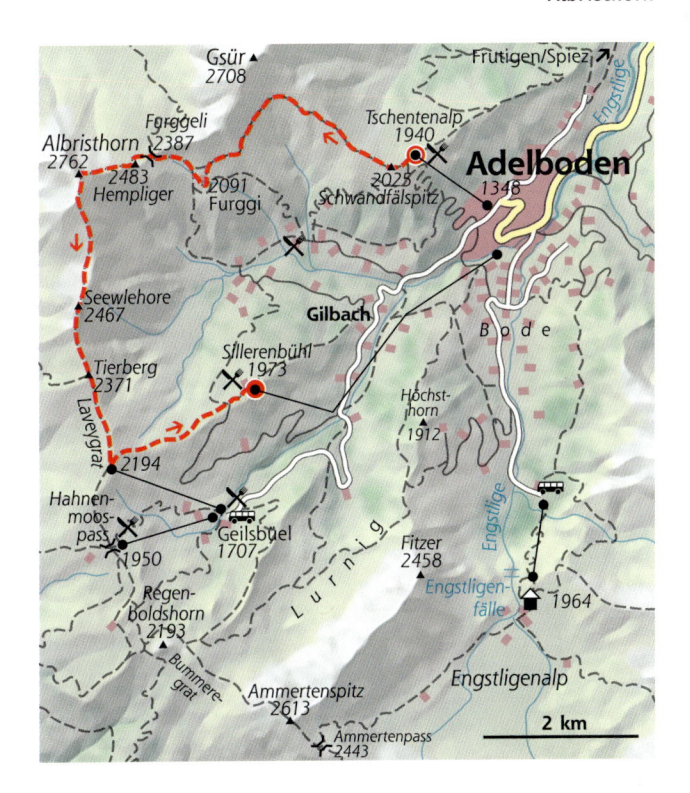

Gräben doch etwas weich werden, der kann sich auf der Bank der winzigen »Gsür-Bar« stärken – das passende Getränk (lieber nichts Hochprozentiges!) muss allerdings mitgebracht werden ...
Hat man den Riesentrichter des Stigelbachs und seiner Zuflüsse verlassen, verwandelt sich der Fels- wieder in einen Wiesenweg. Erst oberhalb des Furggeli (2387 m), am Ostgrat des Albristhorns, wird das Gelände erneut anspruchsvoller und man muss beim Anstieg ab und zu die Hände zu Hilfe nehmen. Oben gibt's – wenn das Wetter mitspielt – ein fantastisches Panorama.

**Der »Gsürweg«**  Erstes (kleines) Gipfelziel der großen Tour ist der **Schwandfälspitz** (2025 m), keine Viertelstunde von der Seilbahnstation **Tschentenalp** (1940 m). Der Buckel bietet Aussicht auf die gesamte Bergkulisse von Adelboden. Im Blickfeld hat man auch die zerfurchte Südostflanke des Gsür. Der Weiterweg folgt zunächst ansteigend dem Wiesengrat, wendet sich dann in dessen Südhang. Unterhalb des Härdigen Höreli beginnt die spannende Querung der

75

**15** Frutigland, Kandertal, Kiental, Engstligental

Gsürgräben. Vor dem Ausstieg lädt eine Bank (»Gsür-Bar«) zu einem entspannten Rückblick in die verwunschene Felsszenerie ein.

**Auf das Albristhorn** Die Fortsetzung der Tour führt oberhalb des Chüebachgrabens hinüber zur **Alp Furggi**. An der Verzweigung hält man sich rechts und folgt dem weiß-rot markierten Weglein, das hinaufklettert zum **Furggeli** (2387 m). Hier startet die Kammüberschreitung. Eine deutliche Spur leitet bergan gegen den **Hempliger** (2483 m), lässt die Kuppe aber links liegen. Ein paar Felstürme am Ostgrat werden ebenfalls – kurz absteigend – rechts umgangen. In steilem Zickzack gewinnt man zuletzt den Gipfel des **Albristhorns** (2763 m).

**Gratwanderung und Abstieg** Der Abstieg folgt im Wesentlichen dem lang gestreckten Südgrat des Bergstocks, der ostseitig über eine zerklüftete Steilflanke abbricht. Vor sich hat man dabei das Massiv des Wildstrubels, links wie rechts grüne Talmulden. Ein **Vorgipfel** (2728 m) des Albristhorns wird westseitig passiert, dahinter läuft die unmarkierte, aber deutliche Spur am Satteligrat abwärts und mit einigem Auf und Ab hinüber zum **Seewlehore** (2467 m). Der weitere Abstieg führt über den **Tierberg** (2371 m) zum grasigen Laveykamm, dem man bis zu einer **Liftstation** (2194 m) folgt. Hier spitzwinklig nach links und hinunter zum Sillerenrücken, zuletzt auf einer Asphaltstraße kurz bergan zur Seilbahnstation am **Sillerenbühl** (1973 m).

Knapp unter dem Gipfel des Albristhorns

# Ammertenspitz (2613 m)

Im Banne des Wildstrubels

| T3+ | 4.30 Std. | ↑ 648 m ↓ 1508 m | **16** |

**Tourencharakter:** Abwechslungsreiche Überschreitung am Rande der Hochalpen, die neben einer guten Kondition absolute Trittsicherheit erfordert. Hauptschwierigkeit ist dabei der oberste Teil des Abstiegs vom Ammertenpass. Bei Regen, Schnee und Eis unbedingt abzuraten!
**Beste Jahreszeit:** Juli bis September.
**Ausgangspunkt:** Engstligenalp (1965 m), Bergstation der Seilbahn von Adelboden Unter dem Birg.
**Endpunkt:** Hotel Simmenfälle (1105 m).
**Verkehrsanbindung:** Straße und Busverbindung von Adelboden und Frutigen, Parkplätze bei der Talstation. Straße und Busverbindung vom Hotel Simmenfälle nach Lenk.
**Gehzeiten:** Gesamt 4.30 Std. Engstligenalp – Ammertenpass 1.30 Std., Ammertenpass – Ammertenspitz 0.30 Std., Ammertenspitz – P. 1932 m 1 Std., P. 1932 m – Hotel Simmenfälle 1.30 Std.
**Einkehr/Unterkunft:** Unterwegs keine Möglichkeit. Berghaus Bärtschi, im Sommer; Tel. +41/33/673 13 73. Berghotel Engstligenalp, Anfang Juni bis Anfang Oktober; Tel. +41/33/673 22 91. Hotel Simmenfälle, Tel. +41/33/733 10 89, www.simmenfaelle.ch
**Markierung:** SAW-Wegweiser und weiß-rot-weiße Markierung.
**Karte:** Swisstopo 1:25 000, 1267 Gemmi; 1:50 000; 5025 T Saanenland Simmental.
**Info:** Adelboden Tourismus, CH-3715 Adelboden, Tel. +41/33/673 80 80, www.adelboden.ch; Lenk-Simmental Tourismus, CH-3775 Lenk, Tel. +041/33/736 35 36, www.lenk-simmental.ch

Vor dem mächtigen Wildstrubelmassiv verschwindet der Ammertenspitz mit seinen Kollegen fast, wird geradezu erdrückt. Dennoch erfreut er sich in den letzten Jahren einer zunehmenden Beliebtheit,

Engstligenalp mit Wildstrubel (r.), Steghorn (l.)

# 16 Frutigland, Kandertal, Kiental, Engstligental

**Tipp**

**Aeugi-Lowa-Weg**

Der aufwendig gesicherte, nur wenig schwierige Steig eröffnet die Möglichkeit zu einer sehr reizvollen, aussichtsreichen Adelbodener Überschreitung des Ammertenspitz: von Seilbahn zu Seilbahn, vom Hahnenmoospass (1950 m) zur Engstligenalp (1965 m). Der »Aeugi-Lowa-Weg« ist kein echter Klettersteig, sämtliche Schwierigkeiten sind hier so gründlich behoben, dass man sich in den steilsten Passagen nicht etwa am Fels, sondern am Treppengeländer festhalten muss. Abgründe lauern auch keine, und wer ohne Schaden den »Jumpfere-Zwick«, eine enge Felsspalte, passiert hat, ist schon bald am Ziel, oben auf der Bergspitze, mit der gewaltigen Mauer des Wildstrubels im Rücken und den grünen Kämmen der Berner Voralpen vor sich. Hahnenmoos – »Aeugi-Lowa-Weg« – Ammertenspitz 2.30 Std., Abstieg zur Engstligenalp 1.30 Std., K 1–2. Duchgehend markiert, Kettensicherungen und eiserne Stiegen.
*Eugen E. Hüsler*

dies vor allem durch den Aeugi-Lowa-Weg, einen leichten Klettersteig, der über die Nordwestseite zum Gipfel führt (s. Tipp). Eine abwechslungsreiche Alternative mit zwei völlig unterschiedlichen Seiten, bietet die hier vorgestellte Überschreitung von der Engstligenalp nach Lenk.

**Aufstieg**   Von der **Bergstation** (1965 m) wird die Hochfläche der **Engstligenalp** auf Fahr- und Wanderwegen in Richtung Ammertenpass nur schwach ansteigend durchquert. Erst unter dem Ammertengrat wird der Weg steiler und erreicht in vielen Kehren eine fla-

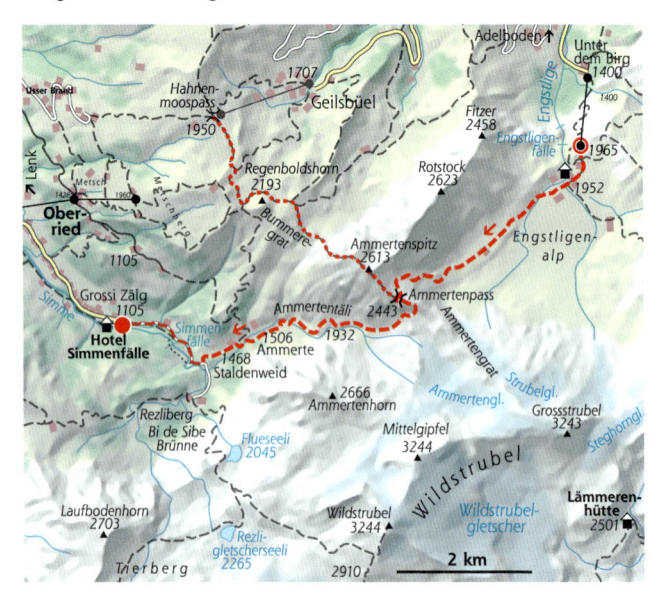

# Ammertenspitz 16

che Mulde und dahinter rasch den **Ammertenpass** (2443 m). Der Anstieg zum Gipfel wendet sich nach rechts, bleibt stets auf dem Gratrücken und wird erst zum Schluss hin wieder ein wenig steiler. In Kehren durch weichen Schieferschutt gelangt man zum großen Gipfelsteinmann am **Ammertenspitz** (2613 m). Die Rundsicht wird vor allem vom gewaltigen Wildstrubelmassiv beherrscht. Im Westen grüßt das Wildhorn, im Osten viele hohe Gipfel der Berner Alpen. Im Nordhalbrund stehen die Voralpen in Reih und Glied.

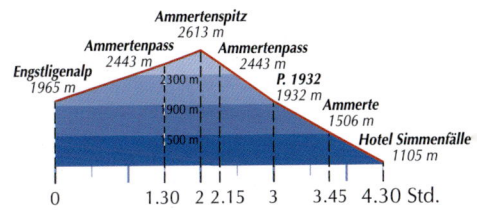

**Abstieg**   Zunächst geht's wieder hinab in den **Ammertenpass**. Hier beginnt nun der anspruchsvollste Teil der Tour. Der Markierung Richtung Lenk folgend bleibt der Weg zunächst noch auf der Grathöhe, um dann in die steile Schieferschutthalde auf der Südwestseite des Ammertengrates hineinzuqueren. Nach einigen Kehren im steilen und rutschigen Schutt wird das Gelände bald wieder flacher. Die nächste Steilstufe ist allerdings ein wenig mühsamer und führt durch eine vom Bach ausgewaschene Rinne. Anschließend geht's über den flachen Boden des **Ammerten Schafberg** und von **P. 1932 m** eine weitere Stufe hinab ins **Ammertentäli**. Der Wanderweg wird bei der Hütte von **Ammerte** (1506 m) zum Fahrweg und führt an den sehenswerten Simmenfällen vorbei zum **Hotel Simmenfälle** (1105 m).

Anstieg zum Ammertenpass

Frutigland, Kandertal, Kiental, Engstligental

# 17 Lohner-Westflankensteig
Schmale Pfade, schroffe Felsen

| T5 | 6.15 Std. | ↑ 1239 m ↓ 510 m |

**Tourencharakter:** Anspruchsvolle Querung der Lohner-Westflanke, nur für erfahrene Bergsteiger! Im Aufstieg zur Lohner-Hütte einige Sicherungen, dann teilweise sehr schmale, exponierte Wege. Hier ist ein absolut sicherer Tritt unerlässlich, Teleskopstöcke sind von Vorteil. Bei unsicherer Witterung, Altschnee oder nassem Gelände ist von der Tour in jedem Fall Abstand zu nehmen. Wer gute Fotos machen will, muss bei der Planung die westseitige Exposition der Route berücksichtigen. Grandiose Kulisse, einmalige Vertikalgefühle. Von der Weggabelung über dem Ärtelenbach kann man alternativ auch direkt zur Talstation der Engstligenalp-Seilbahn absteigen.
**Beste Jahreszeit:** Ende Juni bis zum ersten Schnee im Herbst.
**Ausgangspunkt:** Adelboden-Oey (1238 m) im Talgrund. Wer nur zur Lohnerhütte will, kann über das mautpflichtige Strässchen bis zur Bunderalp fahren. Gehzeit dann etwa 3.30 Std.
**Endpunkt:** Engstligenalp (1965 m), Bergstation der Seilbahn.
**Verkehrsanbindung:** Adelboden erreicht man von Thun/Spiez via Frutigen per Bahn und Bus. Gut ausgebaute Talstraße; Parkplätze im Ortsbereich. Betriebszeiten der Luftseilbahn Engstligenalp www.engstligenalp.ch; zwischen Adelboden und der Talstation Unter dem Birg verkehrt ein Linienbus.
**Gehzeiten:** Gesamt 6.15 Std. Adelboden-Oey – Bunderalp 2 Std., Bunderalp – Lohnerhütte 1.30 Std., Lohnerhütte – Engstligenalp 2.45 Std.
**Einkehr/Unterkunft:** Vordere Bunder, im Sommer; Berghaus Bonderalp, im Sommer; Tel. +41/33/673 17 16. Lohnerhütte, im Sommer an den Wochenenden bewartet; Infos über Tel. +41/33/673 04 87 oder +41/79/431 54 25. Berghaus Bärtschi, im Sommer; Tel. +41/33/673 13 73. Berghotel Engstligenalp, Anfang Juni bis Anfang Oktober; Tel. +41/33/673 22 91.
**Markierung:** Bis zur Bunderalp weiß-rot-weiß, dann weiß-blau-weiß.
**Karten:** Swisstopo 1:50 000, 263 Wildstrubel; 1:25 000, 1247 Adelboden und 1267 Gemmi.
**Info:** Adelboden Tourismus, Dorfstraße 23, CH-3715 Adelboden; Tel. +41/33/673 80 80, www.adelboden.ch

Der Lohner (3049 m) ist kein Berg, sondern ein Gebirge mit einer geschlossenen Felsfront auf der Ostseite und einer wild zerklüfteten Westflanke, seine Besteigung ein hartes Stück Arbeit in Fels und Geröll, weglos, steinig. Wanderer halten Abstand zu dem düsteren Gemäuer, Kletterer bekommen angesichts des überwiegend brüchigen Gesteins eine Gänsehaut. Attraktiv im geläufigen Sinn ist er nicht, der Lohner; trotzdem verläuft der »schönste Adelbodener Weg« (Aussage eines Einheimischen) durch seine Flanken, von der Bunder- zur Engstligenalp. Wer jetzt aber eine Wanderung über grüne

## Lohner-Westflankensteig 17

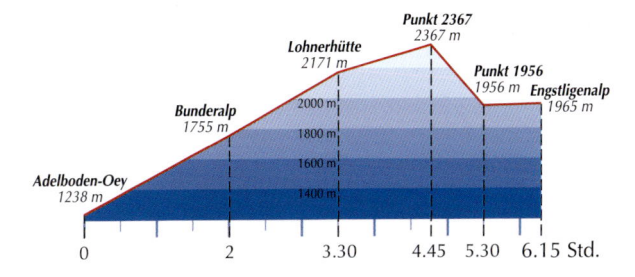

**Punkt 2367** 2367 m
**Lohnerhütte** 2171 m
**Punkt 1956** 1956 m
**Engstligenalp** 1965 m
**Bunderalp** 1755 m
**Adelboden-Oey** 1238 m

0 — 2 — 3.30 — 4.45 — 5.30 — 6.15 Std.

Wiesen, auf denen das liebe Vieh seine Sommerfrische genießt, erwartet, liegt gründlich daneben: Schon der Zustieg zur Lohnerhütte (2171 m), die sich einer unvergleichlichen Lage auf einem schmalen Geländesporn erfreut, ist mit (gesicherten) Felspassagen garniert, der Weiterweg dann eine Abfolge von An- und Abstiegen, Querungen unter Felsmauern und über abschüssige Geröllflanken, die Spur oft nicht einmal fußbreit, nach Unwettern gelegentlich auch einmal

81

# 17 Frutigland, Kandertal, Kiental, Engstligental

verschüttet. Die Höhenroute verlangt einen absolut sicheren Tritt, dazu ein solides Nervenkostüm: Fehltritte verboten! Die Kulisse hat etwas Apokalyptisches, Felsmauern bauen sich wie eine finstere Drohkulissen über dem winzigen Homo ludens auf. Da sucht das Auge unwillkürlich Trost im sonnenüberfluteten Grün der Adelbodener Talmulde – was für ein Kontrast!

**Zur Lohnerhütte**  Der Verlauf des Anstiegsweges von **Adelboden-Oey** (1238 m) zur Bunderalp wird durch das (mautpflichtige) Sträßchen vorgezeichnet. Bis zum **Parkplatz Bunderle** (1360 m) folgt man dem Asphaltband, im weiteren Verlauf lassen sich seine weiten Schleifen auf dem weiß-rot-weißen Wanderweg abkürzen. Schließlich erreicht man das weitläufige Almgelände mit zwei Sommerwirtschaften; bei der letzten Alphütte, **I de Schrickmatte** (1812 m) gabelt sich die Route, lösen blaue die roten Markierungen ab, was bedeutet: alpine Routen.

Diese Einstufung verdienen sie durchaus; einem ehemaligen Gemeindeschreiber von Adelboden soll beim Blick über den Wandabbruch über der Schrickmatte ein ziemlicher Schreck in die Glieder gefahren sein. Seither heißt die Schlüsselstelle des oberen Weges »**Schryberschreck**«. Die rund 60 Meter hohe Steilstufe erweist sich bei näherem Augenschein allerdings als recht harmlos; Ketten sichern das Zickzackweglein durch die Steilrinne.

Der untere Hüttenzustieg quert zunächst flach gegen den Felsfuß, läuft dann über schmale Bänder, bevor er in leichtem Felsgelände zu einer engen Steilrinne im Rücken eines abgespalteten Turmes ansteigt. Sie lässt sich über eine längere Holzstiege leicht durchsteigen, mündet auf einen engen Durchschlupf. Gleich anschließend folgen zwei Eisenleitern, dann ist eine tiefe, felsige Rinne mit einigem Höhenverlust zu queren. Über weitere Eisensprossen gelangt man in leichtes Gelände, aus der Mini-Ferrata wird wieder ein Wanderweg. Er quert, zunächst noch ansteigend, zu einer felsigen Rinne. Man passiert sie und steigt an ihrem rechten Rand (eine Kette) steil hinauf zu einer Felsbarriere

*Wilde Berge: die zerfurchten Westabstürze des Lohner-Massivs*

# Lohner-Westflankensteig 17

(ca. 2090 m). An ihrem Fuß mündet von links der obere Zustieg (Wegweiser). Der gut gestufte, etwa zwanzig Meter hohe Aufschwung (»**Zürchertritt**«) ist durch dicke Ketten entschärft, wie auch eine kleine Felsstufe wenig höher. Anschließend quert man, zuletzt etwa dreißig Höhenmeter absteigend, zwei Karmulden hinüber zur **Lohnerhütte** (2171 m), bei deren Anblick einem unwillkürlich der Ausdruck »Adlerhorst« einfällt. Der Blick wandert hinauf (in ungangbare Felsmauern), hinunter (über schwindelnde Abbrüche) und hinüber (zum Weiterweg). Was für eine Kulisse!

Tiefe bodenlos: am Lohner-Westflankensteig

**Über die Witi Chume zur Engstligenalp**  Abwärts führt zunächst auch der Weiterweg, bis auf den Grund des mächtigen, von tiefen Gräben durchfurchten Geröllkars der Witi Chume, ehe er im Zickzack am Rand einer grünen Geländerippe gegen den Felsfuß des Mittaghorns (2678 m) ansteigt. Die anschließende Querung hinaus zu einer **Kanzel** (2367 m, Gedenktafel), die den Übergang von der Nord- in die Westflanke vermittelt, verläuft über abschüssige Schieferhänge, ist zudem steinschlagbedroht: Also Vorsicht! Am höchsten Punkt der Tour hat man dann Gelegenheit, den Blick übers Engstligental und zu den beiden Hauptgipfeln über Adelboden, Gsür und Albristhorn, zu genießen, im Süden steht massig und mit weißem Dach der Wildstrubel.

Der Weiterweg verläuft zwischen Felsen (oben) und Fels (unten), gut einen Kilometer hoch über dem Talboden, quert einen weiteren Geröllkessel absteigend zur nächsten markanten Geländerippe, **P. 2259 m**. Weiter an Höhe verlierend, gelangt man in das von Felsmauern überragte Amphitheater der Luserbleika. Die manchmal recht dürftige Spur peilt den Felsfuß an, läuft zuletzt – vorbei an »Johann's Luser Bar« mit Bank – hinaus zu den Blumenwiesen oberhalb der grünen Kuppe des **Lusers** (ca. 2230 m), wo die Schwierigkeiten enden. Hier steht noch eine Bank, und manch eine/r wird sich gerne niederlassen, um das Erlebte Revue passieren zu lassen und/oder die arg strapazierten Nerven zu beruhigen. Hochprozentiges gibt's allerdings (bei Bedarf) erst drüben auf der **Engstligenalp** (1965 m), die man auf dem gut markierten Weg erst ab-, dann nochmals ansteigend erreicht. Wer mag, kann auch gleich zur Talstation der Seilbahn absteigen. Der ordentliche Weg (Abzweigung bei **P. 1956 m**; Tafeln) weicht der wilden Klamm des Ärtelenbachs nordseitig aus und führt in vielen Kehren hinunter nach **Unter dem Birg** (1400 m).

Frutigland, Kandertal, Kiental, Engstligental

# 18 Bunderspitz (2546 m)
## Über den Allmegrat

| T 3 | 6.45 Std. | ↑ 1308 m ↓ 1370 m |

**Tourencharakter:** Größtenteils einfache Gipfelüberschreitung zwischen Adelboden und Kandersteg. Die Abstiege vom Sattel nordwestlich P. 2456 m sowie von Ryharts durch den steilen Wald nach Kandersteg verlangen eine erhöhte Trittsicherheit.
**Beste Jahreszeit:** Juli bis September, evtl. noch im Oktober.
**Ausgangspunkt:** Adelboden, Ortsteil Oey (1238 m), Bushaltestelle; Parkplatz Bunderle (1355 m) oberhalb von Oey.
**Endpunkt:** Kandersteg (1176 m).
**Verkehrsanbindung:** Straße und Bus von Frutigen nach Adelboden, schmale Zufahrt von Oey zum Parkplatz Bunderle. Zugverbindung und Straße von Kandersteg nach Frutigen.

**Gehzeiten:** Gesamt 6.45 Std. Adelboden-Oey – Bunderalp 2 Std., Bunderalp – Bunderspitz 1.45 Std., Bunderspitz – Obere Allme 1 Std., Obere Allme – Kandersteg 2 Std.
**Einkehr/Unterkunft:** Berghaus Bonderalp, 1755 m, Tel. +41/33/673 17 16; Bergrestaurant Allmealp, Tel. +41/33/675 16 86, www.allemalp.ch
**Markierung:** SAW-Wegweiser und weiß-rot-weiße Markierungen.
**Karte:** Swisstopo 1:50 000, 263 T Wildstrubel.
**Infos:** Adelboden Tourismus, CH-3715 Adelboden, Tel. +41/33/673 80 80, www.adelboden.ch; Kandersteg Tourismus, CH-3718 Kandersteg, Tel. +41/33/675 80 80, www.kandersteg.ch

Die Überschreitung der Bunderchrinde zwischen Adelboden und Kandersteg gehört zu den klassischen Passwanderungen im Berner Oberland. Noch interessanter, aussichtsreicher und mit einem Gipfel

# Bunderspitz 18

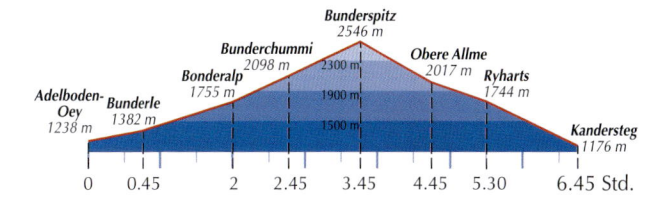

| | | | Bunderspitz | | | |
| --- | --- | --- | --- | --- | --- | --- |
| | | | 2546 m | Obere Allme | | |
| | | Bunderchummi | | 2017 m | | |
| | Bonderalp | 2098 m | 2300 m | | Ryharts | |
| Adelboden- | 1755 m | | 1900 m | | 1744 m | |
| Oey | Bunderle | | | | | Kandersteg |
| 1238 m | 1382 m | | 1500 m | | | 1176 m |

```
  0     0.45      2    2.45   3.45    4.45  5.30     6.45 Std.
```

garniert ist die Überschreitung des Bunderspitz, des südlichsten Bergs im Allmegrat. Dieser zieht vom Bunderspitz in nordöstlicher Richtung und wirft mehrere grasig-schrofige Erhebungen über 2500 m auf, die allesamt sehr steil sind. Der Bunderspitz bildet die Ausnahme unter seinen Kollegen, denn auf seiner weniger steilen Südseite ermöglicht er einen einfachen Zugang, der zumindest von Adelboden aus jedem einigermaßen berggewohnten Wanderer zugänglich ist. Die Überschreitung lässt sich durch Benutzung der Seilbahn von der Allmealp nach Kandersteg wie unten beschrieben um ca. 2.00 Std. verkürzen. Wer den Gipfel nur von Adelboden aus besteigen möchte, kann bis zum oben erwähnten Parkplatz Bunderle fahren und dorthin zurückkehren. Die Gesamtgehzeit reduziert sich auf 5 Std. bei einem Höhenunterschied von 1191 m, Schwierigkeit T2.

**Aufstieg**   Von der **Bushaltestelle in Oey** (1238 m) dem Wegweiser in Richtung Bunderchrinde auf der Straße ins flache Hochtal von

Wolkenspiele –
Am Bunderspitz

85

## 18 Frutigland, Kandertal, Kiental, Engstligental

**Bunderle** folgen. Die Straße lässt sich nach dem Parkplatz bei **P. 1382 m** immer wieder abkürzen und man erreicht so die **Bonderalp** (1755 m). Kurz danach zweigt der Wanderweg nach links ab. Der Anstieg wird nun steiler und erreicht die Hochmulde der **Bunderchummi** (2098 m) mit ihren Alphütten. Hier trennen sich die Wege, rechts geht's zur Bunderchrinde. Diese populäre Route wird nun endgültig verlassen und über einen Wiesenhang steigt man in Kehren auf die Kammhöhe in einen Sattel, nordwestlich von **P. 2456 m** und von da problemlos zum Gipfel. Am **Bunderspitz** (2546 m) warten ein großer Steinmann mit Gipfelbuch und eine phänomenale Rundsicht. Diese wird im Süden vom gewaltigen Massiv des Gross Lohner beherrscht, im Norden der scharfe Grat zum First und die Niesenkette. Im Osten und Südosten über Kandersteg Blüemlisalp, Doldenhorn und Balmhorn. Im Westen und Südwesten Wildhorn, Diablerets und die grünen Voralpen überm Simmental.

Grasig – Der Allmegrat vom Bunderspitz

**Abstieg** Zurück vom Gipfel zum oben erwähnten Sattel. Dort links steil hinab, ein Stück am Drahtseil unter den Felsen durch. Anschließend in vielen Kehren hinab bis zur **Oberen Allme** (2017 m). Wer per Seilbahn nach Kandersteg »absteigen« möchte, der bleibt auf dem Fahrweg. Alle, die »by fair means« die Überschreitung beenden wollen, zweigen ca. 15 Min. nach der Oberen Allmealp nach rechts ab. Nach einer Bachquerung führt der Fahrweg durch die steile Flanke des Alpschelehubel bis zu den Alphütten von **Ryharts** (1744 m). Von hier abwechselnd durch Wald und über Lichtungen steil hinab zur Kander. An der Kander entlang geht es zum Bahnhof **Kandersteg** (1176 m). Nach den vielen steilen Passagen hat der ebene Weg am Fluss entlang schon fast etwas Meditatives!

# Schwarzhorn (3105 m)
Dreitausender in der Walliser Nachbarschaft

**19**

| K 1–2 | 🕐 6 Std. | ↗ ↕ 1000 m |

**Tourencharakter:** Recht lange Gipfeltour auf gut markierten Wegen mit einer kurzen, aber verwegen angelegten Klettersteigpassage über der Zunge des Lämmerengletschers. Der Rest: ein Landschaftserlebnis erster Klasse. Selbstsicherung nicht notwendig, dafür aber Trittsicherheit und eine ordentliche Kondition.
**Beste Jahreszeit:** Juli bis September.
**Ausgangspunkt:** Bergstation der Gemmi-Seilbahn (2322 m), Talstation in Leukerbad.
**Endpunkt:** Bergstation der Gemmi-Seilbahn oder Leukerbad (1402 m).
**Verkehrsanbindung:** Den bekannten Thermalkurort erreicht man aus dem Rhonetal (Susten) über eine gut ausgebaute Straße, Busverbindung.
**Gehzeiten:** Gesamt 6 Std. Gemmipass – Lämmerenhütte 1.30 Std., Lämmerenhütte – Schwarzhorn 2.15 Std., Abstieg auf dem gleichen Weg 2.15 Std.
Für den Abstieg/Rückweg über die Varneralp muss man mit 6–7 Std. reiner Gehzeit rechnen.
**Einkehr/Unterkunft:** Lämmerenhütte, Mitte Juni bis Mitte Oktober; Tel. +41/27/470 25 15, www.laemmerenhuette.ch. Berghotel Wildstrubel, Tel 027/470 12 01, www.gemmi.ch
**Markierung:** Durchgehend weiß-rot-weiß, auch im Bereich des Klettersteigs. Abstiegsvariante nach Les Outannes weiß-blau-weiß, Rückweg nach Leukerbad weiß-rot-weiß bezeichnet.
**Karten:** Swisstopo 1:50 000, 263 T Wildstrubel; 1:25 000, 1267 Gemmi. Für den alternativen Rückweg nach Leukerbad zusätzlich 1:50 000, 273 T Montana, 1:25 000, 1287 Sierre.
**Info:** Leukerbad Tourismus, Rathaus, CH-3954 Leukerbad; Tel. +41/472 71 71, www.leukerbad.ch

Klettersteigler, die frühmorgens mit der Seilbahn zum Gemmipass hinauffahren, haben in der Regel Großes vor: Der »Leukerbadner« ist ihr Ziel. Bereits die luftige Fahrt am dicken Drahtseil vermittelt einen Eindruck von der vertikalen Herausforderung, die hier wartet, schaut man doch direkt hinein in das Riesengemäuer. Nichts zu sehen ist dagegen vom Schwarzhorn (3105 m); es versteckt sich diskret hinter dem um etwa 150 Meter niedrigeren Daubenhorn.

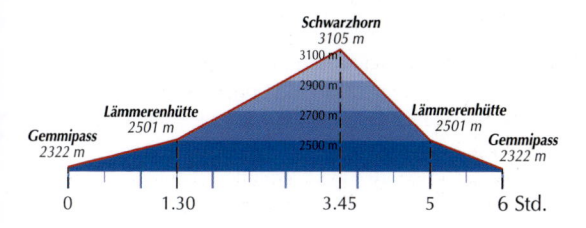

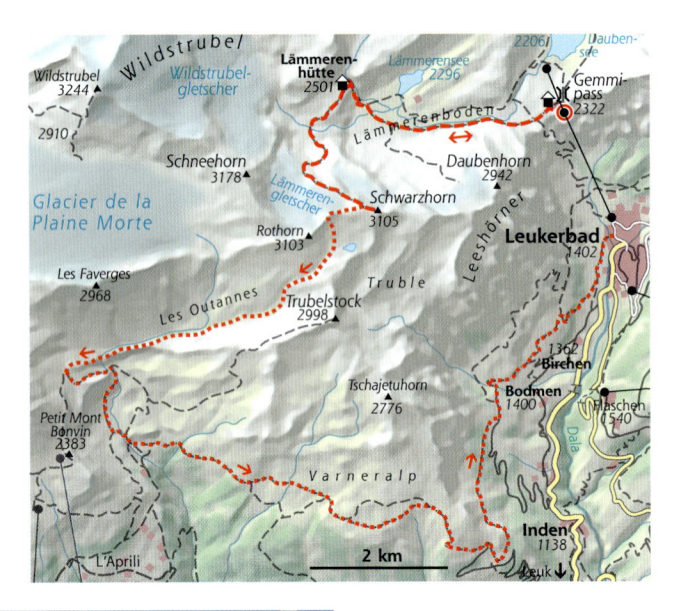

# 19 Frutigland, Kandertal, Kiental, Engstligental

*Am Schwarzhorn, Blick zum Wildstrubelgletscher*

Mit einem richtigen Klettersteig kann der Dreitausender nicht aufwarten, dazu ist die (luftige) gesicherte Strecke zu kurz, doch Langeweile kommt trotzdem nicht auf: Der Weg aus dem Lämmerenboden mit seinen Gewässern herauf ist zu abwechslungsreich, die Kulisse von atemberaubender Schönheit, das (schwindende) Gletschereis ganz nahe. Und dann die Aussicht: Das ganze Wallis auf einen Blick, und fern im Südwesten grüßt sogar der Montblanc, das Dach der Alpen.

**Zur Lämmerenhütte**   Die Tour beginnt mit dem kurzen Abstieg von der Seilbahnstation an der **Gemmi** (2322 m) zur eigentlichen Wasserscheide (ca. 2260 m), führt dann wahlweise am Süd- bzw. Nordrand des **Lämmerenbodens** bis zum Fuß des breiten Felsriegels, auf dem die **Lämmerenhütte** (2501 m) steht. Zuerst im Zickzack, dann mit Seil- und Kettenhilfe durch eine felsige Rinne auf den Rücken und links zum Haus.

# Schwarzhorn 19

**Schwarzhornsteig** Von der Hütte überquert man den flachen Buckel in südwestlicher Richtung (Steinmännchen, Hinweis »Ref. Violettes«) hinunter zu dem Boden im Vorfeld des Wildstrubelgletschers, wo eine **Brücke** (2450 m) über den Abfluss des Eisstroms führt. Jenseits im Geröll auf guter Spur, nun weiß-rot-weiß markiert, hinauf gegen den senkrechten Felsriegel links der (arg geschrumpften) Zunge des **Lämmerengletschers**. Man quert aus der Schuttflanke rechts in gestuftes Gelände, steigt dann hinauf (Drahtseile) gegen die scheinbar ungangbare, mit Überhängen gespickte Mauer. Zwei kurze Leitern und eine frei zwischen den Felsen angebrachte Stiege leiten auf ein schmales Band. Ein Holzbalken (Führungsseil) hilft über eine etwa sechs Meter lange Unterbrechungsstelle; die Fortsetzung des Felsbandes (Drahtseilsicherung) führt in leichteres Gelände. Wenig später steht man auf dem lang gestreckten Nordwestrücken (ca. 2770 m) des Schwarzhorns: rechts der Gletscher, links der Abbruch. Auf splittrigem Untergrund steigt man, den Markierungen folgend, auf zum Vorgipfel und quert dann, nur mehr leicht an Höhe gewinnend, hinüber zum höchsten Punkt des **Schwarzhorns** (3105 m).

Balancieren über dem Abgrund, vor dem Lämmerengletscher

**Abstieg** In der Regel auf dem Anstiegsweg. Alternativ kann auch nach Montana oder nach Leukerbad abgestiegen werden. Letztere Variante eignet sich allerdings nur für alpine Dauerläufer. Den weißblau-weißen Markierungen folgend steigt man vom Gipfel westwärts durch die immense Geröllgrube von **Outannes** ab (links glitzert smaragdgrün ein namenloser See) bis zu ihrem flachen Auslauf. Hier nicht weiter Richtung Montana, sondern absteigend (weiß-rot-weiß bezeichnet) ins Tälchen der **Tièche**. Mit rund 200 Höhenmetern Gegenanstieg über die ausgedehnte Varneralp (einfache Alpwirtschaft), dann bergab zum **Chäller** (1875 m). Wenig tiefer zweigt links der Rückweg nach **Leukerbad** (1402 m) ab.

Frutigland, Kandertal, Kiental, Engstligental

# 20 Üschenegrat (2472 m) und Gemmipass (2322 m)
## Gipfel- und Passwanderung an der Grenze zum Wallis

| T3 | 7 Std. | ↑↓ 940 m |

**Tourencharakter:** Abwechslungsreiche Gipfel- und Passwanderung mit nur kurzen Steilanstiegen. Am Üschenegrat ist Trittsicherheit erforderlich, beim Gemmiweg handelt es sich um einen komfortablen Saumpfad. Immer wieder wechselnde Aussicht, faszinierend dann der Blick vom Gemmipass auf die Viertausender der Walliser Alpen und hinab nach Leukerbad. Auch Teilbegehungen bzw. kürzere Varianten möglich.
**Beste Jahreszeit:** Mitte Juni bis Mitte Oktober.
**Ausgangs-/Endpunkt:** Bergstation der Sunnbüel-Seilbahn (1934 m).
**Verkehrsanbindung:** Nach Kandersteg kommt man per Bahn (alte Bern-Lötschberg-Simplon-Linie) oder auf einer gut ausgebauten Straße. Südlich des Ortes befindet sich die Talstation der Sunnbüel-Seilbahn (Ortsbus).
**Gehzeiten:** Gesamt 7 Std. Sunnbüel – Wissi Flue 2.45 Std., Wissi Flue – Gemmipass 2 Std., Gemmipass – Sunnbüel 2.15 Std.
**Einkehr/Unterkunft:** Restaurant Sunnbüel bei der Seilbahnstation. Berggasthaus Schwarenbach, Anfang Juni bis Ende Oktober; Tel. +41/33/675 12 72, www.schwarenbach.ch; Berghotel Wildstrubel, Juni bis November; Tel. +41/27/470 12 01, www.gemmi.ch
**Markierung:** Weiß-rot-weiße und gelbe Markierungen, gelbe Wegzeiger.
**Karten:** Swisstopo 1:50 000, 263 T Wildstrubel.
**Info:** Kandersteg Tourismus, CH-3718 Kandersteg; Tel. +41/33/ 675 80 80, www.kandersteg.ch

Auf Straßenkarten sucht man den Gemmipass (2322 m) vergebens, dabei gehört er doch zu den ältesten Alpenübergängen der Schweiz, einst wichtiger Transitweg vom Berner Oberland ins Wallis. Histori-

Am Daubensee

## Üschenegrat und Gemmipass 20

schen Berichten kann man allerdings entnehmen, dass die Bergreise alles andere als angenehm gewesen sein muss. So schrieb Sebastian Münster 1550: »... und wo einer neben dem Weg hinab siecht / kompt jm ein grausamme tieffe entgegen / die kaum ohn schwindel des hauptes mag angeblickt werden. Ich weiss wol do ich auss dem bad auff disen berg stig / den zu besichtigen / zitterten mir mein hertz und bein.«

Manche Passwanderer ließen sich auf den Berg tragen, »mit dem Gesicht nach hinten gekehrt und verbundenen Augen«. Gemeint war der Abstieg über die jähe Gemmiwand nach Leukerbad, der in vielen Serpentinen verläuft – längst als Wanderroute eine Attraktion des Walliser Kurortes. Tragen lassen sich die Reisenden auch heute noch, von Seilbahnen allerdings. Die führen von Leukerbad direkt zum Pass, von Kandersteg bis auf die Höhe der lang gestreckten Talmulde, an deren Südende der »fürchterliche Weg« ins Dalatal hinunterzieht. Er wurde Mitte des 18. Jahrhunderts von Tiroler Arbeitern zu einem Saumpfad ausgebaut. Zu einer richtigen Straße reichte es allerdings nicht. So gehört die Gemmi nach wie vor den Wanderern. Und den Schafen, die im Sommer rund um den Daubensee weiden. Am letzten Sonntag im Juli findet hier ein großes Schäferfest statt – auf Walliser Boden, notabene, verläuft die Kantonsgrenze doch nicht über die Wasserscheide, sondern knapp südlich der Spittelmatte.

**Über den Üschenegrat** Von der Seilbahnstation **Sunnbüel** (1934 m) steigt man kurz ab in eine licht bewaldete Geländemulde. Bei der **Winteregghütte** (1888 m, privat) beginnt der Anstieg zum

Frutigland, Kandertal, Kiental, Engstligental

Üschenegrat. Das gut angelegte Steiglein schwindelt sich zwischen Bergsturztrümmern hindurch, schneidet dann einen Grashang und schraubt sich schließlich in kurzen Kehren hinauf zu einem prächtigen Aussichtspunkt (2165) am Nordgrat des Gällihorns. Hier wechselt man auf die Westseite des Üschenegrats. Der Weg folgt ihm mit leichtem Auf und Ab, führt einmal über eine kurze Felsstufe, tangiert dann den Grat und steigt zuletzt steil an zur **Wyssi Flue** (2472 m), deren Gipfelwiese zu einer Rast vor den Dreieinhalbtausendern im Osten einlädt (Altels, Balmhorn, Rinderhorn).

**Zum Gemmipass**  Am grasigen Grat entlang leiten die Markierungen bergab zum **Schwarzgrätli** (2383 m), wo links der Weg nach Schwarenbach abzweigt. Man folgt ihm über einen steilen Wiesenhang hinunter bis zu einem lang gestreckten Felsriegel. Nur wenig unterhalb – knappe 50 Höhenmeter über dem Gasthaus – bietet sich die Möglichkeit, nach rechts zu einer weiß-rot-weiß markierten Spur

Abstieg von der Wyssi Flue vor dem Altels

# Üschenegrat und Gemmipass 20

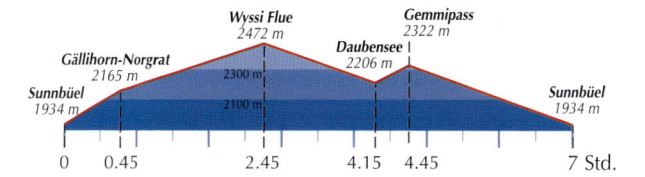

| | | | | | |
|---|---|---|---|---|---|
| Sunnbüel 1934 m | Gällihorn-Norgrat 2165 m | Wyssi Flue 2472 m | Daubensee 2206 m | Gemmipass 2322 m | Sunnbüel 1934 m |
| 0 | 0.45 | 2.45 | 4.15 | 4.45 | 7 Std. |

zu queren (kein Hinweis!), die an der westlichen Talseite allmählich gegen die Rote Chumme, **P. 2302 m,** ansteigt. Hier stößt man auf den Weg zur Engstligenalp. Links geht's zwischen den Felsen hinab zu dem rund anderthalb Kilometer langen, scheinbar abflusslosen **Daubensee** (2206 m). An seinem Westufer entlang führt ein ordentlicher Pfad zum oberen See-Ende und über einen steinigen Hang hinauf zur Buckellandschaft des **Gemmipasses** (2322 m) mit Seilbahnstation, Berghotel und Schau auf die Walliser Viertausender.

**Rückweg zum Sunnbüel**  Er führt auf breitem Weg zunächst in sanftem Abstieg zum unteren Ende des Daubensees, dann mit einer kleinen Gegensteigung über den Seestutz und weiter zum altehrwürdigen **Berghaus Schwarenbach** (2060 m). Knapp zwei Kilometer weiter ist der ausgedehnte Boden der Spittelmatte erreicht, überschreitet man die Grenze zwischen den Kantonen Wallis und Bern. Die Alp wurde am 11. September 1895 von einer riesigen Eislawine verwüstet, die sich hoch am Altels (3629 m) gelöst hatte. Heute ist von dem Gletscher kaum mehr etwas übrig geblieben. Zwischen den Bergsturztrümmern verbirgt sich links das Arvenseeli (Abstecher, 10 Min.).

An der Weggabelung auf der **Spittelmatte** (1872 m) hält man sich links und folgt der Sandstraße hinauf zur Seilbahnstation **Sunnbüel** (1934 m).

An der Wyssi Flue, Blick zum Felsenhorn

Frutigland, Kandertal, Kiental, Engstligental

# 21 Felsenhorn (2782 m)
Ein Wanderklassiker und ein einsamer Gipfel

**T 3+**  ⏲ 6.30 Std.  ↑↓ 972 m

**Tourencharakter:** Abwechslungsreiche Tour in beeindruckender Umgebung. Trittsicherheit ist in der Roten Chumme und am Schwarzgrätli erforderlich. Die Querung am Schwarzgrätli ist bei Nässe heikel und kann bei Schnee und Eis gefährlich bis ungangbar werden. Also nicht zu früh bzw. zu spät im Jahr angehen! Der weglose Gipfelaufstieg verlangt neben Trittsicherheit auch Orientierungssinn und ist bei schlechter Sicht kaum zu finden!
**Beste Jahreszeit:** Juli bis September.
**Ausgangs-/Endpunkt:** Sunnbüel (1934 m), Bergstation der Luftseilbahn von Kandersteg,
Tel. +41/33/675 81 41,
www.sunnbuel.ch. Gebührenpflichtige Parkplätze bei der Talstation.
**Verkehrsanbindung:** Straße von Kandersteg zur Talstation, Busverbindung vom Bahnhof.

**Gehzeiten:** Gesamt 6.30 Std.
Sunnbüel – Schwarenbach 1.15 Std., Schwarenbach – Rote Chumme 1.30 Std., Rote Chumme – Felsenhorn 0.45 Std., Felsenhorn – Schwarzgrätli 1.30 Std., Schwarzgrätli – Sunnbüel 1.30 Std.
**Einkehr/Unterkunft:** Bergrestaurant Sunnbüel (1934 m), bei der Bergstation der Luftseilbahn,
Tel. +41/33/675 13 34; Berghotel Schwarenbach (2060 m),
Tel. +41/33/675 12 72,
www.schwarenbach.ch
**Markierung:** SAW-Wegweiser und weiß-rot-weiße Markierungen. Der Gipfelanstieg ist nur vereinzelt mit Steinmännern markiert.
**Karte:** Swisstopo 1:25 000, 1267 Gemmi; 1:50 000, 263 T Wildstrubel.
**Info:** Kandersteg Tourismus,
CH 3718-Kandersteg,
Tel. +41/33/675 80 80,
www.kandersteg.ch

Steinig – Wildstrubel (r.) vom Felsenhorn

Am Felsenhorn laufen die meisten Wanderer im wahrsten Sinne des Wortes glatt vorbei. Gründe dafür gibt es mehrere: Zunächst einmal ist der Gipfel vom Passeinschnitt über der Roten Chumme nicht zu sehen, es führt kein markierter Steig zum Gipfel, und wer das Felsenhorn vom Gemmiweg aus betrachtet, kommt sicher nicht auf die Idee, dass der tritt- und orientierungssichere Alpinwanderer dort problemlos hinaufsteigen kann. Die Tour über die Rote Chumme ist dagegen ein populärer Wanderklassiker, der viel begangen wird. Dies vor allem auch in Verbindung mit dem Chindbettipass zur Engstligenalp und

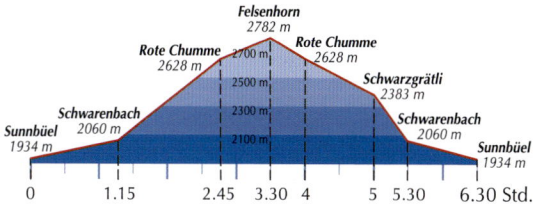

# Felsenhorn 21

nach Adelboden. Die beiden Pässe bilden zusammen mit der Gemmi die schnellste Verbindung zwischen Adelboden und dem Wallis (Leukerbad). Denn im Gegensatz zu Kandersteg (Gemmi, Lötschenpass) und Lenk (Rawil) gibt es von Adelboden keine direkte Verbindung ins Wallis. Am Weg zur Gemmi kommt man auf der Spittelmatte an einem Gedenkstein vorbei. Dieser wurde für Bergbauern errichtet, die im Jahr 1890 durch einen Gletscherabbruch am Altels von Eismassen getötet wurden. Noch in den 1980er-Jahren hing in der Westflanke des Altes ein riesiger Gletscherlappen herab. Dieser ist im Sommer durch die Erwärmung mittlerweile ganz verschwunden.

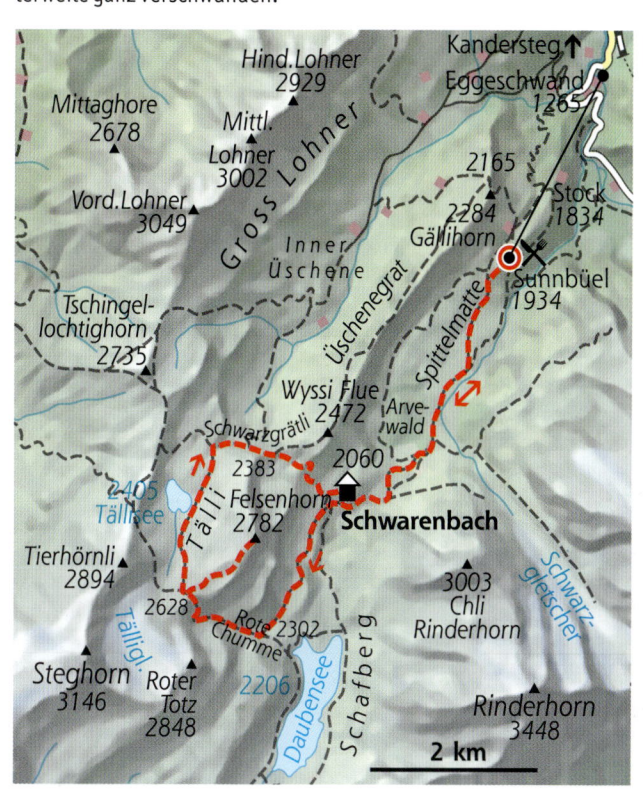

# 21 Frutigland, Kandertal, Kiental, Engstligental

Überragend – Felsenhorn hoch über Schwarenbach

**Zur Roten Chumme**  Von der Bergstation **Sunnbüel** (1934 m) zunächst auf dem Fahrweg zur **Spittelmatte** (1872 m) hinab, einer wunderschönen Hochebene, und weiter zum **Berghotel Schwarenbach** (2060 m). Kurz danach zweigt der Wanderweg Richtung Rote Chumme rechts ab und durchquert die Alpweiden unterhalb des Felsenhorns. Oberhalb von **P. 2301 m** stößt von links der Weg vom Daubensee bzw. von der Gemmi dazu. Merklich steiler führt der Weg nun durch Kalkschutt auf den nächsten Boden. Hier beginnt der steilste Abschnitt, der in vielen Kehren und zwischendurch mit einer schönen Querung in den Passeinschnitt oberhalb der **Roten Chumme** (2628 m) führt. Die Höhenangabe bezeichnet die nächste Erhebung knapp südlich der Passhöhe.

**Zum Felsenhorn**  Bereits am ersten Steinmann auf der Passhöhe wendet man sich nach rechts, um unterhalb eines Felsens in Richtung Hochfläche zu queren. Wer versucht, die etwas chaotisch anmutende Landschaft auf direktem »Wege« zu durchqueren, wird bald erkennen, dass das nicht funktioniert und man immer wieder einmal ein paar Höhenmeter verschenken muss. Im Prinzip aber kann man sich seinen Anstieg selbst suchen. Hier mein Vorschlag: Die untersten Felsbänke am einfachsten zunächst rechts ausholend umgehen, dabei trifft man ab und zu auf Steinmänner. Sobald es das Gelände erlaubt, wieder mehr links halten, bis man bequem in die Schuttmulde unter **P. 2756 m** eindringen kann. Der nur mäßig steile Schutthang wird direkt durchstiegen und P. 2756 m auf der rechten Seite umgangen. Erst jetzt wird der eigentliche Gipfel sichtbar. Wieder rechts haltend und über den breiten gratartigen Rücken zum Gipfel-

# Felsenhorn 21

kreuz auf dem **Felsenhorn** (2782 m). Vorsicht, auf der anderen Seite fallen die Wände senkrecht ab! Die Rundsicht ist beeindruckend, schließlich steht man hier zwischen vielen wilden und fast ausnahmslos höheren Gipfeln. Besonders schön zeigen sich Steghorn und Wildstrubel sowie Balmhorn, Altels und Rinderhorn auf der anderen Seite. Im Süden über dem Einschnitt der Gemmi steht die Walliser Viertausenderprominenz mit Mischabel, Weisshorn, Matterhorn, Dent Blanche …

**Zum Schwarzgrätli und Abstieg**  Vom Gipfel wieder zurück zur **Roten Chumme**. Vom Pass rechts haltend in Richtung Schwarenbach. Hoch über dem Talboden des **Tälli** zieht der Steig durch Moränenmaterial hinab. Dieses stammt vom Tälligletscher, dessen kümmerliche Reste im Talhintergrund immer mehr schwinden. Beim übernächsten Wegweiser geht's hinein in die schattige Nordflanke des Felsenhorns. Unterhalb der senkrechten Felswände quert die schmale Wegspur durch schwarzen Schiefer, zum Schluss drahtseilgesichert, hinüber zum **Schwarzgrätli** (2383 m). Hier bekommt man einen kleinen Eindruck davon, wie ungemütlich Nordwände sind, und man fragt sich, was Bergsteiger dazu bewegt, sich manchmal tagelang in solch kalten und feuchten Wänden aufzuhalten … Über einen Rasenhang geht's hinab nach **Schwarenbach** und von da wieder auf bekanntem Weg nach **Sunnbüel.**

Frutigland, Kandertal, Kiental, Engstligental

## 22 Balmhorn (3699 m)
### Über den Zackengrat auf den höchsten Gipfel über Kandersteg

| WS− | 11.15 Std. | ↕ 1870 m |

**Tourencharakter:** Hochalpine Tour. Der Zustieg zum Grat erfolgt im Frühsommer über einen steilen, stark abgeschmolzenen Gletscher, im Spätsommer über Steilschutt. Der Zackengrat ist in der Regel problemlos, gute Kondition erforderlich.
**Beste Jahreszeit:** Ende Juni bis September, im Spätsommer mühsamer.
**Ausgangs-/Endpunkt:** Sunnbüel (1934 m), Bergstation der Luftseilbahn von Kandersteg, Tel. +41/33/675 81 41, www.sunnbuel.ch. Gebührenpflichtige Parkplätze bei der Talstation.
**Verkehrsanbindung:** Straße von Kandersteg zur Talstation, Busverbindung vom Bahnhof.
**Gehzeiten:** Gesamt 11.15 Std. Sunnbüel – Schwarenbach 1.15 Std., Schwarenbach – Zackengrat 4 Std., Zackengrat – Gipfel 2 Std., Abstieg 4 Std.
**Einkehr/Unterkunft:** Berghotel Schwarenbach (2060 m), Anfang Juni bis Ende Oktober, Tel. +041/33/675 12 72, www.schwarenbach.ch
**Markierung:** Bis zum Hotel Markierung, zum Gletscher Steinmänner.
**Karte:** Swisstopo 1:25 000, 1267 Gemmi.
**Info:** Kandersteg Tourismus, CH-3718 Kandersteg, Tel. +41/33/675 80 80, www.kandersteg.ch

*Beeindruckendes Panorama auf die Walliser 4000er*

Das Balmhorn ist mit 3698 m der höchste Berg oberhalb von Kandersteg. Früher, als der Schwarzgletscher noch ausgeprägter war, konnte man den Zackengrat relativ einfach erreichen. Dies ist im Frühsommer immer noch möglich, spät im Jahr, wenn der Gletscher vereist oder

# Balmhorn 22

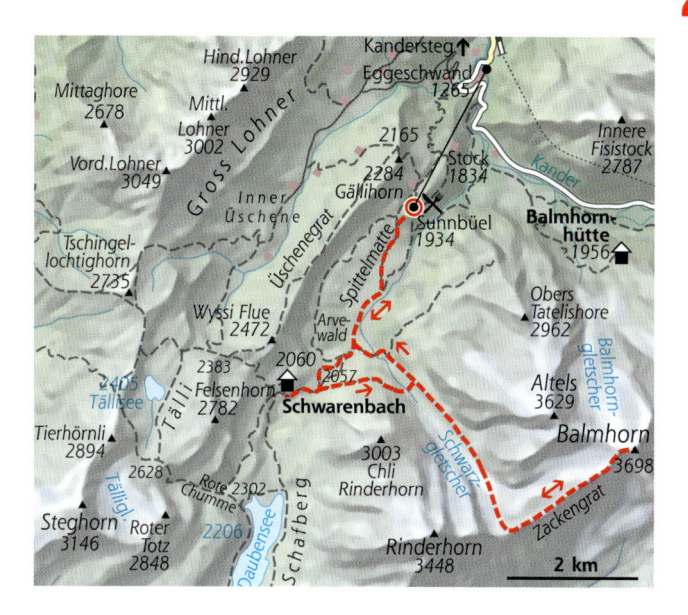

ausgeapert ist, muss man im Steilschutt den Grat erklimmen. Der Grat selbst bietet keine Schwierigkeiten, allerdings sind die Länge des Grates (2 km!) und der Höhenunterschied nicht zu unterschätzen.

**Aufstieg**  Von der **Bergstation Sunnbüel** (1934 m) gelangt man auf einem breiten Weg zum **Hotel Schwarenbach** (2060 m). Am nächsten Morgen geht es 500 m am Anstiegsweg zurück zu einem Absatz, **P. 2057 m**. Dort zweigt ein mit Steinmännchen markierter Steig ab, der entlang der Flanke des Chli Rindenhorns führt. Den Abzweig sollte man am Vorabend erkunden, er ist in der Dunkelheit schwer zu finden. Der auch bei Dunkelheit gut erkennbare Steig führt bis zum Gletscherbach, der direkt überquert wird. Hier heißt es aufpassen: Der Steig führt leicht abwärts parallel zum Bach, wechselt dann auf die Rückseite der Moräne und führt weiter nach oben

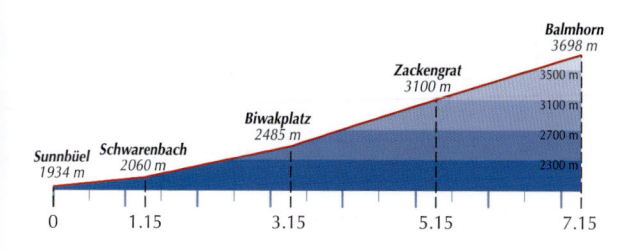

## 22 Frutigland, Kandertal, Kiental, Engstligental

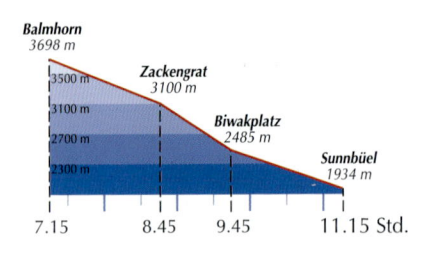

**Balmhorn** 3698 m
**Zackengrat** 3100 m
**Biwakplatz** 2485 m
**Sunnbüel** 1934 m

7.15 | 8.45 | 9.45 | 11.15 Std.

zum Biwakplatz bei **P. 2485 m**. Von dort gelangt man den Steinmännern folgend direkt zum Gletscher. Bei firnbedecktem Gletscher ist der **Zackengrat** (3100 m) problemlos zu erreichen. Bei Vereisung dagegen können Eisschrauben hilfreich sein. Bei starker Ausaperung kann der Grat auch über einen kleinen, sehr steilen Schuttrücken erreicht werden.

Der Zackengrat ist ein aussichtsreicher Panoramaweg ohne Schwierigkeiten. Die Länge der Tour macht sich aber bemerkbar, auch der Grat ist noch ziemlich lang. Nach fast 1,5 km steht man vor der firnigen Flanke des Vorgipfels (Vorsicht bei Vereisung). Die Flanke wirkt kürzer als sie ist, nach 350 Hm erreicht man den Vorgipfel, von dem aus es nur noch wenige Minuten zum bereits sichtbaren Gipfelkreuz des **Balmhorns** (3698 m) sind. Die Aussicht auf die Walliser 4000er, Montblanc und die nahen Berner Gipfel ist beeindruckend.

**Abstieg** Der Abstieg erfolgt am Anstiegsweg, über den Gletscher ist es wichtig, unbedingt die Moräne wieder zu erreichen. Auf ca. 2200 m zweigt der Anstiegsweg nach links zum Gletscherbach ab, hier kann auf einem Steig weiter ins Tal abgestiegen werden. An einer geeigneten Stelle muss man den Schwarzbach überqueren, um über einen Wanderweg wieder nach Sunnbüel zu kommen.

Gang über den Wolken – am Zackengrat

## Lötschenpass (2690 m) und Hockenhorn (3293 m) 23

Ein alter Übergang und der höchste Berner Wandergipfel

| T4 | 9.30 Std. | ↑ 1756 m ↓ 1918 m |

**Tourencharakter:** Sehr schöne und abwechslungsreiche Tour mit hochalpinem Anstrich. Die Gletscherquerung ist normalerweise problemlos. Der Anstieg zum Hockenhorn verlangt neben Trittsicherheit und Orientierungssinn Erfahrung im weglosen Blockgelände. Auch ohne Gipfelbesteigung eine sehr lohnende Tour – der Lötschenpass gehört zu den schönsten Alpenübergängen.
**Beste Jahreszeit:** Juli bis September.
**Ausgangspunkt:** Selde (1537 m), im Gasteretal bei Kandersteg.
**Endpunkt:** Ferden (1375 m) im Lötschental.
**Verkehrsanbindung:** Haltestelle Selde, Bus von Kandersteg Bahnhof, Reservierung obligatorisch, Tel. +41/33/671 11 72; PTT-Bus von Ferden nach Goppenstein.
**Gehzeiten:** Gesamt 9.30 Std. Selde – Lötschenpass 3.30 Std., Lötschenpass – Hockenhorn 2 Std., Hockenhorn – Lötschenpass 1.30 Std., Lötschenpass – Ferden 2.30 Std.
**Einkehr/Unterkunft:** Selde: Hotel Steinbock, Tel. +41/33/675 11 62, www.gasterntal.ch und Hotel Gasterntal-Selde, Tel. Tel. +41/33/675 11 63, www.hotel-gasterntal.ch; Berghaus Gfelalp, Tel. +41/33/675 11 61; Lötschenpasshütte (2690 m), bewartet von Juni – Oktober, Tel. +41/27/939 19 81, www.loetschenpass.ch; Berghotel Kummenalp (2086 m), Tel. +41/27/939 12 80
**Markierung:** SAW-Wegweiser und weiß-rot-weiße Markierungen bis zum Lötschenpass und im Abstieg nach Ferden. Der Gipfelanstieg ist mit Steinmännern markiert.
**Karte:** Swisstopo 1:25 000, 1268 Lötschental; 1:50 000, 264 T Jungfrau.
**Info:** Kandersteg Tourismus, CH-3718 Kandersteg, Tel. +41/33/675 80 80, www.kandersteg.ch; Lötschental Tourismus, CH-3918 Wiler, Tel. +41/27/938 88 88, www.loetschental.ch

Der Lötschenpass (auf der LKS »Lötschepass« geschrieben) gilt als einer der ältesten Alpenübergänge, obwohl er nicht zu den gletscherfreien Übergängen der Berner Alpen zählt. Dies sind von West nach Ost Sanetsch, Rawil, Gemmi und Grimsel. Auf dem Weg zum Lötschenpass muss man kurzzeitig den Lötschengletscher überqueren, der in diesem Bereich harmlos und gut mit Stangen markiert ist. Aber selbst diese kurze Gletscherquerung eröffnet dem »Normalverbraucher« den Einblick in eine wirklich hochalpine Welt. Vor allem die Berner Nordseite bietet großartige Ansichten. Das Hockenhorn liegt zwar bereits auf dem Grenzkamm zum Wallis, ist aber der höchste Gipfel im Berner Oberland, der sich ohne Gletscherausrüstung besteigen lässt. Ganz ohne Erfahrung geht es aber nicht und schon gar nicht ohne eine sehr solide Kondition. An einem Tag ist diese Tour

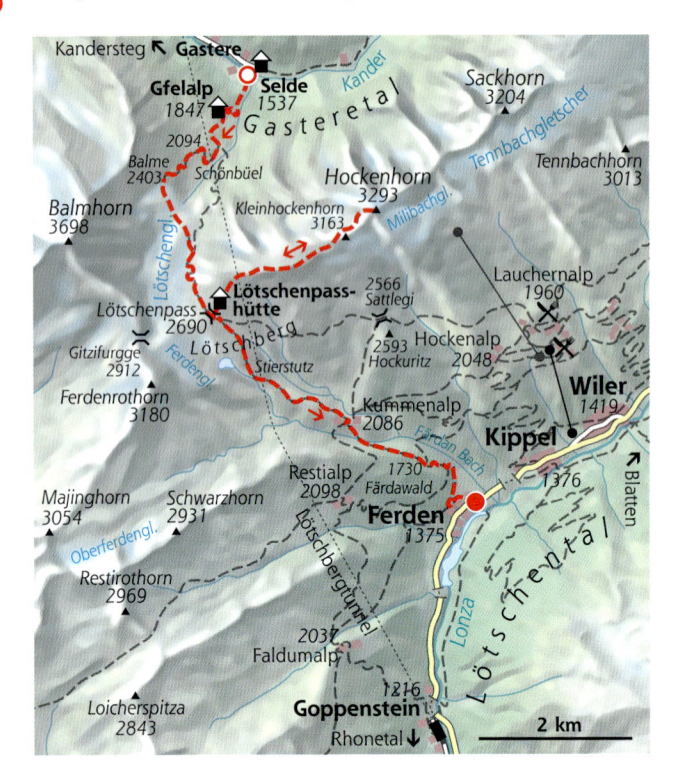

# 23 Frutigland, Kandertal, Kiental, Engstligental

kaum zu machen, es sei denn man übernachtet in Selde und startet dort bereits sehr früh. Die Lötschenpasshütte erlaubt jedoch eine Verteilung auf zwei Tage. Selbst wer das Hockenhorn nicht besteigt, kommt in den Genuss einer der schönsten Passwanderungen. In diesem Fall beträgt die Gesamtgehzeit 6 Std. bei einem Höhenunterschied von ↑1153 m und ↓1315 m, Schwierigkeit T3.

Die Tour ist übrigens ein exzellentes Beispiel für das perfekt ausgebaute öffentliche Verkehrsnetz der Schweiz. Spätestens in Kandersteg bleibt das Auto stehen. Die Rückkehr erfolgt via Goppenstein mit den Zügen der BLS durch den (alten) Lötschberg-Tunnel.

**Zum Lötschenpass**  In **Selde** (1537 m) überquert man die kleine Hängebrücke über die Kander, steigt dann steil durch den Wald an und erreicht schon bald die **Gfelalp** (1847 m). Weiter oben werden die Bäume weniger und über Alpweiden geht's in die Mulde von Schönbüel, direkt unter den Abbrüchen des Lötschengletschers.

## Lötschenpass und Hockenhorn 23

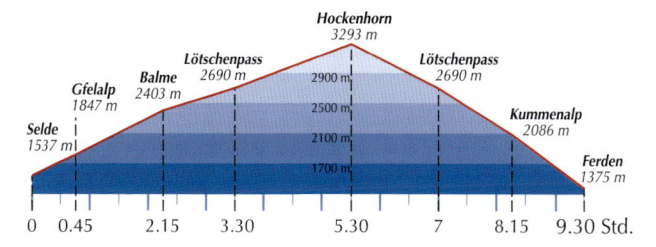

Hier zweigt der ehemalige Römerweg nach links ab. Dieser wird jedoch seit einigen Jahren nicht mehr unterhalten, da er durch instabiles Moränengelände verläuft. Der Anstieg beschreibt nun einen großen Bogen nach rechts, um weiter oben in vielen Kehren ein wenig mühsam die Hochstufe von **Balme** (2403 m) zu erreichen. Hier kurz auf den **Lötschengletscher** hinab und diesen problemlos der Stangenmarkierung folgend überqueren. Weiter talein durch Blockwerk zur letzten Steilstufe unter dem Pass. Diese wird einfacher als gedacht überwunden, ein paar Stahlseile helfen dabei. Noch ein paar Kehren und man erreicht die weite Landschaft der Passhöhe mit der **Lötschenpasshütte** (2690 m). Was für ein großer Kontrast zur steilen Welt auf der Nordseite des Passes!

**Zum Hockenhorn** Direkt hinter der Hütte steht auf einem Fels »Hockenhorn«. Zunächst in nordöstlicher Richtung, meist auf gut sichtbaren Wegspuren über den breiten Kamm auf das Hockenhorn zu. Auf etwa 3000 m entweder das steile **Firnfeld unter dem Klein-**

Am Lötschengletscher, hinten das Doldenhorn

# 23 Frutigland, Kandertal, Kiental, Engstligental

Tessinerisch – südlich unterm Lötschenpass

**hockenhorn** queren oder dieses weiter unterhalb, hoch über dem Gasterntal, auf Wegspuren und mit Steinmännern markiert umgehen. Dies dürfte im Hoch- und Spätsommer die einfachste und sicherste Variante sein. Im Juli kann hier aber noch Schnee liegen. Das Firnfeld direkt unter dem Gipfel wird problemlos zum Nordwestgrat gequert und über diesen in einfacher Blockkletterei der Gipfel des **Hockenhorns** (3293 m) erreicht. Die Rundsicht ist gewaltig. Beeindruckend die nahe Balmhorn-Ostwand und die prallen Südseiten von Doldenhorn und Blüemlisalp, dazu auf der anderen Seite das Bietschhorn und die Walliser Alpen. Das alles wird jedoch übertroffen von den Tiefblicken ins Gasteretal, das über 1700 m tiefer liegt!

**Abstieg** Vom Gipfel wieder zurück zum Lötschenpass. Kurz in südöstlicher Richtung trennen sich die Wege nach Ferden und zur Lauchernalp. Nach Ferden bzw. zur Kummenalp rechts haltend eine flache Seen- und Tümpellandschaft durchqueren, welche an die Tessiner Bergwelt erinnert. Beim Stiersturz senkt sich der Weg stärker und bald erreicht man Alpweiden, durch die der Weg hinab zur **Kummenalp** (2086 m) führt. Von hier geht's gleich steiler hinab, durch hohe Wiesen und später durch Wald. Dieser Weg wird offensichtlich weniger begangen. Durch den Färdawald gelangt man zu den Alphütten von **Färda** (1730 m). Von hier führt der restliche Abstieg durch schöne Wälder hinab nach **Ferden** (1375 m).

**Variante** Wer das Hockenhorn partout an einem Tag von Kandersteg besteigen möchte, der fährt morgens mit dem Zug nach Goppenstein, weiter mit dem Bus nach Wiler im Lötschental und mit der Bahn auf die Lauchernalp. Von hier sind es insgesamt 4 Std. bis zum Gipfel, ↑↓ 1314 m, T 4.

# Doldenhorn (3638 m)
Weiße Gletscherflächen über grünem Tal

| WS+ | 🕐 11.45 Std. | ⛰ ↕ 2438 m |

**Tourencharakter:** Hochalpine Tour mit zum Teil großen Spalten, komplette Gletscherausrüstung (und sicherer Umgang damit) notwendig, ebenso gute Kondition. Für »Nur-Wanderer« ist ein Bergführer unbedingt erforderlich! Nur bei sicherem Wetter begehen.
**Beste Jahreszeit:** Ende Juni bis Anfang September, im Spätsommer kann die große Spalte, die auf 3200 m den gesamten Gletscher durchzieht, unüberwindbar sein.
**Ausgangs-/Endpunkt:** Kandersteg (1176 m), Parkplätze bei der Talstation der Seilbahn zum Oeschinensee (1195 m).
**Verkehrsanbindung:** Bahnverbindung von Bern und Spiez bzw. Brig im Wallis; mit dem Pkw von Spiez über Frutigen.
**Gehzeiten:** Gesamt 11.45 Std. Kandersteg – Doldenhornhütte 2.30 Std., Doldenhornhütte – Spitziger Stein 2.15 Std., Spitziger Stein – Doldenhorn 2.45 Std., Doldenhorn – Spitziger Stein 1.30 Std., Spitziger Stein – Doldenhornhütte 1.15 Std., Doldenhornhütte – Kandersteg 1.30 Std.
**Einkehr/Unterkunft:** Doldenhornhütte (1915 m), Juni bis Sept. Tel. +041/33/675 16 60, www.doldenhornhuette.ch
**Markierung:** Bis zum Gletscher Markierung, zum Gipfel keine Markierung.
**Karte:** Swisstopo 1:25 000, 1247 Adelboden, 1248 Mürren.
**Info:** Kandersteg Tourismus, CH-3718 Kandersteg, +41/33/675 80 80, www.kandersteg.ch

Das Doldenhorn gehört neben dem Balmhorn und Blüemlisalphorn zu den großen Gipfeln rund um Kandersteg. Der Tiefblick vom Gipfel über satte grüne Gipfel zum Thunersee ist beeindruckend. Bekannt ist vor allem der Galletgrat, der von der Fründenhütte begangen

Der Ausblick reicht bis zum Thunersee

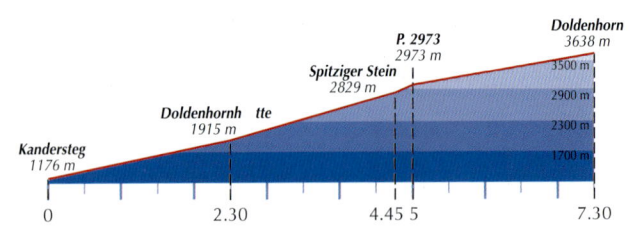

# 24 Frutigland, Kandertal, Kiental, Engstligental

wird. Die Schwierigkeiten sprengen aber deutlich den Rahmen unseres Führers, sodass hier der Normalweg beschrieben wird. Selbst dieser ist anspruchsvoll und in der Spaltenzone auf 3200 m auch sehr eindrucksvoll. Die Tour sollte früh in der Saison begangen werden, da die Spalten bei starker Ausaperung den Anstieg erheblich erschweren können.

**Zur Doldenhornhütte** Von **Kandersteg** (1176 m) wandert man zunächst ein Stück weit auf der Straße Richtung Oeschinensee, bis zu einem unscheinbaren Abzweig an der **Talstation der Materialseilbahn** zur Doldenhornhütte. Dort wird auf den von rechts einmündenden Weg gewechselt. Diesem folgt man wenige Meter aufwärts, um anschließend den Hauptweg nach rechts zu verlassen. Über Serpentinen geht es bergan, zwischendurch kann man einen tollen Blick auf einen Wasserfall über einer Felswand genießen. Die Felsstufe wird mithilfe eines Drahtseils problemlos überwunden. Auf einer Ter-

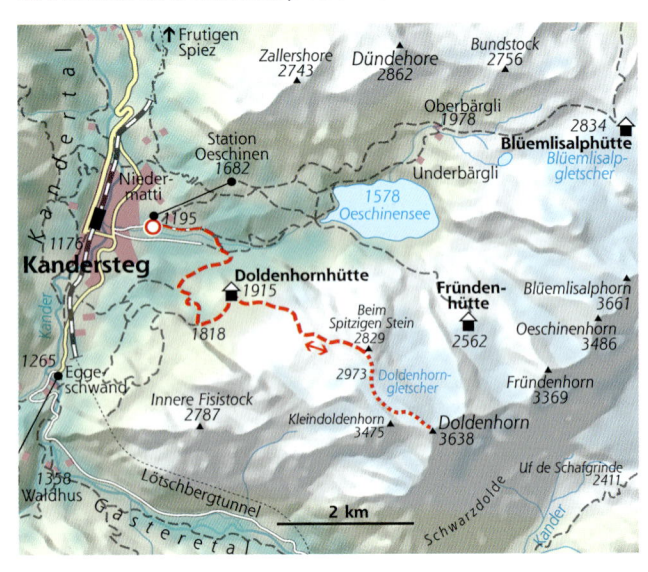

## Doldenhorn 24

rasse wird ein gutes Stück ohne Höhengewinn nach Westen gequert, nach Erreichen eines Baches steigt der Weg dann wieder an. Vorbei an schönen Bachläufen und einzigartiger Blumenvielfalt gewinnt man nun zügig an Höhe. Auf 1800 m bleibt der 2. Abzweig zur Fisialp rechts liegen. Über freie Flächen wandert man wieder flacher zur bereits sichtbaren **Doldenhornhütte** (1915 m). Ein paar Meter oberhalb der Hütte bietet sich ein wunderschöner Tiefblick auf den Oeschinensee. Von der Hütte ist der Spitzige Stein gut zu erkennen, der am nächsten Morgen auf dem Weg zum Gletscher passiert wird. Keinesfalls sollte man es versäumen, beim Hüttenpersonal Informationen über die aktuellen Verhältnisse am Gletscher einzuholen. Das Frühstück wird für die Doldenhornaspiranten am Vorabend vorbereitet, denn normalerweise sollte man um 3.00 Uhr frühstücken und spätestens um 3.30 Uhr starten.

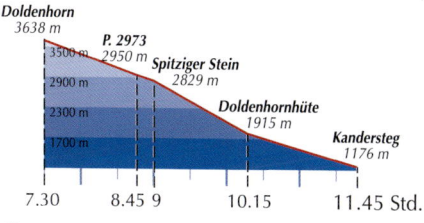

**Gipfelaufstieg** Die ersten beiden Stunden wandert man im Schein der Stirnlampen dahin. Es geht über teilweise groben Schutt auf einer Moräne zum **Spitzigen Stein** (2829 m). An diesem vorbei hilft ein Drahtseil an einer ausgesetzten Querung und über ein kleines Felswandl, zu **P. 2973 m**, direkt über dem Gletscher. Dieses kleine Gipfelchen ist durch sein kleines Kreuz schon eine Weile sichtbar. Über den Rücken geht es schnell zum Gletscher. Dort wird angeseilt und Steigeisen angelegt. Der Gletscher beginnt erst relativ sanft, steigt aber dann ziemlich steil an. Schon von weit unten ist die große Spalte zu sehen, die den Gletscher auf 3200 m in seiner gesamten Breite durchzieht. Nach einem kurzen Flachstück führt die Spur wieder steil an die Spaltenzone heran. Schon vor der großen

Normalweg auf das Doldenhorn

sichtbaren Spalte sind einige Spalten zu queren, hier ist auf eine korrekte Seilführung zu achten. Die Spalte ist am einfachsten auf der linken Seite zu überwinden. Dazu muss ein wenig in die Spalte hinein gestiegen werden, um dann auf einer steilen Rampe nach links hinausqueren zu können. Hier leisten Eisschrauben gute Dienste. Anschließend geht es nochmals steil bergan, eine si-

# 24 Frutigland, Kandertal, Kiental, Engstligental

chere Steigeisentechnik, vor allem beim Abstieg, ist unerlässlich. Am Sattel zwischen Doldenhorn und Kleindoldenhorn verflacht das Gelände und man kann ein wenig durchschnaufen, bevor der Schlussanstieg zum Gipfelgrat in Angriff genommen wird. Dieser steilt nach oben hin wieder auf, inzwischen spürt man auch die fast 1700 Hm in den Beinen. Endlich ist man auf dem schmalen, ausgesetzten Grat, der direkt zum Gipfel des **Doldenhorns** (3638 m) führt. Die Aussicht ist fantastisch, die 4000er des Wallis sind im Süden aufgereiht, ebenso der Montblanc im Südwesten. In der Nähe beherrschen Blüemlisalphorn, Altels und Balmhorn das Blickfeld. Besonders schön ist aber auch der Blick nach Norden auf den Thunersee.

**Abstieg** Der Abstieg erfolgt auf derselben Route. Am Gipfelgrat, am Steilhang über der Spaltenzone und im Spaltenbruch sind sicheres Steigeisengehen und Konzentration unbedingt wichtig!

Doldenhorn mit Galletgrat

Blüemlisalphorn

# Blüemlisalphorn (3661 m)
## Zum Hauptgipfel der sagenumwobenen Blüemlisalpgruppe

**25**

| ZS– | 🕐 16 Std. | ↑ 2175 m ↓ 2457 m |

**Tourencharakter:** Hochalpine, kombinierte Tour mit zum Teil großen Spalten, die eine komplette Gletscherausrüstung verlangt. Der Gipfelgrat (II) kann bei Vereisung rasch sehr unangenehm werden. Gute Kondition erforderlich. Für »Nur-Wanderer« ist ein Bergführer unbedingt erforderlich! Sicheres Wetter ist Voraussetzung für ein gutes Gelingen der Tour.
**Beste Jahreszeit:** Ende Juni bis September, im Spätsommer kann der Zugang zum Rothornsattel durch Blankeis erschwert sein.
**Ausgangs-/Endpunkt:** Kandersteg (1176 m), Parkplätze bei der Talstation der Seilbahn zum Oeschinensee (1195 m) bzw. Bergstation der Seilbahn Oeschinen (1682 m).
**Verkehrsanbindung:** Bahnverbindung von Bern und Spiez bzw. Brig im Wallis; mit dem Pkw von Spiez über Frutigen.

**Gehzeiten:** Gesamt 16 Std. Oeschinensee – Blüemlisalphütte 4 Std., Blüemlisalphütte – Rothornsattel 2.30 Std., Rothornsattel – Blüemlisalphorn 2.30 Std., Blüemlisalphorn – Rothornsattel 2 Std., Rothornsattel – Blüemlisalphütte 2 Std., Blüemlisalphütte – Oeschinensee 2 Std., Oeschinensee – Kandersteg 1 Std.
**Einkehr/Unterkunft:** Blüemlisalphütte (2834 m), Juli bis Sept. Tel. +041/33/676 14 37, www.blueemlisalphuette.com
**Markierung:** Bis zum Gletscher weiß-rote Markierung, zum Gipfel keine Markierung.
**Karte:** Swisstopo 1:25 000, 1247 Adelboden, 1248 Mürren
**Info:** Kandersteg Tourismus, CH-3718 Kandersteg, Tel. +041/33/675 80 80, www.kandersteg.ch

Wo sich heute die Firnmulden und Gletscher der Blüemlisalp befinden, waren früher grasige Weiden. Nach einer Sage verwandelten

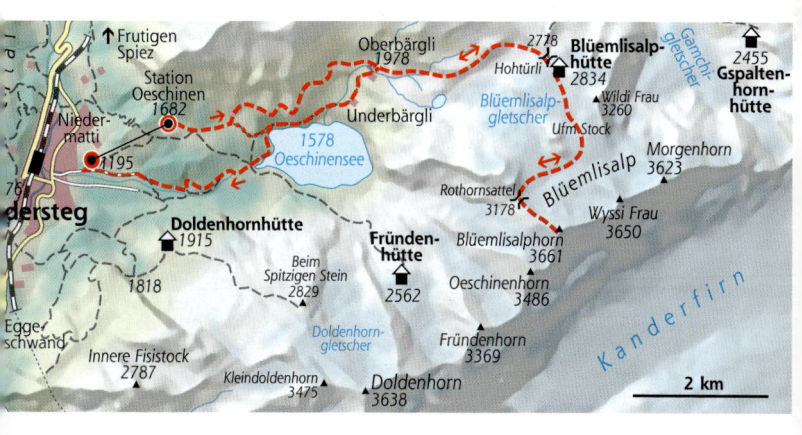

# 25 Frutigland, Kandertal, Kiental, Engstligental

Tiefblick vom Gipfelgrat zum Oeschinensee

sich diese Weiden durch einen Fluch in Firn- und Eismassen. Das Massiv der Blüemlisalp mit den Gipfeln Blümlisalphorn (3657 m), Wyssi Frau (3650 m) und Morgenhorn (3623 m) ist bei der Annäherung an die Berner Alpen von Norden bereits von Weitem sichtbar und prägt das Bild der Berner Alpen nachhaltig. Das Hauptproblem bei der Besteigung ist der richtige Zeitpunkt. Sind die Gletscher und der Zustieg zum Rothornsattel firnbedeckt, sodass der Rothornsattel relativ problemlos erreicht werden kann, so sind die Felsen oberhalb des Sattels häufig noch mit Schnee und Eis verziert. Ist der Zustieg zum Rothornsattel spät im Jahr aber ausgeapert, so stellt sich eine kleine Eisflanke von 100 Hm in den Weg, die komplett mit Eisschrauben abgesichert werden muss (Eisgerät angenehm), was deutlich mehr Zeit beansprucht.

**Zur Blüemlisalphütte** Von der **Bergstation** (1682 m) der Oeschinenseilbahn folgt man dem Weg leicht absteigend in Richtung Restaurant „Zur Sennhütte". Wenig später bei einer Weggabelung bieten sich zwei Alternativen an. Die linke Variante führt über einen

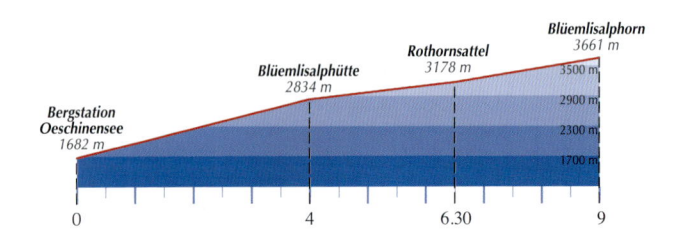

## Blüemlisalphorn 25

Abendstimmung an der Blüemlisalphütte

Höhenweg ohne großen Höhenverlust zur **Alp Oberbärgli** (1978 m). Der rechte Weg führt am Restaurant »Zur Sennhütte« vorbei zum Oeschinensee und über die **Alp Underbärgli** ebenfalls zur **Alp Oberbärgli.**
Der weitere Weg leitet zuerst auf einen Moränenrücken und dann auf einem breitem Band bis unterhalb des **Hohtürlis** (2778 m). Von hier sind es nur noch wenige Minuten über steile Geröllhänge bis zur bereits seit längerer Zeit sichtbaren **Blüemlisalphütte** (2834 m).

**Gipfelaufstieg**  Am nächsten Morgen wird nach wenigen Minuten der Gletscher betreten. Im Schein der Stirnlampen sucht man sich den Weg durch den Gletscherbruch in den **Sattel zwischen Wyssi Frau und Ufem Stock.** Sollte der Gletscher im Spätsommer zu stark ausgeapert sein, sodass die Spaltenzone unterhalb von 3100 m nicht mehr passierbar ist, kann der Gletscher auch über ein Geröllband unterhalb der Wildi Frau erreicht werden. Vom Sattel gelangt man leicht absteigend in die Gletschermulde unterhalb der Nordwand des Blüemlisalphorns. Über den Firn- oder Eishang gelangt man je nach

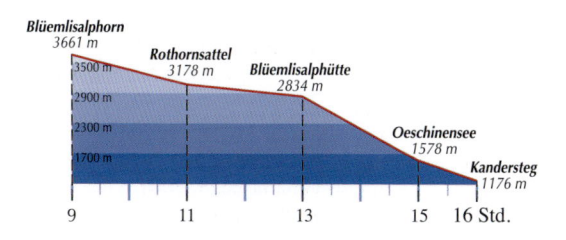

# 25 Frutigland, Kandertal, Kiental, Engstligental

*Schwer bepackt am Hüttenanstieg*

Verhältnissen mehr oder weniger einfach in den **Rothornsattel** (3178 m). Von hier sind bereits die ersten Sicherungsstangen im Fels des Nordwestgrates sichtbar. Diese werden über einen Firn- oder Schutthang erreicht. Zu Beginn hält man sich an den Felsen etwas rechts, um anschließend direkt zum Grat zu gelangen. Die Felsen sind ziemlich plattig und leicht abwärts geschichtet, sie werden dadurch bei Neuschnee oder Vereisung sehr schnell heikel. Nach dieser Plattenzone legt sich der Grat ein wenig zurück, über einen Rücken wird der Gipfelaufschwung erreicht. Dieser präsentiert sich inzwischen meistens nur noch im Frühjahr als Firngrat, später im Jahr treten vermehrt Felsen mit unangenehmer Geröllauflage hervor. Aber auch diese Passage lässt sich mithilfe der vorhandenen Bohrhaken gut absichern, sodass bald am Gipfel des **Blüemlisalphorns** (3661 m) das tolle Panorama in die Walliser Alpen genossen werden kann. Auch das Grindelwalder Dreigestirn Eiger, Mönch und Jungfrau sowie das Wetterhorn grüßen aus dem Osten herüber. In der Nähe ziehen natürlich die Gratschneiden die Blicke auf sich. Direkt nebenan der Grat zur Wyssi Frau und im Westen der Galletgrat zum Doldenhorn.

**Abstieg**  Der Abstieg folgt dem Anstiegsweg, die Felsen können auch im Abstieg das Sichern notwendig machen, ebenso bei Vereisung der Hang unter dem Rothornsattel.

# Elsighorn (2341 m)
## Über den Golitschepass

**26**

| T 2+ | 7.45 Std. | ↑ 1300 m ↓ 1561 m |

**Tourencharakter:** Abwechslungsreiche, aber anstrengende Überschreitung von Kandersteg nach Frutigen. Beim Aufstieg zur Golitschealp und zum Pass ist Trittsicherheit erforderlich. Ansonsten recht einfach.
**Beste Jahreszeit:** Juli bis Oktober.
**Ausgangspunkt:** Kandersteg (1176 m).
**Endpunkt:** Frutigen (780 m), Hauptort im Kander- bzw. Frutigtal.
**Verkehrsanbindung:** Bahnverbindung zwischen Frutigen und Kandersteg, ebenso Straße.
**Gehzeiten:** Gesamt 7.45 Std. Kandersteg – Höh 0.45 Std., Höh – Golitschealp 1.15 Std., Golitschealp – Golitschepass 1 Std., Golitschepass – Elsighorn 1 Std., Elsighorn – Elsigenalp 0.45 Std., Elsigenalp – Reinisch 2.30 Std., Reinisch – Frutigen 0.30 Std.
**Einkehr/Unterkunft:** Berghaus Elsigenalp (1797 m), Tel. +41/33/671 10 26, www.berghaus-elsigenalp.ch
**Markierung:** SAW-Wegweiser und weiß-rot-weiße Markierungen.
**Karte:** Swisstopo 1:50 000, 263 T Wildstrubel.
**Info:** Kandersteg Tourismus, CH-3718 Kandersteg, Tel. +41/33/675 80 80, www.kandersteg.ch; Frutigen Tourismus, CH-3714 Frutigen, Tel. +41/33/671 14 21, www.adelboden.ch; Elsigenalpbahn, Tel. +41/33/671 33 33, www.elsigenalp.ch

Die Täler von Kandersteg und Adelboden werden durch die grasig-schrofige Bergkette zwischen Bunderspitz und Elsighorn getrennt. Letzteres ist ein vorzüglicher Aussichtspunkt, der von der Elsigenalp viel besucht wird. Trotz Seilbahnerschließung bis zur Elsigenalp ist die Besteigung sehr lohnend. Zudem wird der hier beschriebene Aufstieg von Kandersteg über den Golitschepass vor allem in den Morgenstunden weniger begangen und wartet mit wunderschönen Bildern auf.

Aufstieg zum Golitschepass, Rückblick zum Balmhorn

# 26 Frutigland, Kandertal, Kiental, Engstligental

Wer mit dem Zug oder dem Auto zwischen Frutigen und Kandersteg unterwegs ist, der kann sich nicht vorstellen, dass durch diese steile Flanke ein Weg führt. Dabei ist der Weg recht breit und die Zäune für das Vieh sorgen zusätzlich für Entspannung bei den Tiefblicken. Wem die Überschreitung nach Frutigen zu lang ist, der kann von der Elsigenalp per Bahn und von dort per Bus via Achseten nach Frutigen »absteigen«.

**Aufstieg** Beim Bahnhof in Kandersteg zeigt der Wegweiser die Richtung zum Golitschepass an. Zunächst noch über Fahrwege, später durch die parkartige Landschaft der **Höh** biegt der Weg bei **P. 1337 m** in die steile Flanke ein. Zwei Tobel werden gequert, danach führt der gut angelegte Weg in vielen Kehren empor. Später quert der Weg in ein Hochtal hinein und steigt nach einer Bachquerung hinauf zur traumhaft gelegenen **Golitschealp** (1833 m). Direkt hinter den Hütten geht's weiterhin steil über Alpweiden in den **Golitschepass** (2180 m). Wer möchte, kann von hier in ein paar Minuten auf das **Golitschehöri** (2194 m) steigen und somit einen weiteren Gipfel »mitnehmen«, packende Tiefblicke ins Kandertal inklusive! Vom Pass durch die Nord-

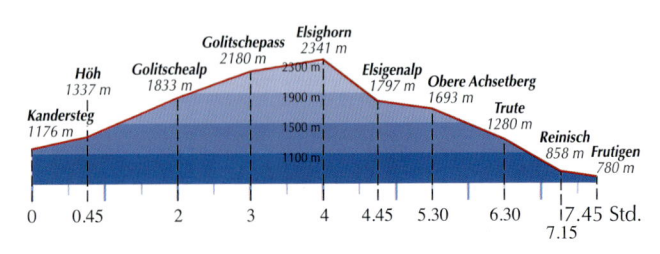

# Elsighorn 26

seite hinab und in leichtem Auf und Ab bis zu **P. 2045 m.** Hier wieder rechts haltend über Wiesen auf einer schwach erkennbaren Wegspur zur Bergstation eines Skilifts. Der restliche Aufstieg zum Gipfel ist nun gut einzusehen und führt nur wenig steil über Alpweiden auf das **Elsighorn** (2341 m). Die Aussicht ist formidabel, man überblickt die gesamte Bergwelt rund um Kandersteg und Adelboden. Im Norden zeigt sich ein kleines Stück Thunersee.

Frutigland vom Elsighorn

**Abstieg** Vom Gipfel wieder durch die Südflanke rechts haltend hinab zur **Elsigenalp** (1797 m). Dort beginnt der sogenannte **Panoramaweg**, der den gesamten Westhang des Elsighorns durchzieht. Dabei gibt's zu Beginn auch ein paar kleinere Gegensteigungen. Über die Alpen **Obere Achsetberg** (1693 m), Portweid und Trute geht's nach **Reinisch** (858 m) und von dort in kurzer Zeit nach **Frutigen** (780 m).

Elsighorn (l). vom Golitschehöri

Frutigland, Kandertal, Kiental, Engstligental

# 27 Gamchigletscher (2107 m)
Ein Hauch Himalaja im hintersten Kiental

| T3 | 5.15 Std. | ↑↓ 840 m |

**Tourencharakter:** Landschaftlich sehr abwechslungsreiche Runde im innersten Kiental. Etwas Ausdauer und ein sicherer Tritt sind unerlässlich. Grandios die Fels- und Eiskulisse mit Gspaltenhorn und Blüemlisalp, faszinierend die Querung des (schuttbedeckten) Gletschers.
**Beste Jahreszeit:** Mitte Juni bis Mitte Oktober.
**Ausgangs-/Endpunkt:** Wanderparkplatz bzw. Postbushalt auf der Griesalp (1408 m).
**Verkehrsanbindung:** Von Reichenbach im Kandertal führt eine Straße via Kiental zur Griesalp (Parkplatz), ab Kiental mautpflichtig und mit Maximalsteigungen von gut 20% (hinter dem verlandeten Tschingelsee). Kreuzen mit dem Postbus nicht gestattet – Fahrplan an der Straße beachten!
**Gehzeiten:** Gesamt 5.15 Std.
Griesalp – Gamchi 1.30 Std., Gamchi – Gamchigletscher 1 Std., Gamchigletscher – Bundalp 1.45 Std., Bundalp – Griesalp 1 Std.
**Einkehr/Unterkunft:** Mehrere Gasthäuser auf der Griesalp. Bundalp (1840 m), Juni bis September; Tel. +41/33/676 11 92, www.bundalp.ch
**Markierung:** Gelbe Wegzeiger, weiß-rot-weiße Markierungen.
**Karte:** Swisstopo 1:50 000, Blatt 264T Jungfrau.
**Info:** Tourismusbüro, CH-3723 Kiental; Tel. +41/33/676 10 10, www.kiental.ch

Am Fuß des Blüemlisalp-Massivs

Wer an einem frühen Morgen von der Griesalp hineinwandert ins Gamchi, rechts den tiefen Schluchtgrund, vor sich riesige Geröllmassen, ein paar graue Nebelschwaden an den Bergflanken und darüber, fast den Himmel berührend, weiß schimmernd im Sonnenlicht, das Blüemlisalp-Massiv, der kann sich mit etwas Fantasie leicht in ein noch größeres Gebirge versetzt fühlen: in den fernen Himalaja. Um hier zu landen, braucht's allerdings keinen Interkontinentalflug: Eine Fahrt mit dem Postbus

# Gamchigletscher 27

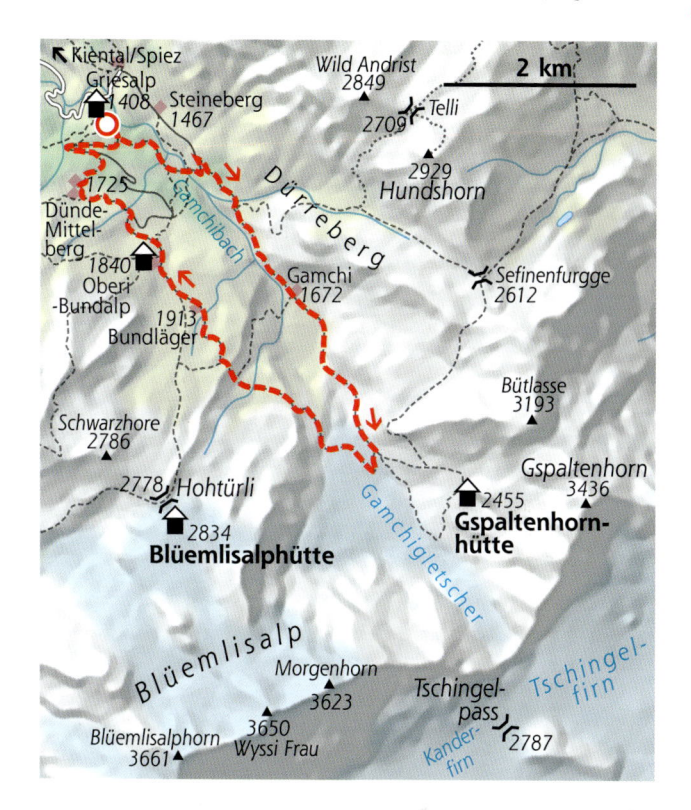

durch das Kiental hinauf zur Griesalp reicht. So kann man sich die schönsten Träume fast bis vor die Haustüre holen ...

Insider wissen natürlich um den besonderen Reiz, die eigenwillige Schönheit des Kientals, das im Schatten der großen Oberländer Destinationen ganz gut lebt, ohne Skizirkus, mondäne Hotels und viele Liftanlagen. Bedroht war die Idylle allerdings vor ein paar Jahrzehnten, als die Berner Kraftwerke hier ein riesiges Wasserkraftwerk planten, Gamchi im Wasser versunken wäre und auch der Tschingelsee. Da hätte auch die Straße ausgebaut werden müssen, die mit (ausgeschilderten) 29 Prozent Steigung die steilste der Schweizer Alpen ist und früher von speziell für diese Strecke gebauten, besonders kurzen

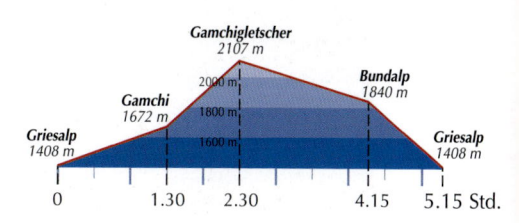

## 27 Frutigland, Kandertal, Kiental, Engstligental

Postbussen befahren wurde – auch heute noch für manchen Autolenker aus dem flachen Land eine echte Herausforderung.
Zu Fuß geht's von der Griesalp dann weniger steil weiter, die großen Berge rücken allmählich näher, der Horizont wird höher und schließlich kommt das Gletschereis ins Blickfeld. Winzig klein fühlt sich da der Mensch angesichts einer Natur, die ihn um ein Tausendfaches überragt, unglaubliche Felsmassen auftürmt und Gletscherströme ins Tal schickt. Letzteren kommt man auf dem Weg ganz nahe, auch wenn der erst kürzlich neu trassierte Weg nicht über blankes Eis läuft: Das liegt unter dem Geröll, zeigt sich erst im Zungenbereich, wo es ein schönes Gletschertor bildet (Herbst 2008).

**Ins Gamchi**  Die Tour in das hochalpine innerste Kiental beginnt auf der **Griesalp** (1408 m) im Grünen und führt, zunächst teilweise auf Sandstraßen, im Wald taleinwärts zu den Lerchböde, dann auf dem **Bundstäg** (1488 m) über den Gamchibach. Jenseits des Wassers stößt man erneut auf einen Fahrweg, dessen weit ausholende Schleife ein markierter Pfad abkürzt. Bei der **Alp Bürgli** (1617 m) wird aus der breiten Piste ein Saumpfad, der hoch über dem Bach weiter taleinwärts ins **Gamchi** (1672 m) leitet. Die Szenerie nimmt mehr und mehr hochalpine Züge an; schroffer Fels an der Bütlasse links und an der Wildi Frau rechts, im Talschluss glitzern weiß die Eiskatarakte des Gamchigletschers.

**Auf den Gamchigletscher**  Der Weiterweg führt ansteigend auf ein markantes Felsband in den Sockelfelsen an der linken Talflanke. Es leitet bequem (aber mit ein paar kühlen Duschen von oben) auf eine

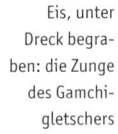

Eis, unter Dreck begraben: die Zunge des Gamchigletschers

# Gamchigletscher 27

Hangschulter, die sich bestens als Rast- und Schauplatz eignet. Wenig weiter gabelt sich der Weg, **P. 2107 m** links bzw. geradeaus zur Gspaltenhornhütte, rechts bergab auf den Geröllmantel des **Gamchigletschers**. Man quert ihn von Ost nach West, dabei noch etwas absteigend, umkurvt Schutthügel, die das Eis hierher verfrachtet hat, bestaunt ein Gletschertor, aus dem das Wasser fließt, quert schließlich über blanke, vom Eis glatt geschliffenen Felsen zu einer soliden Eisenbrücke, von der sich ein leicht gruseliger Blick in die Tiefe bietet: Der Gletscherbach hat hier einen dreißig Meter tiefen Schlund aus dem Kalkfels gewaschen. Bevor man diese alpine »Baustelle« verlässt, lohnt es sich, weglos noch hinüber zum Gletschertor zu spazieren. Da sieht man dann, dass die Geröllwanderung eigentlich übers Eis führte. Der Gamchigletscher stieß letztmals im Winter 1988/89 vor, seither ist er geschrumpft, insgesamt in den letzten zwanzig Jahren um rund 170 Meter.

Sie wohnen auf der Bundalp: Murmeltiere

**Murmeltierparadies**   Aus dem Gletschervorfeld steigt der bestens markierte Weg zu einem breiten Band unterhalb der Bettstatt an, das überleitet in die grüne Mulde des **Oberlochs**, wo ein direkter Zustieg (weniger lohnend) vom Gamchi mündet. Gut fünfzig steile Höhenmeter bringen den Wanderer hinauf zum Rand der weitläufigen **Bundalp**, wo links der Weg zum Hohtürli abzweigt. Hier empfängt einen Glockengebimmel; das Vieh genießt die Sommerfrische und das saftige Gras. Die Milch (und natürlich auch Käse) dazu gibt's dann im **Bundläger** (1913 m) und im **Berghaus Bundalp** (1840 m) – beide in schöner Lage über dem Kiental. Und mit etwas Glück kann man im Sommer auf den Wiesen Murmeltiere beim Herumtollen beobachten. Viel Wissenswertes zum Leben auf der Alp vermitteln die Schautafeln des »Alpwirtschafts- und Naturlehrpfads«, von denen ein Dutzend am Abstiegsweg stehen; Thema sind u. a. auch die Murmeltiere und ihr größter Feind, der Steinadler.

**Abstieg**   Nach Einkehr, Aus- und Rückblick geht's hinunter ins Tal, am schönsten mit dem kleinen Umweg zur **Dündealp** (1725 m). Die Querung wenig oberhalb der Baumwuchsgrenze bietet nochmals freie Sicht auf die Gipfel über der orografisch rechten Talseite, den Zahm und den Wild Andrist. Unterhalb der Alp tauchen Straße bzw. Weg in den Wald ein, und auf der **Griesalp** endet die schöne Wanderrunde.

# JUNGFRAU REGION, THUNERSEE

Dreh- und Angelpunkt des Berner Oberländer Tourismus ist Interlaken, der Name (inter lacus) ist dabei fast schon Programm, liegt der Flecken doch »zwischen den Seen«, dem Brienzer und dem Thuner. Dazu hat die Natur auch gleich noch den schönsten Blick aufs Hochgebirge mitgeliefert, jenen vom Höheweg – der unverbauten(!) Flaniermeile Interlakens – auf die Jungfrau. Der Viertausender steht ganz hinten über dem Tal der Schwarzen Lütschine; diese ist zusammen mit ihrer rauschenden Schwester, der Weissen Lütschine, mit ihrem Geschiebe dafür verantwortlich, dass Interlaken nicht ins Wasser gebaut werden musste.

Die vornehmen Herren aus Bern, macht- und selbstbewusst, erkannten sehr früh die Vorzüge des Platzes. Um den aufkommenden Fremdenverkehr anzukurbeln (und das Oberland politisch wieder stärker an die Stadt zu binden), organisierten sie auf dem Bödeli zwischen den beiden Seen ein echtes Spektakel: die Unspunnenspiele, den ersten Riesenevent der alpinen Tourismusgeschichte (1805). Vier Jahre später, bei der zweiten Auflage der Hirtenspiele, mussten die »Schweizerischen Nachrichten« feststellen, »dass selten mehr ein Logis ohne Vorbestellung zu haben ist«.

Daran hat sich bis heute nicht viel geändert, sogar die Unspunnenspiele gibt's mittlerweile wieder. Das Reisen allerdings ist viel komfortabler geworden, Bergbahnen befördern die Touristen bis hinauf in die Regionen des ewigen Schnees. Top of Europe, das Jungfraujoch, hätte ursprünglich nur Station auf der Gipfelfahrt zur Jungfrau sein sollen. Daraus ist nichts geworden; trotzdem sind die beiden Lütschinentäler die wohl am besten erschlossene Region des Berner Oberlands. Das freut auch die Bergsteiger, denen die perfekte Infrastruktur manch langen Zustieg abnimmt: per Bahn statt per pedes. Hier findet jeder sein Ziel, Rotsockler ebenso wie jene, die einen schweren Rucksack tragen und nach den Viertausendern schielen. Während sich die einen mit dem Panorama der Berner Hochalpen zufriedengeben, etwa am Höhenweg übers Faulhorn (nichts für richtig Faule!) oder am Eiger-Trail (wandern im Schatten der berühmtesten Nordwand der Alpen), zieht es die andern zu den ganz großen Gipfeln – und die stehen (fast) alle hier: Eiger, Mönch und Jungfrau, das Wetterhorn, das Schreckhorn.

Prägend für das Landschaftsbild sind vor allem die gewaltigen Höhenunterschiede: dreieinhalb Kilometer zwischen den großen Seen

## Jungfrau Region, Thunersee

und dem höchsten Gipfel. Während am Thunersee der Wein reift, Palmen das (windgeschützte) Nordufer säumen, herrschen in den Hochlagen um Eiger, Mönch und Jungfrau arktische Verhältnisse, ewiger Winter. Diese Spanne macht die Einzigartigkeit des Oberlandes aus, manifestiert sich rund um die Lütschinentäler am eindrucksvollsten. Kein Wunder, dass sich buchstäblich »alle Welt« auf der Kleinen Scheidegg drängt, doch wer dann hinaufsteigt zur Guggihütte, zu diesem Adlerhorst an der Nordwestflanke des Mönchs, wandert nicht nur in eine schaurig-wilde Bergszenerie, sondern auch hinein in die Stille.

Kontrast à la Oberland Bernese. War es früher in der Landeshauptstadt schick, französisch zu parlieren, tragen viele Hinweisschilder in Grindelwald japanische Schriftzeichen. In den 1960er-Jahren machten Alpinisten aus Fernost die Eiger-Nordwand im Land der aufgehenden Sonne populär, als sie mit immensem Materialaufwand eine Direttissima (die Route des »fallenden Tropfens«) eröffneten. Schon viel früher war Herr Juko Maki im Oberland unterwegs: Mit drei Schweizern überkletterte er als Erster den Mittellegigrat (1921). Hinterher spendierte der Japaner den Bergführern gleich noch eine kleine Hütte oben am Berg. Sie thront heute als winziges Museum oberhalb der Station Eigergletscher der Jungfraubahn.

Die großen Kulissenberge von Interlaken stehen im Süden, die schönste Schau auf diese hochalpine Glorie bieten aber die Höhen nördlich über den großen Seen: Niederhorn, Hohgant, Harder und Augstmatthorn. Es muss ja nicht immer ein Drei- oder Viertausender sein ...
*Eugen E. Hüsler*

Traumberge, Traumblick: Mönch und Jungfrau vom Bödeli

Jungfrau Region, Thunersee

# 28 Sigriswiler Rothorn (2051 m)
## Schroffe Kalkfelsen über grünen Matten

| T 3 | 6 Std. | ↑↓ 1000 m |
|---|---|---|

**Tourencharakter:** Aussichtsreiche Gipfeltour mit ein paar kurzen felsigen Passagen, deshalb ist ein sicherer Tritt unerlässlich. Vorsicht: Nach Regenfällen werden einige Wegabschnitte gefährlich rutschig, bei Schneelage sind manche Klüfte auf den Karrenfelsen nur schwer zu sehen! Großes Panorama vom Sigriswiler Rothorn. Im Herbst röhren die Hirsche im Justistals.
**Beste Jahreszeit:** Mitte Juni bis Mitte Oktober.
**Ausgangs-/Endpunkt:** Parkplatz bzw. Bushalt Schwanden-Sagi (1076 m).
**Verkehrsanbindung:** Von Thun bzw. Interlaken gelangt man über Oberhofen oder Sigriswil nach Schwanden und zum Ausgangspunkt Sagi. Buslinien.
**Gehzeiten:** Gesamt 6 Std. Sagi – Wilerallmi 1 Std., Wilerallmi – Unterbergli 1.15 Std., Unterbergli – Rothorn 1.15 Std., Rothorn – Berglikehle 1 Std., Berglikehle – Sagi 1.30 Std.
**Einkehr/Unterkunft:** Keine Einkehr unterwegs; Gasthäuser in Schwanden.
**Markierung:** Gelbe Wegzeiger, weiß-rot-weiße Markierungen.
**Karten:** Swisstopo 1:50 000, 254 T Interlaken.
**Info:** Thunersee Tourismus, Info-Center Gunten, Seestraße, CH-3654 Gunten; Tel. +41/33/251 04 00, www.thunersee.ch

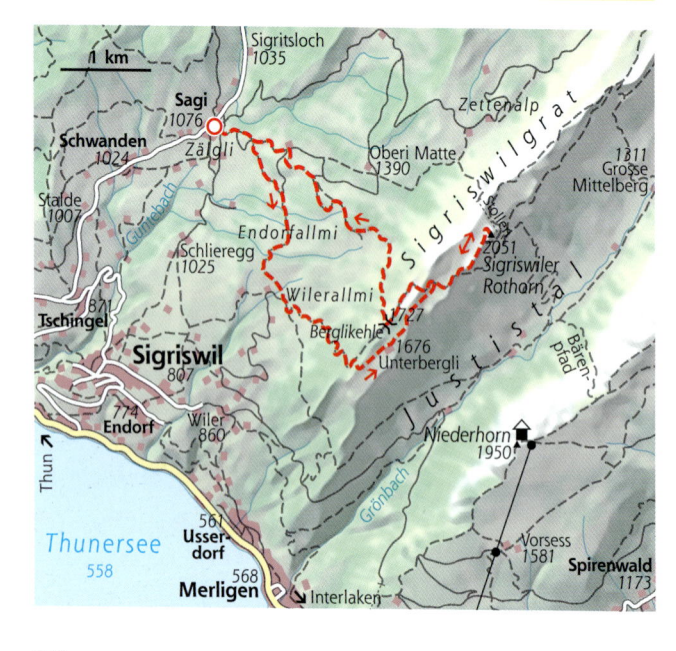

## Sigriswiler Rothorn 28

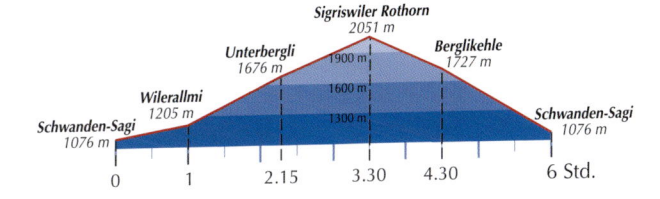

```
                    Sigriswiler Rothorn
                         2051 m
              Unterbergli    1900 m   Berglikehle
                1676 m                  1727 m
                         1600 m
      Wilerallmi
        1205 m           1300 m
Schwanden-Sagi                                    Schwanden-Sagi
   1076 m                                            1076 m

   0         1      2.15     3.30    4.30         6 Std.
```

Der Sigriswilgrat mit dem Rothorn ( 2051 m) als höchste Erhebung dominiert neben dem von einem mächtigen Antennenturm gekrönten Niederhorn (1950 m) das nördliche, rechte Ufer des Thunersees. Schaut man von Süden übers Wasser, präsentiert sich der lang gestreckte Kamm als mehrgipfliges Massiv, dem bizarre Zacken entragen. Das macht neugierig – und zu Recht: Denn zwischen den Felsen verstecken sich idyllische Almen, malerisch verwunschene Tälchen und ausgedehnte Karrenfelder. Viel Aussicht gibt es bereits unterwegs, beim Anstieg tauchen über dem felsig-breiten Güggisgrat Eiger, Mönch und Jungfrau als majestätisches Dreigestirn auf, links flankiert vom Schreckhorn. Im Frühsommer blüht es auf den Wiesen und zwischen den Steinen artenreich, auf Hangterrassen und Felsbändern sind Gämsen trittsicher unterwegs und drüben in den Abstürzen der Niederhornflue nistet der Adler. Mit etwas Glück (und ei-

Berner Alpen über dem Thunersee, rechts der Niesen

## Jungfrau Region, Thunersee

nem Fernglas) lässt sich der König der Lüfte dabei beobachten, wie er – geschickt die Thermik nutzend – über dem Justistal seine Kreise zieht.

**Zum Unterbergli**  Die Gipfeltour startet auf Asphalt, führt vom **Parkplatz Sagi** (1076 m) in ein paar Schleifen bergan. An der Gabelung, **P. 1219 m,** folgt man dem geradeaus führenden Strässchen, das zunächst noch etwas ansteigt, dann den Bauernhof jenseits des Gärsterengrabens ansteuert. Auf den Wiesen weidet im Sommer das Vieh, wenn im Winter ausreichend Schnee liegt, surren ein paar Lifte, wird vor dem schönen Thunersee-Panorama eifrig gewedelt. Auf einer Sandpiste spaziert man flach hinüber nach **Wilerallmi** (1205 m), wo der eigentliche Anstieg beginnt. Die Markierungen leiten über Wiesen hinauf gegen den Howald, dann im Zickzack weiter bergan gegen einen Felsriegel. Eine Steilrinne ermöglicht den Aufstieg zur Weggabelung am unteren Ende des **Chälegrabens.** Hier folgt man der rechten Spur, die zwischen Felsen zu einem winzigen Sattel im Rücken der Spitzi Flue ansteigt. Dahinter öffnet sich unvermittelt ein bezaubernder Blick über den weiten

Kurz und harmlos: die Felsstufe am Gipfel des Rothorns

# Sigriswiler Rothorn 28

Almboden von **Unterbergli** (1676 m) zum Niederhorn und weiter zu den Gipfeln der Berner Hochalpen. Mehr zu erahnen als wirklich zu sehen ist das tief zwischen Sigriswil und Güggisgrat liegende Justistal.

**Aufs Rothorn** Der Weiterweg führt, zuerst an einem Wiesenhang ansteigend, nach **Oberbergli** (1818 m). Hinter der Alphütte erstreckt sich ein weitläufiges Karrengelände mit Dolinen und tückischen Klüften. Die Pfadspur verläuft über die vom Wasser zernagten Felsen bergan zur Weggabelung unter dem Rothorngipfel, **P. 1891 m** (Tafeln). Links leiten die Farbtupfer übers Geröll zum Ansatzpunkt des Nordwestgrates. Eine unschwierige Felsstufe ist hier zu meistern, ein blockiger Rücken führt zum höchsten Punkt.

Das Sigriswiler Rothorn mit seiner schroffen Ostwand

**Zurück ins Tal** Der Abstieg führt zurück nach Oberbergli. Dahinter biegt man auf einen rechts abgehenden Weg ein, der über eine kleine, zwischen Felsen eingelagerte Scharte in ein verstecktes Tälchen wechselt. Inmitten einer malerischen Kulisse geht's abwärts zur **Berglikehle** (1727 m), einer schmalen Gratlücke. Dahinter zieht der Steig an dem abschüssigen, teilweise bewaldeten Hang bergab (Achtung: an unmarkierter Verzweigung nach etwa 10 Min. geradeaus gehen!) und hinaus in das weitläufige Almgelände von **Bodmi** (1422 m). Nun größtenteils abseits der geteerten Straße mit Aussicht zum Thunersee weiter abwärts und zurück nach **Schwanden-Sagi**.

**Gratwandern** Trittsichere und ausdauernde Bergwanderer können den gesamten Sigriswilgrat bis zum Burst (1968 m) auf markierten Wegen überschreiten. Aufstieg bis zum Rothorn wie beschrieben, dann zurück zur Verzweigung unterhalb des Gipfels. Über Felsbänder zum Vorderen Schafläger, dann links um das Mittaghorn (2014 m) herum zum Hinteren Schafläger und auf den Burst. Abstieg westlich zum Obere Hörnli (1489 m) und teilweise auf Alpstraßen zurück nach Schwanden-Sagi.

Jungfrau Region, Thunersee

# 29 Gemmenalphorn (2061 m)
## Über den Güggisgrat

| T 2 | 5.30 Std. | ↑ 1136 m ↓ 1079 m |

**Tourencharakter:** Abwechslungsreiche und einfache Gipfelüberschreitung zwischen Gemmenalphorn und Niederhorn auf bestens markierten Wanderwegen. Im Juni noch Schneefelder in der Nordflanke des Gemmenalphorns.
**Beste Jahreszeit:** Juni bis Oktober.
**Ausgangspunkt:** Habkern (1068 m), Bushaltestelle Habkern Post.
**Endpunkt:** Talstation der Niederhornbahn (1121 m), Bushaltestelle.
**Verkehrsanbindung:** PTT-Busse von Interlaken nach Habkern und Beatenberg, jeweils gut ausgebaute Straßen von Interlaken.
**Gehzeiten:** Gesamt 5.30 Std. Habkern – Bäreney 2 Std., Bäreney – Gemmenalphorn 1 Std., Gemmenalphorn – Niederhorn 1 Std., Niederhorn – Talstation 1.30 Std.
**Einkehr/Unterkunft:** Berghotel Niederhorn, Tel. +41/33/841 11 10, www.niederhorn.ch
**Markierung:** SAW-Wegweiser und weiß-rot-weiße Markierung.
**Karte:** Swisstopo 1:50 000, 254 T Interlaken.
**Infos:** Habkern Tourismus, CH-3804 Habkern, Tel. +41/33/843 13 01, www.habkern.ch; Beatenberg Tourismus, CH-3803 Beatenberg, Tel. +41/33/841 18 18, www.beatenberg.ch

Man darf ohne Übertreibung behaupten: Zu den schönsten Panoramawanderungen in der Schweiz zählt sicher der Güggisgrat. Prominentester Gipfel im Kamm ist das Niederhorn, das von Beatenberg mit einer Seilbahn erschlossen ist. Von hier genießt man eine traumhafte Rundsicht über die Berner Hochalpen, Thunersee-Blick inklusive. Es versteht sich von selbst, dass man hier oben keine Einsamkeit erwarten darf. Am Burgfeldstand und am Gemmenalphorn ist es dann schon ruhiger, obwohl man auch hier kaum allein unterwegs sein wird. Der Güggisgrat bietet eine besondere Attraktion: Steinböcke. Diese halten sich oft in den Flanken, teilweise sogar in Gratnähe auf. Nur selten wird man es in den Alpen erleben, dass man diesen Tieren so nahe kommt, im Bereich unseres Führers noch am Augstmatthorn. Die Tour wird spätestens ab Interlaken am besten mit öffentlichen Verkehrsmitteln durchgeführt. In dieser Region ist übrigens ein Naturpark in

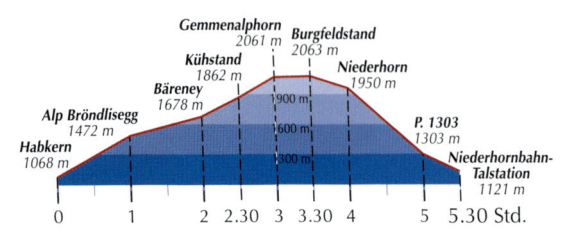

# Gemmenalphorn 29

Planung: 2011 soll der Startschuss für den Naturpark Thunersee-Hohgant fallen. Mehr dazu unter www.naturpark-thuner-see-hohgant.ch

**Zum Gemmenalphorn** Von der Post in **Habkern** (1068 m) folgt man den Wegweisern in Richtung Gemmenalphorn, zunächst aufwärts durchs Dorf, später durch Wiesen an einzelnen Höfen vorbei. Man erreicht die **Alp Bröndlisegg** (1472 m), zu der auch ein Skilift führt. Ab hier folgt der Weg zunächst dem Gratausläufer des Guggihürli und quert anschließend fast horizontal zur **Alp Bäreney** (1678 m). Kurz rechts und dann gleich wieder links geht's über freies, zum Teil karrendurchsetztes Gelände bis zum Sattel von **Kühstand** (1862 m). Der Weg führt nun bis an den Fuß des Gemmenalphorns, quert dann nach rechts durch dessen Nordflanke bis auf eine Schulter hoch über dem Justistal. In Kehren geht's das letzte Stück bis zum Gipfel des **Gemmenalphorns**

Unterm Gemmenalphorn – Blick ins Justistal

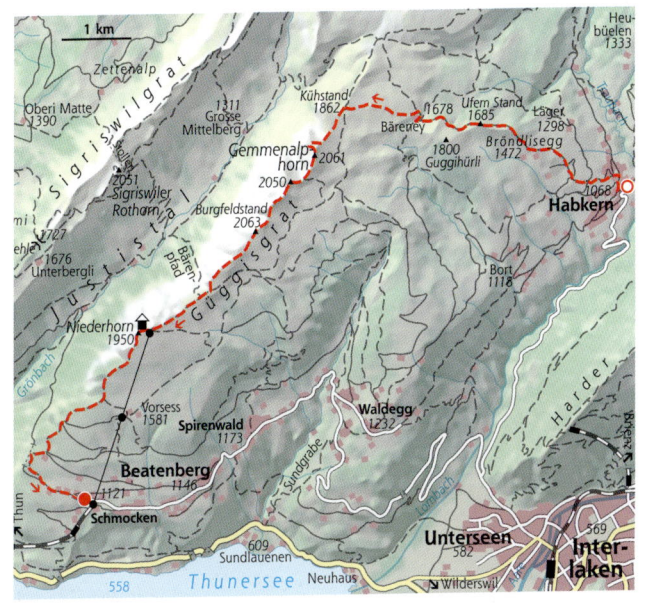

## 29 Jungfrau Region, Thunersee

(2061 m). Die Rundsicht vereinigt auf die schönste Art das Panorama der Berner Hochalpen im Süden mit den voralpinen Regionen im Norden.

**Übergang zum Niederhorn**   Hier beginnt nun der Panoramaweg, direkt auf die Hochalpen zu. Die Gegensteigungen sind moderat und man hält sich meist direkt auf der Grathöhe. Der **Schweifi-Schafberg** (Flurname in der LKS) wird links umgangen und mit kleinerem Auf und Ab erreicht man den breiten Gipfel des **Burgfeldstands** (2063 m). Der höchste Punkt im Güggisgrat ist mit einer großzügigen Liegewiese auf der Südseite ausgestattet. Hier lässt es sich wunderbar rasten, Nickerchen inklusive. Der Weiterweg zum Niederhorn ist ein gemütlicher Spaziergang mit einem sensationellen Panorama. Die Berner Oberländer sind echt zu beneiden, denn das wäre genau das Richtige für einen genussreichen Sonntagsspaziergang! Am **Niederhorn** (1950 m) gibt's nochmals packende Tiefblicke ins Justistal, dazu den nun kompletten Thunersee.

**Abstieg**   Abgesehen von einer Bahnfahrt ist der Abstieg am Südkamm am schnellsten und auch am schönsten. Vor allem im obersten Teil liefert dieser Weg nochmals traumhafte Ansichten des Thunersees. Der erste Abschnitt ist zwar recht steil, aber genauso wie der gesamte Abstieg problemlos. Allerdings sollte man im Wald gut auf die sporadischen Markierungen achten. Im unteren Teil quert man den Fahrweg, der nach Vorsass (Mittelstation der Seilbahn) führt, bzw. folgt ihm ein kurzes Stück abwärts, also nach rechts. Bei **P. 1303 m** wird der Fahrweg erneut kurz berührt, man bleibt jedoch rechts auf dem Wanderweg und gelangt so auf die Straße von Beatenberg ins Justistal. Diese führt schließlich zur **Talstation** der Seilbahn (1121 m), wo der Bus nach Interlaken wartet.

Eisriesen über der Gemmenalp

# Hohgant (2163 m)
Zauberreich über dem Emmental

| T3+ | 🕐 7.30 Std. | ⛰ ↕ 1100 m |

**Tourencharakter:** Lange und anstrengende Tour, die eine solide Kondition erfordert. Sie kann auch wie unten skizziert ohne großen »Erlebnisverlust« gekürzt werden. Am Südkamm und vor allem in der ausgesetzten Querung unter dem Aff ist Trittsicherheit erforderlich. Gleiches gilt für den Übergang zum Furggengütsch. In der Kehle hält sich zudem bis in den Juni hinein ein Schneefeld. Bei der Überschreitung nach Westen ist ein guter Orientierungssinn erforderlich, da dort die Wege nicht immer markiert sind.
**Beste Jahreszeit:** Juni bis Oktober.
**Ausgangs-/Endpunkt:** Habkern (1068 m), Bushaltestelle und Parkplätze.
**Verkehrsanbindung:** PTT-Bus von Interlaken nach Habkern, gut ausgebaute Straße von Interlaken.
**Gehzeiten:** Gesamt 7.30 Std. Habkern – Stand 2.30 Std., Stand – Hohgant 1.30 Std., Hohgant – Innerbärgli 1 Std., Innerbärgli – Traubach 1.30 Std., Traubach – Habkern 1 Std.
**Einkehr/Unterkunft:** Alp Heubühlen, Tel. +41/79/208 96 31, www.habkern.ch/verkehr/heub.html
**Markierung:** BAW-Wegweiser und weiß-rot-weiße Markierung. Abstieg von der Steinigen Matte bis zur Alp Innerbärgli nur teilweise markiert.
**Karte:** Swisstopo 1:50 000, 254 T Interlaken; 1:25 000, 1208 Beatenberg.
**Infos:** Habkern Tourismus, CH-3804 Habkern, Tel. +41/33/843 13 01, www.habkern.ch

Der Hohgant ist nicht einfach nur ein Berg – er ist fast schon ein kleines Gebirge. Isoliert von den anderen Voralpenbergen beherrscht er wie kein Zweiter die grünen Hügel des Emmentals. Von den unzähligen Voralpengipfeln ist er vielleicht der spannendste und sagenumwobenste. Im SAC-Führer »Alpinwandern zwischen Saane und

Zauberberg – Der Hohgant von Süden

# 30 Jungfrau Region, Thunersee

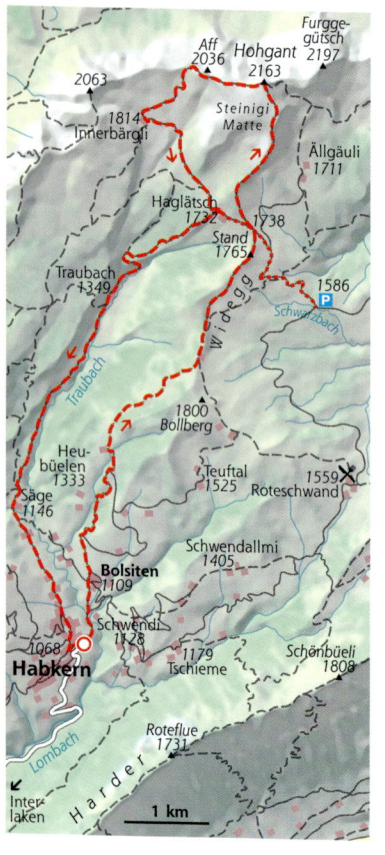

Reuss« ist ihm ein sehr lesenswertes Kapitel gewidmet. Abwechslungsreich und vielseitig ist auch das Angebot an Wanderwegen. Hier wird eine vor allem konditionell anspruchsvolle Überschreitung der Steinigen Matte, der zweithöchsten Erhebung des Hohgant, vorgeschlagen. Wer es gemütlicher haben möchte, der fährt mit dem Pkw von Habkern via Lombachalp bis zum letzten Parkplatz bei Schwarzbach (siehe Variante). Den höchsten Punkt des Hohgant, den Furggengütsch (2197m), erreicht man von der Steinigen Matte mit einem Gegenanstieg in ca. 30 Min. Vorsicht bei Schneefeldern!

**Aufstieg** Von der Post in **Habkern** (1068 m) talein dem Wegweiser in Richtung Hohgant folgen. Kurz nach der großen Brücke zweigt der Wanderweg links ab und führt westlich an Bolsiten vorbei. Weiter oben geht's kurzzeitig die Straße entlang und später oberhalb eines Tobels bis zu einer Abzweigung bei **P. 1294 m**. Laut Wanderkarte führt der Anstieg von hier nach rechts. Die neue Markierung zeigt jedoch nach links und man gelangt so zur traumhaft gelegenen **Alp Heubühlen** (1333 m). Hier lässt es sich wunderbar rasten und einkehren, obendrein kann man noch Alpkäse kaufen. Nun zunächst wieder auf einem Fahrweg, an den Hütten der **Bolsitenallmi** (1468 m) vorbei zur **Widegg** (1706 m) und über den gleichnamigen Kamm zum Sattel von **Stand** (1738 m). Hier beginnt der eigentliche Anstieg zum Hohgant, der zunächst noch auf dem freien

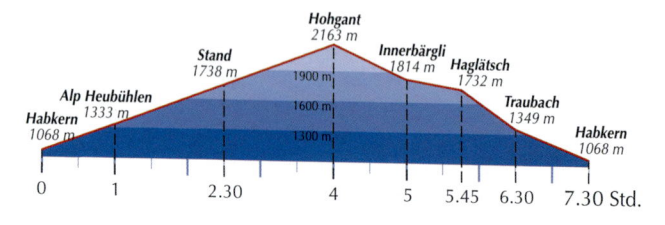

130

# Hohgant 30

Rücken bleibt, weiter oben dann durch lichten Wald und Buschwerk führt, welches zum Teil mit Karren durchsetzt ist. Der Weg holt nach rechts aus, um teilweise recht steil die große Blockhalde unterhalb der Steinigen Matte zu erreichen. Zunächst mitten durch die Blockhalde, dann rechts ausholend wird der steilste Felsaufschwung umgangen. Noch eine weitere Blockmulde ist zu durchqueren, dann geht's über die flachen Wiesen dem großen Gipfelsteinmann auf der **Steinigen Matte** (2163 m) entgegen. Von dort geht der Blick im Norden über die grünen Anhöhen des Emmentals und über das Mittelland zum Jura. Im Süden stehen die Berner Hochalpen wie ein künstliches Panorama aufgereiht. Darunter ist sogar ein kleines Stück Thunersee zu erkennen. Besonders schön zeigt sich der Grat zum Furggengütsch mit den Türmen der »Drei Bären«.

Gipfelbuchbehälter – Auf der Steinigen Matte

**Abstieg**  Vom Gipfel den Markierungen in westlicher Richtung folgend zunächst durch Blockfelder, später über Wiesenmatten hinab bis in den Sattel vor dem **Aff**. Die folgende Querung ist recht ausgesetzt. Vorsicht, das Weglein ist schmal und zum Teil nach außen geneigt! Es führt in den nächsten Sattel, **P. 1959 m**. Hier lässt sich im Gras eine schwache Wegspur erkennen, die links hinableitet. Weiter unten zwischen den Karren finden sich dann auch wieder vereinzelte Markierungen, die zur **Alp Innerbärgli** (1814 m) führen. Kurz unterhalb der Alphütte nach links auf einen Boden hinab. Ab hier ist der Weg wieder deutlicher ausgeprägt. Durch den Wald, teilweise mit Gegensteigungen, gelangt man nach **Haglätsch** (1732 m). Hier wendet man sich rechts (es sei denn, man muss zum Auto beim Parkplatz Schwarzbach, dann kurz weiter geradeaus bis zum Sattel von Stand). Nun geht es rasch und teilweise steil hinab bis nach **Traubach** (1349 m). Ab hier gibt es keinerlei Orientierungsprobleme mehr, denn der Weiterweg führt auf der Straße direkt nach **Habkern**.

**Variante**  Vom Autoparkplatz Schwarzbach (ca. 1590 m) zunächst der Straße folgen. Bei P. 1693 m (rechts großes Haus) links ab und zum Sattel von Stand (1738 m). Von hier weiter wie oben beschrieben. Gesamtgehzeit ca. 4.30 Std., ↑↓ 573, T3+.

Jungfrau Region, Thunersee

# 31 Morgenberghorn (2249 m)

## Beerenparadies und Seeblick

| T 3 | 5.45 Std. | ↑↓ 1170 m |

**Tourencharakter:** Gipfelüberschreitung auf teilweise steilen Wegen. Im Gipfelbereich abschüssige Gehänge; bei Nässe deshalb nicht ratsam. Trittsicherheit und etwas Ausdauer erforderlich. Eine Felsrinne oberhalb der Brunnialp ist gesichert, ebenso eine längere Passage am Südgrat.
**Beste Jahreszeit:** Juni bis Oktober.
**Ausgangs-/Endpunkt:** Parkplatz beim Restaurant Pochtenfall (1080m).
**Verkehrsanbindung:** Aeschi (862 m) erreicht man von Spiez, Krattigen oder Mülenen. Von der Ortsmitte führt eine Straße ins waldreiche Suldtal, knapp 8 km bis zum Restaurant Pochtenfall.

**Gehzeiten:** Gesamt 5.45 Std. Suldtal – Brunni 1.45 Std., Brunni – Morgenberghorn 1.30 Std., Morgenberghorn – Renggli 0.45 Std., Renggli – Suldtal 1.45 Std.
**Einkehr/Unterkunft:** Restaurant Pochtenfall, Mai bis Oktober. Im Sommer Einkehrmöglichkeit auf den Alpen Brunni, Renggli und Mittelberg.
**Markierung:** Weiß-rot-weiß, gelbe Wegweiser.
**Karten:** Swisstopo 1:50 000, 254 T Interlaken.
**Info:** Aeschi Tourismus, Dorfstraße 9, CH-3703 Aeschi; Tel. +41/33/654 14 24, www.aeschi-tourismus.ch

Schlüsselstelle im Aufstieg: die Felsrinne oberhalb der Alp Brunni

Wer in Aeschi zu Hause ist, sieht bei schönem Wetter die Sonne über dem Morgenberghorn aufsteigen. Das animiert natürlich, dem Gipfel einen Besuch abzustatten, und das tun auch recht viele. Der Herbst, denkt man da unwillkürlich, wäre die richtige Jahreszeit dafür, wenn der Himmel weit ist und die Aussicht bis zu den fernen Jurahöhen geht. Falsch! Das Morgenberghorn sollte man im Sommer besteigen, auch wenn's ein paar Schweißtropfen mehr kostet. Aus drei Gründen: Das Suldtal ist ein echtes Beerenparadies, die roten und blauen Geschmackswunder wachsen einem fast in den Mund; im Herbst sind die Almen verlassen, also gibt es unterwegs weder ein Rivella (Schweizer Nationalgetränk) noch einen feinen Käse, und drittens verdirbt der Nebel den Gipfelstürmern oft den herrlichen Tiefblick auf die beiden großen Berner Oberländer Seen.

**Zur Alp Brunni** Die Tour beginnt gleich links neben der Suld (Wegweiser), führt über eine Wiese in den **Hindere Leimerewald**, wo der Weg recht steil ansteigt. Nach vielen Zwischenstopps (Bee-

# Morgenberghorn 31

ren) und wenigen Ausblicken auf Wätterlatte und Dreispitz gewinnt man die Grathöhe. Nun knapp rechts des Kamms hinauf zur **Brunni-Alphütte** (1644 m).

**Zum Gipfel** Die deutliche Wegspur leitet über einen Wiesenhang steil hinauf gegen einen Felsriegel, der recht abweisend ausschaut, sich aber leicht überwinden lässt. Mit Kettensicherung steigt man durch die gestufte Rinne auf eine Wiesenflanke. Diese wird mit zunehmender Höhe immer schmaler, schließlich ein richtiger Grat, welcher direkt am Gipfel des **Morgenberghorns** (2249 m) ausläuft.

**Abstieg** Er folgt dem markanten Südgrat, hält sich allerdings fast ständig etwas rechts der recht schartigen Schneide. Wenig unterhalb des Gipfels quert die deutliche Spur absteigend einen abschüssigen Hang; hier sind Sicherungsseile angebracht. Schließlich knickt der Kamm nach Südosten um; am **Renggli** (1879 m) läuft er aus. Über Wiesen steigt man kurz ab zur gleichnamigen **Alp** (1825 m), dann durch einen steilen Graben hinunter ins Suldtal. Unweit der **Alp Mittelberg** (1585 m) mündet der Weg in die Talstraße. Man folgt ihr, eine Schleife abkürzend, bis zur Brücke hinter den Hütten von **Schlieri** (1420 m). Hier auf teilweise etwas ausgesetztem Pfad geradeaus bis zu einer Verzweigung. Wahlweise links oder rechts des sehenswerten Pochtenfalls (Aussichtspunkte) hinunter zum Ausgangspunkt der Runde.

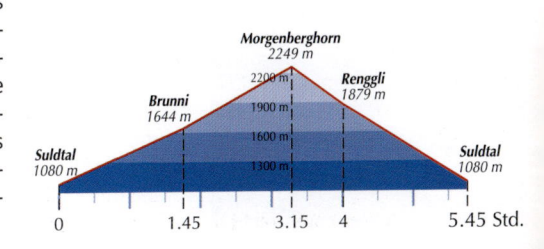

133

Jungfrau Region, Thunersee

# 32 Wildgärst (2891 m)

Im Schatten des Schwarzhorns

| T 3 | 5.15 Std. | ↑ 1124 m ↓ 855 m |

**Tourencharakter:** Landschaftlich großartige Überschreitung, die vor allem wegen mehrerer Gegensteigungen beim Rückweg eine gute Kondition erfordert. Deutlich weniger überlaufen als die berühmten Nachbargipfel Schwarzhorn und Faulhorn. Das kleine Blau Gletscherli ist harmlos und wird vom Wanderweg nördlich umgangen. Vorsicht, falls am Weg unter der Grossenegg noch Schneefelder liegen!
**Beste Jahreszeit:** Juli bis September, evtl. noch im Oktober.
**Ausgangspunkt:** Grosse Scheidegg (1962 m), Bus von Grindelwald.
**Endpunkt:** Bergstation First (2166 m), Seilbahn nach Grindelwald.
**Verkehrsanbindung:** Zugverbindung von Interlaken nach Grindelwald; erreichbar auch per Pkw.

**Gehzeiten:** Gesamt 5.15 Std. Grosse Scheidegg – Wart 2.15 Std., Wart – Wildgärst 0.30 Std., Wildgärst – Tierwang 1.45 Std., Tierwang – First 0.45 Std.
**Einkehr/Unterkunft:** Unterwegs keine Möglichkeit. Berghotel Grosse Scheidegg, Tel +041/33/853 67 16, www.grossescheidegg.ch; Bergstation First, Tel +041/33/853 12 84.
**Markierung:** SAW-Wegweiser und weiß-rot-weiße Markierung.
**Karte:** Swisstopo 1:25 000, 2520 T Jungfrau Region; 1:50 000, 254 T Interlaken.
**Infos:** Grindelwald Tourismus, CH-3818 Grindelwald, Tel. +41/33/854 12 12, www.grindelwald.ch; Firstbahn, Tel. +41/33/828 77 11, www.jungfraubahn.ch

Nur wer vom Brünigpass kommt, der nimmt den Wildgärst als mächtiges Bergmassiv wahr. Von allen anderen Seiten zeigt er sich »lediglich« als kleinerer Bruder des Schwarzhorns. Wer nur auf den Wegen rund um den First unterwegs ist, der bekommt den Berg erst gar nicht zu Gesicht. Dabei ist der Wildgärst ein sehr lohnender Gipfel, dessen Aussicht der vom Schwarzhorn eher überlegen ist. Der Blick vom Gipfel über den Brünigpass hinweg auf die Seen von Lungern und Sarnen zählt zu den schönsten Momenten dieser Tour. Auf der riesigen Gipfelhochfläche kann man es sich so richtig bequem machen, selbst bei vielen Wanderern gibt es hier kein Gedränge, man findet immer ein ruhiges Plätzchen.

*Blick vom Gipfel über den Brünigpass*

**Aufstieg** Von der **Grossen Scheidegg** (1962 m) zunächst sehr gemütlich auf einem Fahrweg zur **Alp Gratschärem** (2006 m). Hier rechts haltend leicht hinab und an der Scheidegg Oberläger vorbei, bis bei **P. 1941 m** der Wanderweg links abzweigt. Dieser führt durch das Tal des Geissbachs steil empor und

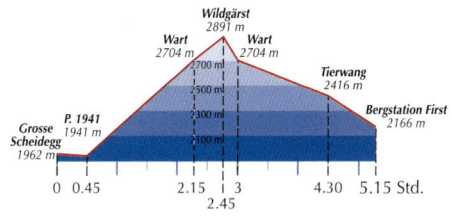

# Wildgärst 32

wendet sich unter dem Schrybershörnli nach links. Über Schutthalden und rechts am **Blau Gletscherli** vorbei (oder evtl. auch direkt über das kleine Firnfeld) erreicht man die Einsattelung der **Wart** (2704 m). Die Markierungen führen nun nach rechts in Kehren durch den nur mäßig steilen Schutt- und Blockhang auf das breite Gipfeldach des **Wildgärst** (2891 m). Hier oben könnte auch ein Fußballspiel stattfinden – besser genießt man jedoch die wunderbare Rundsicht. Mächtig ragen im Süden Giganten zwischen Wetterhorn und Jungfrau auf, im Osten reicht die Fernsicht bis zum Tödi, im Norden grüßen unzählige Voralpengipfel. Besonders schön ist der Tiefblick auf den Brienzersee.

**Abstieg** Zunächst wieder hinab bis in die Wart. Dort nach rechts über Schutt und Platten am **Häxeseewli** vorbei ins **Hindertellti** und mit einer Gegensteigung auf schmalem Schuttweg zur Schulter unter der **Grossenegg**. Ein kurzer Abstieg führt zum **Hagelseewli** (2339 m) und mit einer weiteren Gegensteigung zum Sattel auf **Tierwang** (2416 m). Oberhalb des Bachsees quert der Weg hinab zum populären Weg, der vom Faulhorn kommt. Gemeinsam geht's zur **Bergstation First** (2166 m) und mit der Bahn hinab nach Grindelwald.

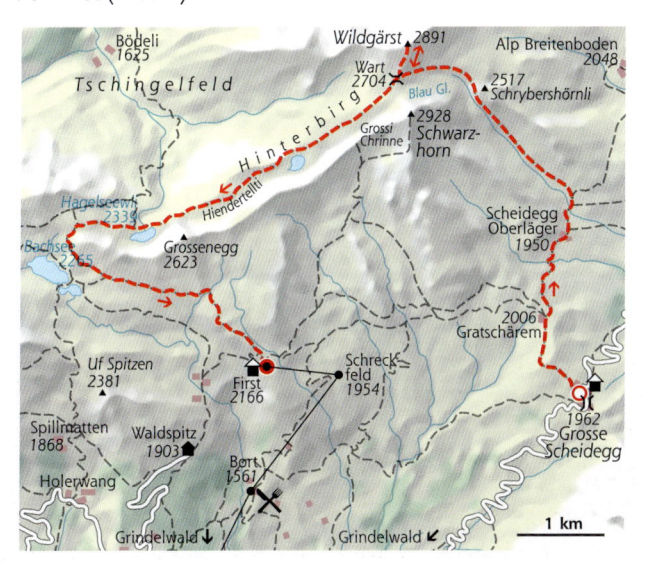

Jungfrau Region, Thunersee

# 33 Faulhorn (2681 m)

Der schönste Höhenweg des Oberlandes!

| T3 | 5.45 Std. | ↑ 780 m ↓ 520 md |

**Tourencharakter:** Ein absolutes Wander-Highlight! Durchwegs gute, nur auf kürzeren Abschnitten etwas raue Wege. Faszinierend die Kulisse der höchsten Berner Alpengipfel. Wer gleich ganz oben, im Berghotel Faulhorn, übernachtet, kann einmalige Dämmerstunden erleben – Alpenromantik pur.
**Beste Jahreszeit:** Mitte Juni bis Mitte Oktober.
**Ausgangspunkt:** Bergstation der Zahnradbahn zur Schynige Platte (1967 m).
**Endpunkt:** Bergstation der Gondelbahn Grindelwald – First (2166 m).
**Verkehrsanbindung:** Wilderswil ist ein Nachbarort von Interlaken, Anfahrt per Bahn oder über gut ausgebaute Straßen. Zahnradbahn zur Schynigen Platte; von Grindelwald fährt man mit dem Zug zurück nach Wilderswil. Es gibt spezielle Rundreisebillets.
**Gehzeiten:** Gesamt 5.45 Std. Schynige Platte – Männdlenen 2.30 Std., Männdlenen – Faulhorn 1.15 Std., Faulhorn – First 2 Std.
**Einkehr/Unterkunft:** Berghotel Schynige Platte, Ende Mai bis Ende Oktober; Tel. +41/33/828 73 73, www.schynige-platte.ch. Berghaus Männdlenen, Mitte Juni bis Mitte Oktober; Tel. +41/33/853 44 64, www.berghaus-maenndlenen.ch; Berghotel Faulhorn, Ende Juni bis Mitte Oktober; Tel. +41/33/853 27 13, www.berghotel-faulhorn.ch. Berghaus First, Tel. +41/33/853 12 84, www.berghausfirst.ch
**Markierung:** Gelbe Wegzeiger, weiß-rot-weiße Markierungen.
**Karten:** Swisstopo 1:50 000, 254 T Interlaken.
**Infos:** Interlaken Tourismus, Höheweg 37, CH-3800 Interlaken; Tel. +41/33/826 53 00, www.interlaken.ch

Schrecklich schön: das eisumwallte Schreckhorn

Die Höhenwanderung von der Schynigen Platte zur First ist der Wanderklassiker schlechthin für alle, die über zwei gesunde Beine und etwas Ausdauer verfügen: von Bahnstation zu Bahnstation, von Aussicht zu Aussicht. Am schönsten ist die natürlich am Faulhorn (2681 m), dieses bietet sich für eine längere und (in

# Faulhorn 33

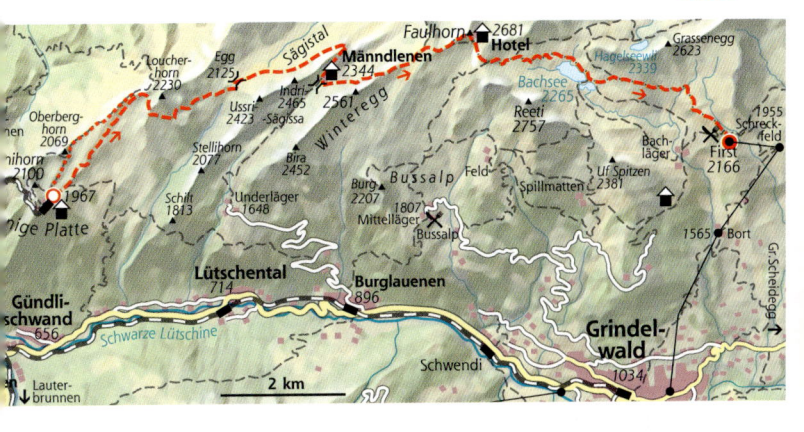

doppeltem Sinn genussvolle) Rast an, weil gleich unter dem Gipfel das gleichnamige kleine Berghotel steht – eines der ältesten im ganzen Oberland, notabene, bereits 1832 eröffnet. Da genießt man dann bei Moscht und Röschti die (eis-)glänzende Aussicht auf die gesamte steinerne Prominenz des Oberlandes, vom Wetterhorn über Schreckhorn, Finsteraarhorn und die »großen Drei« bis zur Blüemlisalp. Die passende Quizfrage dazu: Wer ist nun der Schönste (Berg) im ganzen (Ober-)Land?

Übrigens: Am Faulhorn kann man natürlich übernachten, was seinen besonderen Reiz hat, oder – noch spannender – bei Vollmond von der Schynigen Platte (Nachtfahrt) zum Gipfel und zum Sonnenaufgang wandern (dreimal im Sommer). Im Juli und August steuert bei gutem Wetter jeden Mittwoch ein Frühzug (Wilderswil ab um 5.20 Uhr) die Schynige Platte an – zum Sonnenaufgangs-Frühstück.

**Die Zahnradbahn**   Doch vor der großen Tour muss man erst einmal hinauf zur Schynigen Platte (1967 m). Den Transport der Aussichts-

> **Tipp**
>
> **Ein Panoramaweg** Gumihorn (2100 m), Tuba (2076 m) und Oberberghorn (2069 m) sind drei kleine Gipfel im weiteren Umfeld der Schynigen Platte. Zwei von ihnen können auf dem gut ausgebauten Panoramaweg bestiegen werden. Er führt vom Hotel Schynige Platte in die Westflanke des Gumihorns, unter dem eigenwillig gebauten Turm hindurch und in ein paar Kehren auf die Tuba mit prächtigem Panorama und packenden Tiefblicken auf das Bödeli (Interlaken) und die beiden großen Seen (Brienzer- und Thunersee). Weiter geht's an dem recht luftigen Grat bergab in einen Grassattel, dann rechts um das Oberberghorn herum. Gipfelsammler erklimmen den felsigen Zacken über steile Stiegen. Dann muss man sich entscheiden: spitzwinklig rechts zurück zur Bahn oder geradeaus weiter, links steile Felsabbrüche, rechts Almgelände, zum Louchera Grätli, wo man auf den Höhenweg zum Faulhorn trifft. Wer diesen (landschaftlich sehr reizvollen) Zustieg wählt, muss bis zur First mit einer Gehzeit von etwa 6.30 Std. rechnen.

# 33 Jungfrau Region, Thunersee

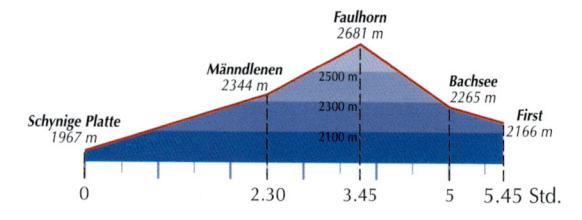

```
Schynige Platte  Männdlenen  Faulhorn      Bachsee    First
   1967 m         2344 m      2681 m        2265 m    2166 m
   0              2.30        3.45          5         5.45 Std.
```

und Wandersüchtigen bis nahe an die 2000er Höhenkote heran übernimmt seit 1893 zuverlässig die Zahnradbahn, bis 1914 mit Dampf betrieben, dann elektrifiziert. Aus der Gründerzeit ist eine Dampflok erhalten, die ab und zu für Sonderfahrten eingesetzt wird. Die gut sieben Kilometer lange Strecke mit einer Spurweite von 800 Millimetern überwindet bei einer Maximalsteigung von 25 Prozent einen Höhenunterschied von 1403 Metern, von Wilderswil über Breitlauenen bis zur Bergstation. Zweimal verschwindet der Zug in einem längeren Kurventunnel, im Fuchseggwald und oberhalb von Breitlauenen am Bigelti. Vor allem der zweite Teil der fast einstündigen Fahrt bietet herrliche Ausblicke, auf den Thunersee und durchs Lauterbrunnental hinauf zu den eisgepanzerten Drei- und Viertausendern.

**Zum Faulhorn**   Die Höhenwanderung beginnt ganz gemütlich. Von der Bahnstation **Schynige Platte** (1967 m) führt der viel begangene Weg über die Almwiesen von Oberberg flach zum **Louchera Grätli**

Traumblick bei Röschti und Moscht: am Berghotel Faulhorn

Faulhorn **33**

Grün, weiß und grau: Schwarzhorn und Urner Alpen vom Faulhorn

(1985 m), wo links der Panoramaweg (siehe Kasten) mündet. Mit herrlich freier Sicht auf Eiger, Mönch und Jungfrau geht's südlich um das felsige Loucherhorn (2230 m) herum. Am **Güwtürli** (2029 m) einem Felsentor, betritt man das **Hochkar von Güw**, auf der Egg (2125 m) verlässt man es wieder. Über dem weltabgeschiedenen Sägistal steigt der Höhenweg sanft an zu einer Gratkante am **Sägissa-Stock** (2276 m); links in der Tiefe zeigt sich der kleine Sägistalsee (1937 m). Beim **Berghaus Männdlenen** (2344 m), das auf einer kleinen Wasserscheide steht, ist dann eine erste Rast fällig, bevor man den halbstündigen Anstieg durch die felsig-schattigen Nordabstürze des Winteregg in Angriff nimmt. Das **Faulhorn** (2681 m) ist nun schon recht nahe; der Pfad steuert seinen Westgrat an, quert in die Südflanke und gewinnt schließlich im Zickzack den höchsten Punkt der Wanderung mit Gasthaus und altberühmtem Panorama.

**Zur First** Nach Gipfel- und Gaumenschmaus geht's zunächst südwärts hinunter zum **Gassenboden (2553 m)**, wo ein Zustieg von der Bussalp (1793 m) mündet. Unter den düster-brüchigen Felsen des Simelihorns wandert man auf breitem Weg weiter bergab zum **Bachsee** (auch Bachalpsee, 2265 m), wo das nächste Foto-Shooting fällig ist. Hauptdarsteller sind zwei markante, eisumwallte Hörner mit finster-schrecklichen Namen, deren markante Silhouetten sich bei Windstille im Wasser spiegeln. Der Weiterweg ist dann ein einziges Schaulaufen, bei dem neben dem Finsteraarhorn und dem Schreckhorn das Wetterhorn mit seinem gewaltigen Nordabsturz immer schöner ins Bild rückt. Über das Chämmlisegg, einen besonders schönen Schau-Platz, erreicht man schließlich die Seilbahnstation **First** (2166 m) über der Alp Grindel.

Jungfrau Region, Thunersee

# 34 Schwarzhorn (2928 m)

## Aussichtsgipfel mit Klettersteig

| K 2 | 5 Std. | ↕ 760 m |

**Tourencharakter:** Mäßig schwieriger Klettersteig mit recht langem Zustieg. Sehr luftig die versetzt angeordneten Leitern, Seilführung nicht durchgehend ideal. Auch der Abstieg verlangt einen sicheren Tritt. Grandioses Gipfelpanorama.
**Beste Jahreszeit:** Ende Juni bis zum ersten Schnee im Herbst.
**Ausgangs-/Endpunkt:** Bergstation der First-Gondelbahn (2166 m).
**Verkehrsanbindung:** Nach Grindelwald kommt man von Interlaken per Bahn oder über eine gut ausgebaute Straße. Gondelbahn Grindelwald – First. Wer die Grosse Scheidegg (1962 m) als Startpunkt wählt, fährt mit dem Grindelwald-Bus vom Gletscherdorf hinauf zum Pass.
**Gehzeiten:** Gesamt 5 Std. First – Grossi Chrinne 2 Std., Grossi Chrinne – Schwarzhorn 1.15 Std., Schwarzhorn – Südgrat – First 1.45 Std. Startet man die Tour an der Grossen Scheidegg, ergibt sich eine Gesamtgehzeit von 6.30 Std.
**Einkehr/Unterkunft:** Berghaus First, Tel. +41/33/853 12 84, www.berghausfirst.ch; Berghotel Grosse Scheidegg, Tel. +41/33/853 67 16, www.grossescheidegg.ch
**Markierung:** Gelbe Wegzeiger, weiß-rot-weiße und weiß-blau-weiße Markierungen.
**Karten:** Swisstopo 1:50000, 254 T Interlaken
**Info:** Grindelwald Tourismus, Postfach, CH-3818 Grindelwald; Tel. +41/33/854 12 12, www.grindelwald.ch

Die steile Stirn des Schwarzhorn-Westgrats

Wenn das Schwarzhorn (2928 m) im Schatten des Faulhorns (2681 m) steht, trotz großem Panorama, dann liegt das daran, dass der Weg doch etwas anspruchsvoller ist und Gipfelstürmer sich oben nicht mit dem Ausruf »Frölein, es Bier!« auf die Terrasse setzen können. So bleibt das Schwarzhorn eben ein Ziel für Selbstversorger. Seit gut zehn Jahren haben manche von ihnen nicht nur Verpflegung und Getränk im Rucksack, sondern auch ein Klettersteigset. Denn am Südwestgrat hängen seit 1995 Drahtseile sowie ein paar ziemlich luftige Leitern, die nicht nur für einen leichten Adrenalinschub sorgen.

**Zustieg** Von der Seilbahnstation First (2166 m) auf einer Sandpiste hinab zum Distelboden (2084 m). Hier nimmt man den links abgehenden Weg, der über die Murmeltierwiesen zu der winzigen Senke

Schwarzhorn **34**

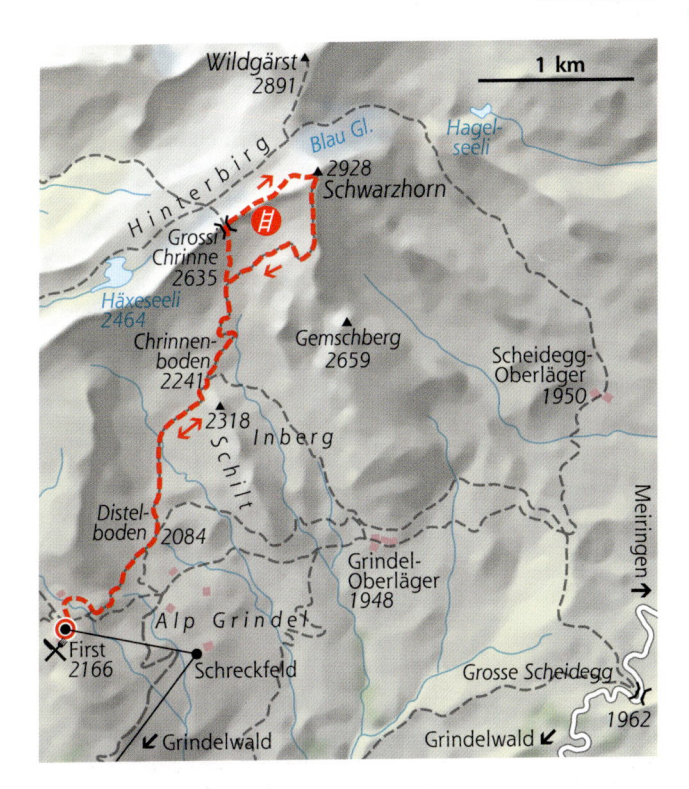

(2241 m) im Rücken des felsigen Schilt ansteigt. Hier mündet ein alternativer Zustieg von der Grossen Scheidegg. Im Karwinkel unter dem Schwarzhorn, bei einigen mächtigen Bergsturztrümmern, folgt eine Verzweigung (ca. 2400 m), rechts zum Normalweg, links zum Klettersteig.

**Schwarzhorn-Klettersteig** Die weiß-blau-weiß markierte Spur schlängelt sich im Geröll bergan, führt knapp unter der Grossi Chrinne (2635 m) in die Felsen. Drahtseile und ein paar Krampen leiten in die Scharte. Am Grat entlang zum fast senkrechten Aufschwung (Drahtseile). Vierzig Sprossen helfen über den Steilfels, dann quert man am Drahtseil nach rechts zur

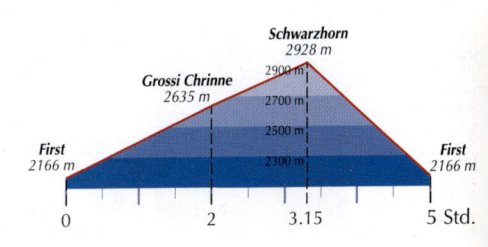

zweiten Leiternfolge. Drei Leitern, nahezu senkrecht und versetzt angeordnet, sorgen für echtes Ferrata-Feeling.
Man entsteigt der Vertikalen auf den Grat. Drahtseile sichern den Weiterweg über plattige Felsen und harmlose Aufschwünge, dann wird der Rücken breiter und über Geröll erreicht man den geräumigen Gipfel des Schwarzhorns (2928 m).

**Abstieg** Er folgt dem Südrücken des Berges, der zunächst fast so breit wie die Hauptstraße drunten in Grindelwald ist, dann aber immer schmaler wird. Einem ersten Gratzacken weicht der Weg rechts auf ein etwas ausgesetztes Band aus, ein zweiter wird überstiegen. Zweihundert Höhenmeter unter dem Gipfel, vor den Abbrüchen des Gemschbergs (2659 m), knickt die Spur rechts ab. Im Zickzack steigt man über den Geröllhang (im Frühsommer: Schnee) ab in den Karwinkel unter dem Schwarzhorn. Auf dem Anstiegsweg zurück zur Bahnstation First (2166 m).

Luftig: die Aluleitern am Schwarzhorn-Westgrat

# Männlichen (2342 m) und Eiger-Trail

## Genusswandern vor der Eiger-Nordwand

**35**

| T2 | 5.45 Std. | ↑ 420 m ↓ 1700 m |

**Tourencharakter:** Bis zur Kleinen Scheidegg alpiner Spaziergang vor grandioser Kulisse, komfortable Wege, kaum Anstiege. Nur wenig anstrengender ist der »Eiger-Trail«, der Weg allerdings schmaler mit steileren Abschnitten, der lange Abstieg für Leute mit empfindlichen Knien nicht ideal. Teilbegehung bis Alpiglen möglich; Gehzeit dann 4.30 Std.
**Beste Jahreszeit:** Mitte Juni bis Ende Oktober.
**Ausgangspunkt:** Bergstation der Männlichen-Gondelbahn (2224 m).
**Endpunkt:** Grindelwald-Grund (943 m).
**Verkehrsanbindung:** Grindelwald (1034 m) erreicht man von Interlaken per Bahn oder über eine gut ausgebaute Straße. In Grindelwald-Grund befindet sich die Talstation der Männlichen-Gondelbahn.
**Gehzeiten:** Gesamt 5.45 Std. Männlichen – Kleine Scheidegg 1.30 Std., Kleine Scheidegg – Station Eigergletscher 0.45 Std., Eiger-Trail – Alpiglen 2.15 Std., Alpiglen – Grindelwald Grund 1.15 Std.
**Einkehr/Unterkunft:** Einkehrmöglichkeiten bei der Bergstation der Männlichen-Gondelbahn, auf der Kleinen Scheidegg, bei der Station Eigergletscher, in Alpiglen und Brandegg
**Markierung:** Gelbe Wegzeiger, gelbe und weiß-rot-weiße Markierungen.
**Karten:** Swisstopo 1:50 000, 254 T Interlaken.
**Info:** Grindelwald Tourismus, Postfach, CH-3818 Grindelwald; Tel. +41/33/854 12 12, www.grindelwald.ch

Das Bild ist zu Recht berühmt, lockt Zigtausende auf den ziemlich unscheinbaren Gipfel: die ganz Pracht der Berner Alpen auf einen Blick. Die bietet der Männlichen (2342 m) deshalb, weil er eben genau an der richtigen Stelle steht, zwischen Grindelwald im Osten und Lauterbrunnen im Westen. Das wissen natürlich auch die Tourismusleute hüben und drüben, weshalb sie dem Berg gleich zwei Seilbahnen verpasst haben. So kommt man von Grindelwald oder Wengen bequem bis in Gipfelnähe: Gut hundert Höhenmeter zum großen Panorama sind nicht gerade viel. Oben sind manche trotzdem ziemlich außer Atem, vielleicht von der Aussicht überwältigt oder nur schlecht zu Fuß.

Blickfang in der Rundschau sind natürlich die »großen Drei«: Eiger, Mönch, Jungfrau (4158 m), an deren Westgrat schneeweiß das Silberhorn glänzt. Zu sehen ist allerdings

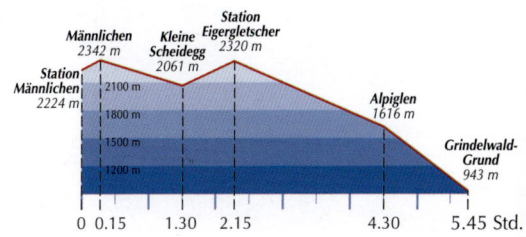

# 35 Jungfrau Region, Thunersee

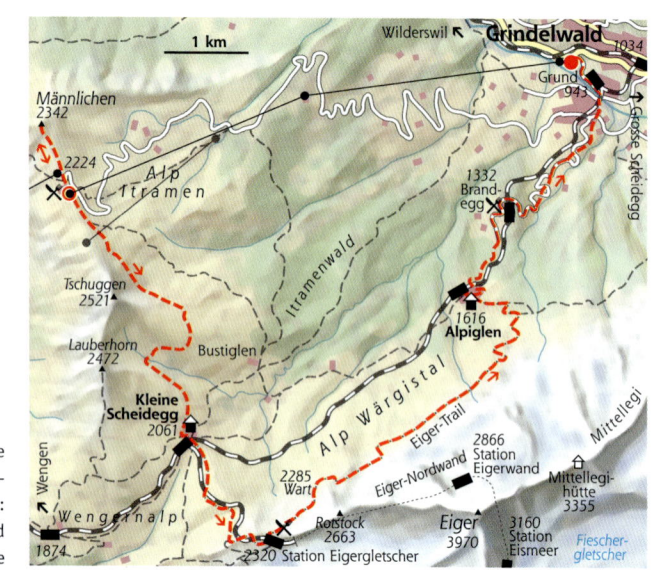

Gespenstische Hochgebirgsatmosphäre: Rotstock und Eigerflanke

noch viel mehr, Panoramatafeln geben den vielen Zacken ihre Namen und die richtige Höhe dazu.

**Die Wand der Wände** Die berühmteste aller Nordwände in den Alpen, jene des Eigers (3970 m), zieht auf dieser Wanderung (fast) alle Blicke auf sich: eine düstere Riesenmauer, die erst spät am Tag etwas Sonne abbekommt, und das auch nur im Sommer. Als »mons Egere« wurde der Berg 1252 erstmals in einer Urkunde genannt, 1858 standen zum ersten Mal Menschen auf seinem Firngipfel: die beiden einheimischen Führer Christian Almer und Peter Bohren mit

# Männlichen und Eiger-Trail 35

dem Iren Charles Barrington. In den 1930er-Jahren galt die Eiger-Nordwand als eine der letzten großen Herausforderungen des Alpinismus. Mehrere Versuche an ihr scheiterten, manche tödlich, was dem Riesenabsturz bei den Medien den Beinamen »Mordwand« eintrug. Erst 1938 gelang einer deutsch-österreichischen Seilschaft die Durchsteigung: Anderl Heckmair, Ludwig Vörg, Heinrich Harrer und Fritz Kasparek erreichten nach drei Biwaks am 24. Juli den Gipfel. Ihre Route durch die Wand zeigt eine Schautafel am »Eiger-Trail«, auf der Wartkuppe.

**Herr Juko Maki aus Japan** Das Hüttchen steht wenig oberhalb der Station Eigergletscher am Grat, es ist winzig, und wer durch die Tür guckt, fühlt sich in eine Zeit zurückversetzt, als das Bergseil noch aus Hanf und die Hose aus Loden war, die Schuhe mit Nägeln beschlagen wurden. Des Rätsels Lösung: Nach dem Bau der neuen Mittellegi-Hütte am gleichnamigen Grat des Eigers transportierte man 2001 den alten Holzbau per Helikopter hierher: das kleinste Bergsteigermuseum der Welt. Erbaut wurde das Refugium übrigens drei Jahre nach der Erstbesteigung des Mittellegigrates (1921) durch drei Schweizer – und einen Japaner: Juko Maki. Der spendierte den Grindelwalder Bergführern dann 10 000 Franken für den Bau der Hütte. – Jetzt wissen wir, weshalb man in Grindelwald so vielen Gästen aus Fernost begegnet …

Auch ein Blickfang am Eiger-Trail: das Wetterhorn mit seiner Nordwand

**Vom Männlichen zur Kleinen Scheidegg** Einmal der Seilbahnkabine entstiegen, heißt es gleich: hinauf! Zunächst bequem auf einem Fahrweg, auf den letzten Metern steiler geht's zum Gipfel des **Männlichen** (2342 m). Da schauen dann fast alle nach Süden und südwärts führt auch die Höhenwanderung: zunächst auf dem Herweg hinab zur Seilbahn, dann – stets sanft bergab – links an dem düster-felsigen Tschuggen (2521 m) vorbei zum Honegg. Dahinter biegt der Weg in eine Karmulde ein (Inberg), ehe er hinausläuft zum **Rotsteckli** (2118 m) mit Gasthaus und Aussichtsplattform vor der Eiger-Nordwand. Ein paar Minuten später steht man drunten auf der

# 35 Jungfrau Region, Thunersee

**Kleinen Scheidegg** (2061 m), wo die Züge im Viertelstundentakt ankommen und abfahren: Grindelwald, Wengen, Jungfraujoch.

**Zur Station Eigergletscher** Vom Bahnhof auf der **Kleinen Scheidegg** (2061 m) führt ein breiter, viel begangener Pfad mehr oder weniger parallel zur Trasse der Jungfraubahn bergan zur **Station Eigergletscher** (2320 m). Dabei rücken die Grate und Gletscher von Mönch und Jungfrau immer näher.

**Der Eiger-Trail** An der Bahnstation startet der gut markierte Trail. Er leitet unter den Felstürmen des Rotstocks (2663 m) zunächst leicht abwärts, dann in kurzem Gegenanstieg auf den grünen Rücken von **Wart** (2285 m). Hier überschaut der Wanderer die »Wand der Wände« in ihrer gesamten Ausdehnung: 1800 Meter hoch bis zum Gipfel, fünf Kilometer breit. Mitten in der Riesenmauer entdeckt man bei genauerem Hinschauen die Felsenfenster der Station Eigerwand (2866 m).

Am Weiterweg, der über Geröll hinableitet gegen die Almwiesen von Wärgistal, wächst die Nordwand immer höher in den Himmel. Einen stimmungsvollen Kontrast zu der düsteren Mauer bietet die weite, grüne Talmulde von Grindelwald, im Osten dominiert vom markanten Profil des Wetterhorns. Der »Eiger-Trail« passiert einige kleine Gräben und steigt dann über eine harmlose Felsstufe ab nach **Alpiglen** (1616 m). Von der Bahnstation wandert man auf dem komfortabel ausgebauten Pfad über **Brandegg** (1332 m) hinab zur Schwarzen Lütschine und nach **Grindelwald Grund** (943 m).

*Echo garantiert: Alphornbläser vor der Eiger-Nordwand*

**Rotstock-Klettersteig** Nur wenig schwierige gesicherte Route am Rotstock (2663 m), der fast schon Nordwandgefühle vermittelt. Zustieg von der Station Eigergletscher (2320 m) über den Eiger-Trail (Wart), dann Aufstieg durch eine Schlucht zum Rotstocksattel und weiter zum Gipfel; Abstieg westseitig zur Station Eigergletscher. Gesamtgehzeit 4 Std., K 2.

# Rosenhorn (3689 m)

Lohnende Überschreitung in der Wetterhorngruppe

**WS** — 15 Std. — ↑ 2459 m ↓ 2361 m

**Tourencharakter:** Hochalpine Tour mit zum Teil großen Spalten, komplette Gletscherausrüstung (und sicherer Umgang damit) notwendig, ebenso gute Kondition. Der Abstieg über die Dossenhütte erfordert unter der Hütte nochmals volle Konzentration.
**Beste Jahreszeit:** Ende Juni bis September, im Spätsommer kann der Dossenfirn vereist sein, dann muss über den Dossengrat abgestiegen werden.
**Ausgangspunkt:** Grindelwald, Parkplatz am Hotel Wetterhorn, 1230 m.
**Endpunkt:** Hotel Rosenlaui, 1328 m.
**Verkehrsanbindung:** Zugverbindung von Interlaken nach Grindelwald (312); erreichbar auch per Pkw. Bus von Grindelwald zum Hotel Wetterhorn und wieder zurück ab Hotel Rosenlaui.
**Gehzeiten:** Gesamt 15 Std.
Hotel Wetterhorn – Glecksteinhütte 3.30 Std., Glecksteinhütte – P. 2841 m 2 Std., P. 2841 m – Rosenhorn 4 Std., Rosenhorn – Dossenhütte 3 Std., Dossenhütte – Hotel Rosenlaui 2.30 Std.
**Einkehr/Unterkunft:** Glecksteinhütte, 2317 m, Juni bis Sept. Tel. +041/33/853 11 40, www.glecksteinhuette.ch, Dossenhütte, 2663 m, Juni bis Okt. Tel. +041/33/971 44 94, www.dossenhuette.ch
**Markierung:** Bis zum Gletscher Markierung, zum Gipfel keine Markierung, ab der Dossenhütte wieder Markierung.
**Karte:** Swisstopo 1:25 000, 1229 Grindelwald.
**Infos:** Grindelwald Tourismus, CH-3818 Grindelwald, Tel. +041/33/854 12 12, www.grindelwald.ch

Das Wetterhorn (3692 m) beeindruckt von Grindelwald und ist trotz seiner Lage am Fuße der Eiger-Nordwand das eigentliche Wahrzeichen des Ortes. Es bildet gemeinsam mit dem Mittelhorn (3704 m) und dem Rosenhorn (3689 m) den Hauptgipfel der Gruppe. Der Normalweg auf das Wetterhorn über das Willsgrätli wird bei Neuschnee und Vereisung sehr schnell ungenießbar. Deshalb wird hier mit dem Rosenhorn eine etwas unbekanntere, aber nicht weniger lohnende Überschreitung vorgestellt. Diese Variante ist erst seit dem Glet-

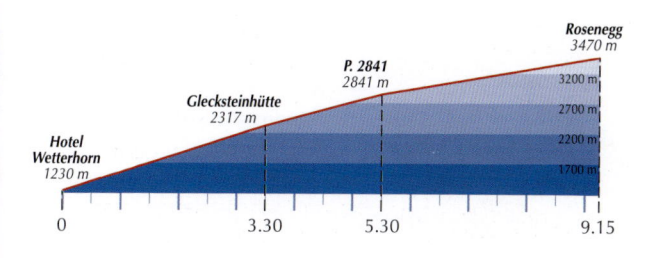

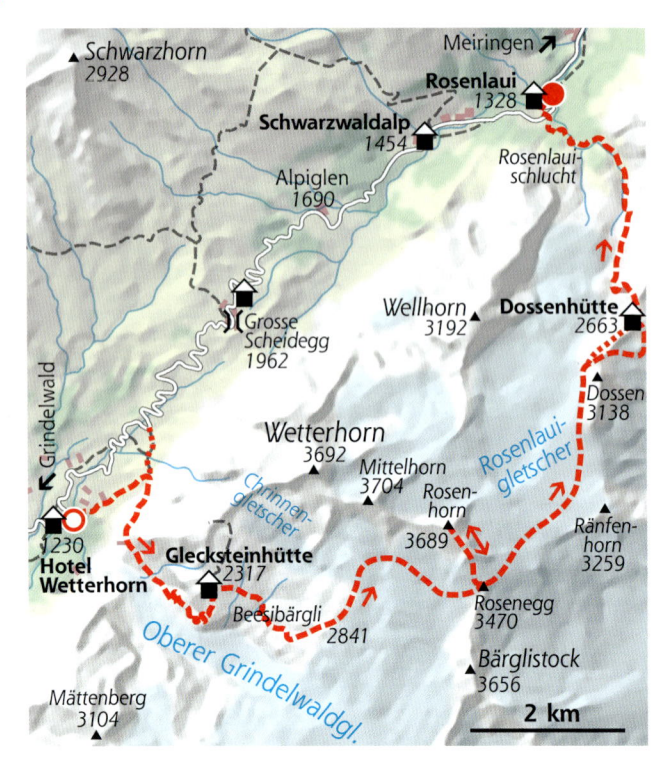

# 36 Jungfrau Region, Thunersee

scherrückgang des Oberen Grindelwaldgletschers und der neuen Routenführung am Beesibärgli möglich.

**Hüttenaufstieg** Vom **Hotel Wetterhorn** (1230 m) kurz der Straße entlang und über einen Weg zu einer langen Querung am Hüttenweg (ca. 1600 m). Der Aufstieg kann um fast 1 Std. verkürzt werden, wenn man den Bus Richtung Grosse Scheidegg nimmt und vom Abzweig Glecksteinhütte direkt hierher gelangt. Der Weg führt nun teilweise ausgesetzt und drahtseilgesichert bis oberhalb der alten Bergstation des Wetterhornaufzuges. Oberhalb des Grindelwaldgletschers fällt der Steig über Grasgelände leicht ab und erreicht über Serpentinen und eine kurze seilgesi-

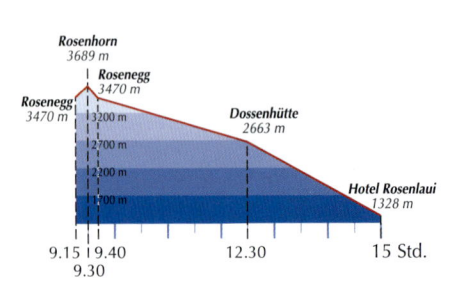

# Rosenhorn 36

cherte Stufe die Wiesen der **Glecksteinhütte** (2317 m).

**Gipfelaufstieg** Am nächsten Morgen folgt man im Schein der Stirnlampen dem abfallenden rot-weiß markierten Steig in Richtung Beesibärgli. Ein Bach wird mithilfe eines Drahtseils überwunden, bevor Eisenklammern in eine Schlucht hinab führen. Auch über den folgenden Bach hilft ein Drahtseil hinweg, Eisenklammern leiten aus der Schlucht. Über Moränenschutt wird das Beesibärgli erreicht. Bei der Weggabelung folgt man der weißen Markierung (Aufschrift Rosenhorn) zu **P. 2841 m** am Gletscher. Der Übertritt auf das Eis kann bei Ausaperung schwierig sein. Auf dem Oberen Grindelwaldgletscher wird bis 3300 m angestiegen, anschließend nach rechts abgebogen. Man gelangt oberhalb der Felsinsel auf das weite Gletscherbecken unterhalb des Rosenhorns. Bei Ausaperung ist es am einfachsten, diese Stelle möglichst nah an den Felsen des Mittelhorns zu überqueren. Der Weiterweg führt in Richtung **Rosenegg** (3470 m), vorher links abbiegen und über steilere Hänge und einen kurzen Firngrat zum Vorgipfel. Über den unschwierigen Felsgrat geht es in wenigen Minuten zum Gipfel des **Rosenhorns** (3689 m). Die Aussicht auf Schreckhorn und Lauteraarhorn, die man bereits den ganzen Aufstieg genießen konnte, entschädigt für die Aufstiegsmühen. Besonders schön sind Eiger mit dem Mittellegigrat und

Dusche inbegriffen – Hüttenanstieg Glecksteinhütte

Am Grindelwaldgletscher, links der Eiger

## Jungfrau Region, Thunersee

das gegenüberliegende Mittelhorn. Die Abstiegsroute zum Dossen ist gut sichtbar.

**Abstieg zur Dossenhütte**   Am Anstiegsweg zurück zur **Rosenegg**, danach links ab und über mäßig steile Firnhänge, zwei Spaltenzonen ausweichend, immer direkt auf den Dossen zu. Meistens leitet eine gute Spur unter dem Gipfel des Dossen zu einem Steinmann in der Nordwestflanke. Von hier führt ein markantes, ausgesetztes Band (Bohrhaken) in den Dossensattel. Die Umgehung des Dossen ist nur empfehlenswert, wenn das Band aper ist, ansonsten steigt man über das Firnfeld auf den **Dossen**. Über den Nordgrat (III–) gelangt man ebenfalls in den **Dossensattel** (ca. 3032 m). Ist der Dossenfirn unter dem Sattel nicht vereist oder ausgeapert, empfiehlt sich ein Abstieg über das steile Schneefeld (ca. 40 Grad). Der Felsriegel wird rechts umgangen und meistens relativ problemlos die **Dossenhütte** (2663 m) erreicht. Diese thront wie ein Adlerhorst auf den Felsen. Ist der Dossenfirn nicht begehbar, sollte man über den Dossengrat absteigen, dieser ist blau markiert und mit Drahtseilen, Stiften und Abseilstellen ausgerüstet.

**Nach Rosenlaui**   Bereits von der Hütte aus sieht man das Hotel Rosenlaui. Der drahtseilgesicherte Steig mit seinen zwei Leitern fordert nochmals Konzentration, auch wenn man bereits die Länge der Tour spürt. Ist erst einmal der Gletscherbach erreicht, kann man ein wenig entspannen, zur Hütte und zum eindrucksvoll zerrissenen Rosenlauigletscher zurückblicken. An der **Rosenlauischlucht** vorbei geht es weiter zum Endpunkt der grandiosen Tour, dem **Hotel Rosenlaui** (1328 m). Vom Hotel gelangt man gemütlich mit dem Grindelwaldbus zurück zum Hotel Wetterhorn.

Rosenhorn, Mittelhorn und Wetterhorn

# Guggihütte (2791 m)

Was für eine Landschaft!

**37**

| T5 | 5.45 Std. | ↑↓ 1180 m |

**Tourencharakter:** Spannende Hüttentour in einer dramatischen Hochgebirgskulisse! Eiger, Mönch und Jungfrau mit ihren zerklüfteten Gletschern fast zum Greifen nahe. Was für ein Kontrast: Kaum zwei Kilometer von dem Gewusel der Kleinen Scheidegg herrscht die sprichwörtliche Bergeinsamkeit. Die Tour verlangt etwas Kletterfertigkeit (I+) und eine ordentliche Kondition. Wenn noch erhebliche Schneereste in der nordseitigen Flanke liegen, können Grödel und Teleskopstöcke nützlich sein. Im Hochsommer schwellen die Gletscherbäche jeweils am Nachmittag stark an. – Von der Guggihütte genießt man bei gutem Wetter Fernsicht bis zum Jura.
**Beste Jahreszeit:** Juli bis September.
**Ausgangs-/Endpunkt:** Station Wengernalp (1874 m) der Wengernalpbahn (Lauterbrunnen – Wengen – Kleine Scheidegg – Grindelwald). Alternativ kommen auch die Stationen Kleine Scheidegg (2061 m) und Eigergletscher (2320 m) infrage. Der Zustieg bzw. Rückweg wird dadurch aber nur unwesentlich kürzer.
**Verkehrsanbindung:** Lauterbrunnen bzw. Grindelwald, die beiden Endpunkte der Zahnradbahn über die Kleine Scheidegg, erreicht man von Interlaken per Bahn oder über gut ausgebaute Straßen.
**Gehzeiten:** Gesamt 5.45 Std. Wengernalp – Abzweigung Hüttenweg 1 Std., Zustieg Guggihütte 2.30 Std., Abstieg auf dem gleichen Weg 2.15 Std.
**Einkehr/Unterkunft:** Guggihütte, stets zugänglich, Mitte Juni bis Ende September an den Wochenenden bewartet (Getränke, aber kein Essen).
**Markierung:** Weiß-blau-weiß ab Gletscherbachquerung. Die Abzweigung des Hüttenweges ist nicht bezeichnet, aber leicht zu finden.
**Karten:** Swisstopo 1:25 000, 2520 T Jungfrau Region.
**Info:** Tourist Information, CH-3823 Wengen; Tel. +41/33/855 14 14, www.wengen-muerren.ch

Wer auf der Kleinen Scheidegg ankommt und ein Fernglas dabeihat, nimmt in aller Regel die Nordwand des Eigers ins Visier. Sie ist hier Blickfang Nummer eins, vor allem bei Besuchern aus Fernost. Die düstere Riesenmauer ist so berühmt wie Heidi, auch im Land der auf-

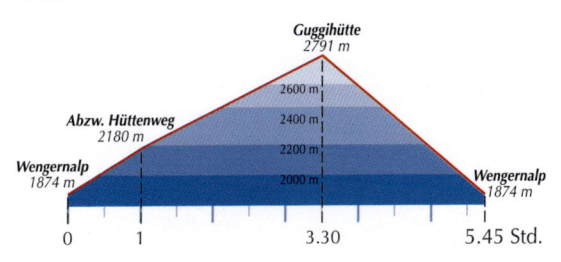

# 37 Jungfrau Region, Thunersee

gehenden Sonne, als Schauplatz vieler Bergsteigerdramen und spektakulärer Rettungsaktionen. Weit schöner ist allerdings der Blick nach Süden, auf die Gipfel, Gletscher und Gratpfeiler von Eiger (3970 m), Mönch (4107 m) und Jungfrau (4158 m). Noch ein Stück weiter rechts beschließt das Silberhorn (3695 m), dieser perfekte Halbmond, weiß glänzend das einmalige Hochgebirgsbild, flankiert vom langen Grat des Schwarzmönchs. Wer genau hinschaut, entdeckt am Ansatzpunkt des Schwarzen Grats ein Haus, klein und verwegen platziert: die Silberhornhütte (2663 m).

Mitten in dieser fantastischen Kulisse steht noch ein zweites Bergsteiger-Refugium, 1910 erbaut und vor gut dreißig Jahren saniert: die Guggihütte (2791 m). Sie dient(e) als Stützpunkt bei der Besteigung des Mönchs über den Nollen, seit der Eröffnung der Jungfraubahn eine eher selten durchgeführte Tour. So bekommt die »neue« Guggihütte (ihre

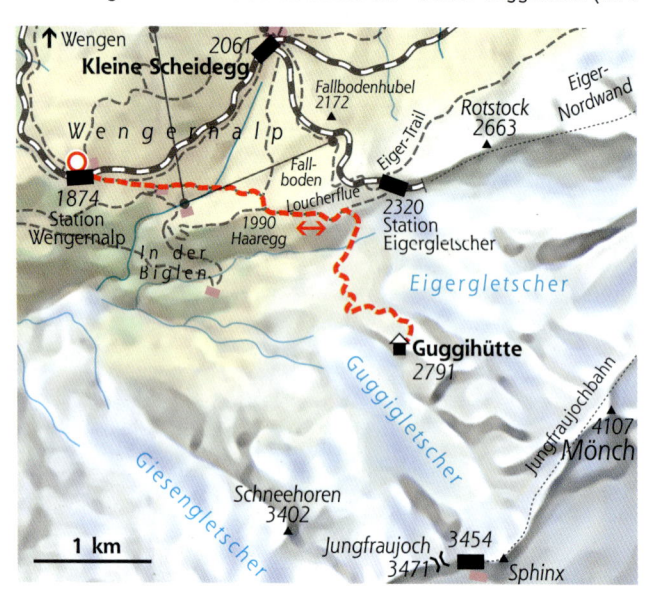

Hochalpin: der Eiger und sein Gletscher vom Weg zur Guggihütte

# Guggihütte 37

Vorgängerin von 1874 steht etwa 400 Meter tiefer auf einem Gratabsatz rechts abseits des Weges) nur recht selten Besuch. An der mächtigen Randmoräne des Eigergletschers, über die im Sommer Scharen von Softwanderern pilgern, weist kein Schild zu dem Haus, das sich hoch in den Felsen des Mönch-Nordwestgrats versteckt. An einem herrlichen Logenplatz, notabene, und so nahe am senkrechten Abbruch zum Guggigletscher, dass sich die SAC-Sektion genötigt sah, einen stabilen Zaun anzubringen. Damit niemand, der in stockdunkler Nacht austreten muss, das angepeilte Örtchen um einen Schritt (den letzten) verpasst …

**Zustieg** Von der **Bahnstation Wengernalp** (1874 m) führt ein markierter Weg erst leicht bergab, dann über Wiesen zum **Haaregg** (1990 m, Wegzeiger) und zur markanten Randmoräne des Eigergletschers. Auf ihrer Krete (Spur) bergan bis zur (unbezeichneten) Abzweigung des Hüttenweges (ca. 2180 m). Hierher kommt man auch in 30 Min. von der Kleinen Scheidegg via **Fallboden** und die aussichtsreiche Geländeschulter der **Loucherflue**, zuletzt flach querend.

**Hüttenweg** Eine deutliche Spur leitet von dem Grat hinab ins Vorgelände des Eigergletschers mit schönen Schliffen (Steinmännchen). Unten am Gletscherabfluss entdeckt man die erste weißblau-weiße Markierung. Jenseits des Bachs steigt das Weglein, ziemlich weit nach rechts ausholend, erst sanft über steinige Wiesen, dann zunehmend steiler im Geröll an gegen die Felsen. In kurzem Abstand folgen drei Kletterpassagen (I, I+), von denen sich die letzte als eigentliche Schlüsselstelle erweist (spreizen!). Dann legt sich der Hang wieder stärker zurück: Geröll, dazwischen harmlose Felsstufen. Die Spur nähert sich dem linken Rand der mächtigen Schräge, was für packende Tiefblicke auf den Eigergletscher und seine schwarze, vom Wasser unterspülte Zunge sorgt. Schließlich leiten die Markierungen halbrechts zum Schlusshang unterhalb der Hütte: noch etwa 100 Höhenmeter, steil und mit reichlich Geröll garniert. Vom Logenplatz an der **Hüttenwand** (2791 m) kann man dann zugucken, wie die gelben Züge der Wengernalpbahn die Kleine Scheidegg ansteuern …

Schwindelfrei und trittsicher: ein Steinbock in der Steilwand

**Abstieg** Nur über den Anstiegsweg!

Jungfrau Region, Thunersee

# 38 Mönch (4107 m)

Kurz, aber nicht zu unterschätzen!

ZS−   7 Std.   ↕ 653 m

**Tourencharakter:** Hochalpine, kombinierte Grattour mit Fels bis II. Effiziente Seilhandhabung und Klettern mit Steigeisen sind Voraussetzung für eine erfolgreiche Besteigung. Für »Nur-Wanderer« empfiehlt sich ein Bergführer! Nur bei sicherem Wetter gehen!
**Beste Jahreszeit:** Ende Juni bis Mitte September.
**Ausgangs-/Endpunkt:** Jungfraujoch (3454 m).
**Verkehrsanbindung:** Zugverbindung und Straße von Interlaken nach Grindelwald (auch direkte Züge ab Interlaken mit Umsteigen auf der Kleinen Scheidegg). Ab Grindelwald mit der Jungfraubahn über die Kleine Scheidegg zum Jungfraujoch (3454 m). www.jungfraubahn.ch
**Gehzeiten:** Gesamt 7 Std. Jungfraujoch – Mönchsjochhütte 1 Std., Mönchsjochhütte – Mönch 3 Std., Mönch – Mönchsjochhütte 2.15 Std., Mönchsjochhütte – Jungfraujoch 0.45 Std.
**Einkehr/Unterkunft:** Mönchsjochhütte (3657 m), März–Okt. Tel. +041/33/971 34 72, www.moenchsjoch.ch
**Markierung:** Der Weg vom Jungfraujoch zur Mönchsjochhütte ist von April bis Oktober mit Stangen markiert und von der Pistenraupe gewalzt.
**Karte:** Swisstopo 1:25 000, 1229 Grindelwald.
**Infos:** Grindelwald Tourismus, CH-3818 Grindelwald, Tel. +041/33/854 12 12, www.grindelwald.ch

Der Mönch (4107 m) gehört zum berühmten Dreigestirn Eiger, Mönch und Jungfrau. Aufgrund seiner Nähe zur Jungfraubahn ist die Tour relativ kurz und kann von gut akklimatisierten und trainierten Bergsteigern auch als Tagestour (Ankunft um 8.52 Uhr) mit der Bahn durchgeführt werden. Als gemütlichere Alternative bietet sich die Tour mit frühem Start auf der Mönchsjochhütte an. Trotz seiner guten Erreichbarkeit darf der Mönch nicht unterschätzt werden. Es handelt sich um eine kombinierte Tour mit Fels im II. Schwierigkeitsgrad, steilen Firnpassagen und einem sehr luftigen Finale!

**Aufstieg**   Nach Ankunft auf dem **Jungfraujoch** (3454 m) folgt man den Schildern Mönchsjochhütte zum Gletscherausgang. Über den

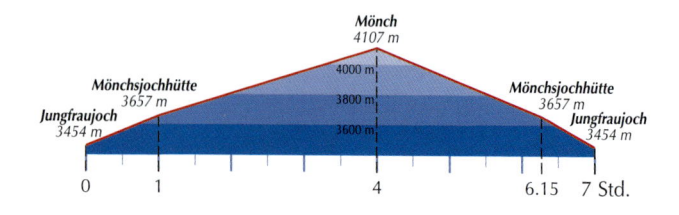

Mönch **38**

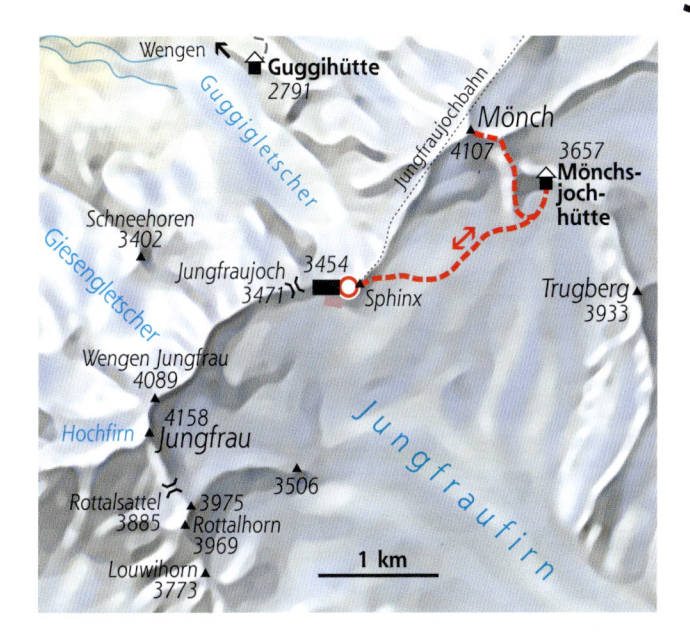

mit Stangen markierten Weg am Gletscher wird nach 1 Std. die **Mönchsjochhütte** (3657 m) erreicht. Unternimmt man die Tour als Tagestour, zweigt man kurz vor der Hütte zum Südarm des Ostgrates ab. Nach Erreichen der Felsen führt ein deutliches Steiglein über

Abstieg vom Mönch, direkt dahinter der Trugberg

155

# 38 Jungfrau Region, Thunersee

leichte Felsen am Südwestgrat zu einem ersten Firnabschnitt. Der anschließende, flache Gratabschnitt ist im Sommer meist ausgeapert. Nach einem weiteren kurzen Firnabschnitt folgen steilere Felsen (II, Sicherungsstangen), über die man den steilen Firn- oder Eisrücken unterm Vorgipfel erreicht. Dieser Abschnitt ist ebenfalls mit Eisenstangen gesichert, die auch benutzt werden sollten. Der Hauptgipfel des **Mönch** (4107 m) wird über einen schmalen Firngrat erreicht. Die vorhandene Spur ist aufgrund der häufig vorhandenen Wechten genau zu prüfen, evtl. ist eine Begehung in der steilen Südflanke notwendig.

Der Gipfel bietet eine tolle Aussicht, vor allem zu den umliegenden Gipfeln: Jungfrau, Eiger, Finsteraarhorn, Aletschhorn.

Die Südwand des Mönch

**Abstieg** Der Abstieg erfolgt auf dem Anstiegsweg. Auch beim Abstieg ist auf ein sorgfältiges Sichern zu achten!

# Hundshorn (2929 m)

Hinterm Schilthorn geht's weiter ...

**T4**  |  6 Std.  |  ↑ 330 m ↓ 1657 m

**Tourencharakter:** Interessante, abwechslungsreiche und ab Roter Herd wenig begangene Tour in einer herben und steinigen Landschaft. Trittsicherheit und vor allem Orientierungssinn erforderlich, beim Abstieg vom Schilthorn über den Westgrat ist trotz guter Sicherungen auch Schwindelfreiheit erforderlich. Bei (Neu-)Schnee und Nässe abzuraten, ebenso bei schlechter Sicht. Man unterschätze die Tour nicht – zwar sind im Aufstieg nicht allzu viele Höhenmeter zu bewältigen, aufgrund der vielen Gegensteigungen und des unwegsamen Geländes handelt es sich trotzdem um eine anstrengende Tour!
**Beste Jahreszeit:** Juli bis Sept.
**Ausgangspunkt:** Bergstation Schilthorn (2970 m), Seilbahn von Mürren.
**Endpunkt:** Mürren (1638 m), Bahn ab/bis Lauterbrunnen.
**Verkehrsanbindung:** Seilbahn- und Zugverbindung nach Mürren ab Lauterbrunnen mit Umsteigen in Grütschalp. Straße und Zugverbindung von Interlaken nach Lauterbrunnen.
**Gehzeiten:** Gesamt 6 Std. Schilthorn – Chilchflue 0.45 Std., Chilchflue – Hundshorn 2 Std., Hundshorn – Roter Herd 1 Std., Roter Herd – Rotstockhütte 0.45 Std., Rotstockhütte – Mürren 1.30 Std.
**Einkehr/Unterkunft:** Drehrestaurant bei der Bergstation am Schilthorn, Tel. +41/33/856 21 41, www.schilthorn.ch; Rotstockhütte (2039 m), Juni bis Sept. Tel. +41/33/855 24 64, www.rotstockhuette.ch
**Markierung:** SAW-Wegweiser und weiß-rot-weiße Markierung bis zum Roten Herd und von dort bis Mürren. Weiß-blau-weiße Markierung zum Telli. Gipfelanstiege unmarkiert, teilweise schwache Wegspuren.
**Karte:** Swisstopo 1:25 000, 1248 Mürren; 1:50 000, 264 T Jungfrau.
**Infos:** Mürren Tourismus, CH-3825 Mürren, Tel. +41/33/856 86 86, www.wengen-muerren.ch

Für Alpinwanderer beginnt der neue (Berg-)Tag für einmal bereits ganz oben – auf dem Schilthorn. Warum nicht oben starten? Puristen mögen nun einwenden, dass man den Berg nicht wirklich besteigt, wenn man nicht im Tal startet. Schon möglich, aber wie viele

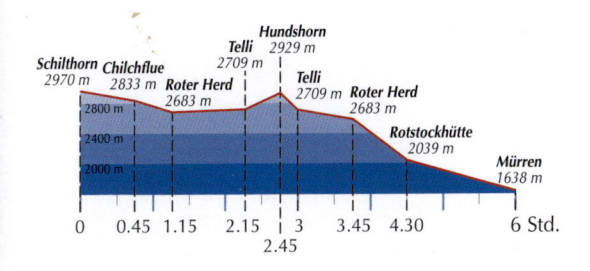

# 39 Jungfrau Region, Thunersee

Blüemlisalp und Hundshorn (m.)

der Besteiger von Mönch und Jungfrau starten von ganz unten? Die allermeisten bewältigen den größten Teil des »Anstiegs« mit der Jungfraubahn. Also dürfen Alpinwanderer dies auch einmal tun und einen Tag in einer wunderbar chaotischen Steinlandschaft erleben. Dabei wird mit dem Hundshorn der zweithöchste Gipfel der Berner Voralpen bestiegen. Im Gegensatz zum höheren Schilthorn ist das Hundshorn ein ruhiger, fast schon einsamer Berg. Ohne die Bahn zum berühmten Nachbarn ist es allerdings nur auf sehr langen Anstiegen zu erreichen. Wer partout unten starten will, der kann die hier beschriebene Abstiegsroute via Rotstockhütte und Roter Herd

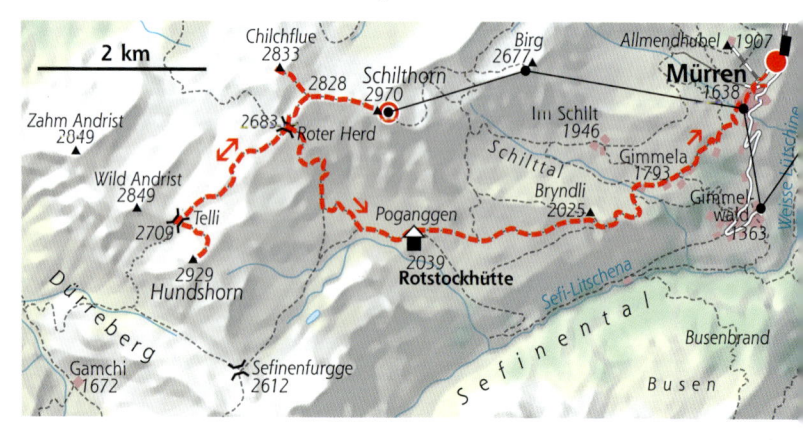

# Hundshorn 39

auch für den Aufstieg benützen. Der Ausgangsort Mürren gehört übrigens zu den autofreien Orten der Schweiz und ist nur per (Seil-) Bahn erreichbar.

**Zur Chilchflue** Vom **Schilthorn-Gipfel** (2970 m) dem Wegweiser in Richtung Roter Herd folgen. Der zwar leicht ausgesetzte, aber bestens gesicherte Weg führt über den Westgrat hinab. Dabei genießt man einen wunderschönen Überblick über die Berner Voralpen – allerdings nicht beim Gehen! Nach einer soliden Metallleiter zum Schluss quert man links unter **P. 2828 m** vorbei. Wer möchte, kann nun gleich den ersten Gipfel ansteuern. Dazu einfach die Flanke aus Schiefer leicht fallend in nordwestlicher Richtung auf einer schwachen Wegspur in den nächsten Sattel queren. Anschließend geht's beliebig und problemlos über das breite Gipfeldach zum Gipfel der **Chilchflue** (2833 m). Die Rundsicht ist ebenso schön wie am Schilthorn – allerdings ohne Zeugen. Zwischen Wildstrubel und Doldenhorn ist übrigens der Montblanc zu sehen. Dazu gibt's beeindruckende Tiefblicke ins Hochtal von Hohkien.

**Zum Hundshorn** Wieder zurück bis unter **P. 2828 m** und dem Weglein folgend steil in Kehren hinab zum Sattel **Roter Herd** (2683 m) und zur tiefsten Einsattelung zwischen Poganggen und Hohkien. Hier sind in südwestlicher Richtung bereits einige blau-weiße Markierungen erkennbar und bald findet sich rechts auf einem Stein die Aufschrift »Tellipass«. Dieser folgt man durch Blockfelder und teilweise auch über Schnee bis in ein Tälchen, das von einer schmalen Felswand abgeriegelt wird. Die Markierungen leiten links haltend

Schilthorn-Westgrat – Blick zur Chilchflue (r.)

# 39 Jungfrau Region, Thunersee

Schilthorn-Blick über die Schwalmere zum Thunersee

durch diese Felsen. Allerdings wäre hier ein Drahtseil nicht schlecht. So erreicht man eine Hochfläche, die leicht absteigend durchquert wird. Rechts an einem kleinen See vorbei gelangt man schließlich zum **Telli** oder **Tellipass** (2709 m). Am einfachsten steigt man von hier durch das Schutttälchen an, welches links vom Hundshorn hinabzieht und erreicht so zwar ein wenig mühsam, aber ohne Probleme, den obersten Nordostgrat. Dieser wird zum Gipfel hin steiler und es müssen noch zwei kleinere Stufen gemeistert werden, dann aber ist das Gipfelplateau erreicht und wenig später auch der Steinmann am **Hundshorn** (2929 m) mit Gipfelbuch. Die schöne Rundsicht kann man wohl meist allein genießen. Die Blüemlisalp und das Gspaltenhorn im Süden sind schon nahe gerückt und im Nordosten geht der Blick über die soeben durchquerte Steinwüste zu den Bergen zwischen Schilthorn und Schwalmere.

**Abstieg** Zunächst auf derselben Route bis zum Roten Herd. Ab hier dem markierten Wanderweg Richtung Mürren folgen. Der Abstieg ins Tal von **Poganggen** ist steil und es müssen dabei auch Blockfelder gequert werden. So erreicht man bald den Talgrund und die **Rotstockhütte** (2039 m). Ab hier gibt es mehrere Möglichkeiten, um nach Mürren zu gelangen. Der bequemste Weg, ohne große Gegensteigungen, führt durch die Südflanke des Schilthorns – immer die Jungfrau und die Lauterbrunner Eiswände im Blickfeld. Unterhalb des Bryndli wartet nochmals ein steiler Abstieg zur **Alp Spilboden** (1793 m). Abschließend geht's auf einem der beiden Wanderwege nach **Mürren** (1638 m), die beide etwa gleich lang sind.

# Schwalmere (2777 m)
## Ein Voralpengipfel?

| T3+ | 🕐 7.45 Std. | ⛰ ↑1545 m ↓1374 m | **40** |

**Tourencharakter:** Sehr anstrengende Bergtour, die eine gute Kondition erfordert, nicht zuletzt wegen mehrerer Gegensteigungen. Trittsicherheit ist vor allem bei der Querung unterhalb der Lobhörner erforderlich. Unter dem Sattel P. 2674 m hält sich bis in den August hinein ein großes Schneefeld. Gleich nach der Grütschalp und auf der Alp Sousläger gut auf die Wegweiser und Markierungen achten! Teilweise schwierige Orientierung, deshalb bei schlechter Sicht abzuraten.
**Beste Jahreszeit:** Juli bis September.
**Ausgangspunkt:** Station Grütschalp (1486 m), Seilbahn von Lauterbrunnen.
**Endpunkt:** Station Sulwald (1530 m), Seilbahn von Isenfluh.
**Verkehrsanbindung:** Zugverbindung von Interlaken nach Lauterbrunnen; Busverbindung von Isenfluh nach Lauterbrunnen. Beide Orte sind auch per Pkw erreichbar.
**Gehzeiten:** Gesamt 7.45 Std. Grütschalp – Sousegg 2.30 Std., Sousegg – P. 2373 m 1 Std., P. 2373 m – Schwalmere 1.15 Std., Schwalmere – Sousegg 1.45 Std., Sousegg – Sulwald 1.15 Std.
**Einkehr/Unterkunft:** Unterwegs keine Möglichkeit. Sulwaldstübli bei der Bergstation, Tel +041/33/855 12 51 oder +041/33/855 35 77.
**Markierung:** SAW-Wegweiser und weiß-rot-weiße Markierung.
**Karte:** Swisstopo 1:25 000, 1228 Lauterbrunnen; 1:50 000, 254 T Interlaken.
**Infos:** Lauterbrunnen Tourismus, CH-3822 Lauterbrunnen, Tel. +41/33/856 856 8, www.mylauterbrunnen.com

»Voralpen« – das klingt fast schon ein wenig mickrig, denn unter diesem Begriff stellt man sich eher Grasberge mit kurzen Anstiegen

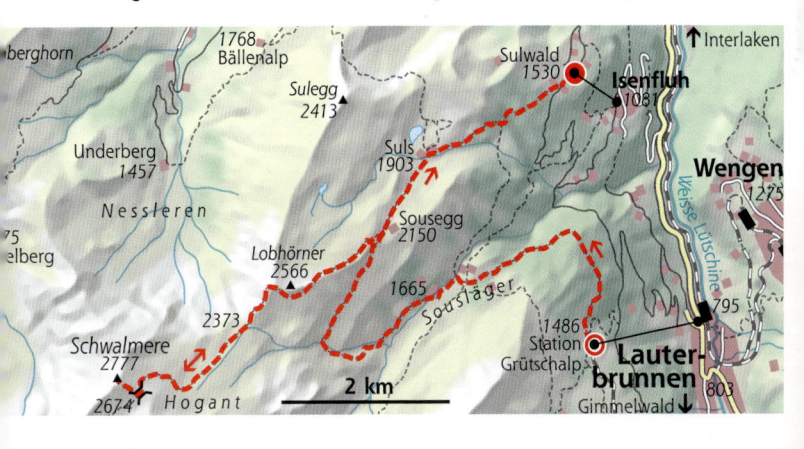

# 40 Jungfrau Region, Thunersee

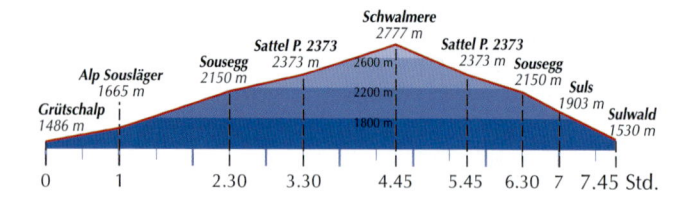

| | | Schwalmere 2777 m | | |
|---|---|---|---|---|
| | Sousegg 2150 m | Sattel P. 2373 2373 m | Sattel P. 2373 2373 m | Sousegg 2150 m |
| Alp Sousläger 1665 m | | 2600 m | | Suls 1903 m |
| Grütschalp 1486 m | | 2200 m | | Sulwald 1530 m |
| | | 1800 m | | |
| 0 | 1 | 2.30  3.30 | 4.45  5.45 | 6.30  7  7.45 Std. |

vor. Dass dem nicht immer so ist, beweisen die Berner Voralpen, die richtiges Hochgebirge sind. Wer einmal den langen Weg zur Schwalmere gelaufen ist, der wird diese Berge keinesfalls als voralpin oder gar mickrig empfinden. Sicher, es fehlen die Gletscher sowie hohe und wilde Wände und Abgründe. Trotzdem sind diese Gipfel ernst zu nehmen. Die Schwalmere ist einer der bedeutendsten Gipfel der Berner Voralpen mit entsprechender Aus- und Rundsicht.

**Aufstieg**   Von der **Bergstation Grütschalp** (1486 m) zieht der markierte Wanderweg zunächst durch den Wald in angenehmer Steigung um den nördlichen Ausläufer des Bietenhorns zur Alp Sousläger. Um zusätzliche Gegensteigungen zu vermeiden, halten wir uns ca. 100 m nach der Station rechts am unteren Weg, der um die Ausläufer des Soushorns durch den Wald zur **Alp Sousläger** (1665 m) führt. Im Talhintergrund beginnt der Weg dann kräftig zu steigen, quert kurzzeitig sogar leicht ausgesetzt einen Tobel und erreicht über die Hochstufe der Sousböden die **Sousegg** (2150 m). Hier links halten und durch eine

Traumblick – Thunersee von der Schwalmere

# Schwalmere 40

Grasflanke auf den Kamm, der von den Lobhörnern herabzieht. Der Weg quert unter den Türmen der Lobhörner und senkt sich unter dem Kleinen Lobhorn wieder bis in den Sattel **P. 2373 m**. Nun zunächst wieder flacher bis zu den Schutthalden, die von der Schwalmere herabziehen und in einem Rechtsbogen durch den Schutt und bis in den Spätsommer über ein Schneefeld in den Sattel **P. 2674 m**. Von hier zieht die Wegspur über den Kamm steil und rasch zum Gipfel der **Schwalmere** (2777 m) hinauf. Oben wartet eine phänomenale Rundsicht. Über weiten und einsamen Schutt- und Geröllhalden erheben sich im Südhalbrund die gewaltigen Eisriesen. Noch schöner ist allerdings der Blick auf den Thunersee – unbeschreiblich!

Endspurt — Schlussanstieg zur Schwalmere

Voralpen – Dreispitz und Niesengrat

**Abstieg** Bis zur **Sousegg** wie im Aufstieg. Dort links hinab nach **Suls** (1903 m). Der Weiterweg zieht sich mit meist angenehmem Gefälle durch Wald am Hang entlang nach **Sulwald** (1530 m). Von hier geht's per Bahn nach Isenfluh und weiter mit dem Bus nach Lauterbrunnen.

## HASLITAL, BRIENZERSEE

Mauern ragen, Wasser rauschen und manchmal pfeift der Föhn von den hohen Graten herab: das Haslital. Die meisten Wände hier sind aus Granit, manche auch aus Beton – und sie stauen die Gletscherwasser der Aarequellbäche zu alpinen Fjorden; der größte davon ist jener an der Grimsel, mehr als fünf Kilometer lang, er wird gespeist vom größten Eisrevier der Gegend, jenem des Unteraargletschers. Über seinem Nährgebiet stehen einige der höchsten Gipfel der Berner Alpen, Finsteraarhorn (4274 m), Rekordhalter hier, Lauteraarhorn (4042 m) und Schreckhorn (4078 m), Gipfelziele für ausgewiesene Alpinisten. Es geht aber auch leichter: Das Sidelhorn beispielsweise ist ein Ziel für (fast) jedermann, und für jene, die nicht unbedingt ein Gipfelerlebnis brauchen, sind die Haslitaler Hütten – Refugien inmitten grandioser Granitmauern – allemal lohnende Wanderziele.

*Im Vorfeld des Unteraargletschers, im Hintergrund Lauteraar- und Schreckhorn*

So ein Haus, umrahmt von hohen Gipfeln und mit einem mächtigen Gletscher (beinahe) vor der Tür, ist auch die Gaulihütte. Doch sie versteckt sich mitsamt dem Urbachtal so gut im Rücken von Wetterhorn und Dossen, dass hier Bergeinsamkeit, die viel gepriesene, fast schon garantiert ist. Dazu kommt, dass der Weg zum Gauligletscher ewig weit ist, weshalb er als mögliches Ziel für Sonntagswanderer glatt durchfällt. Wer die Mühen des langen Zustiegs nicht scheut, darf sich auf eine alpine Szenerie freuen, der man mit Attributen wie »grandios« nicht beikommt – man muss sie gesehen haben, erleben.

Östlich des Haslitals ist man zwar in den Urner Alpen, aber immer noch im Bernbiet. Viel

# Haslital, Brienzersee

Granit auch hier, schroffe Zacken dazu und Gletschereis. Dem kommt man am Weg über den Furtwangsattel sehr nahe, auf der spektakulären, 170 Meter langen Hängebrücke über den Triftsee – ein Publikumsmagnet par excellence.

Mit Eisen statt Eis wartet nördlich des Gadmertals eine andere Route auf: der Tälli-Klettersteig, der erste und einer der schönsten der Schweiz, 1993 angelegt von den Haslitaler Bergführern. Die kennen natürlich jeden Berg im Haslital – und ihrer Kompetenz bedient sich mit Vorteil, wer einen der großen Gipfel im Visier hat. Davon gibt es viele, Klettergipfel wie Gletscherziele; zu den bekanntesten gehört das Sustenhorn, recht viel bestiegen werden die Tierberge und das Gwächtenhorn, nebst den bereits erwähnten Viertausendern im Westen des Grimselsees.

Deutlich niedriger, mehr grün als felsgrau und ohne jede Spur von Gletscherweiß sind die Bergketten über Meiringen und dem oberen Brienzersee. Auf den berühmtesten Gipfel in diesem Teil des Oberlandes schnauft im Sommerhalbjahr ein altehrwürdiges (Dampf-)Bähnchen: zum Brienzer Rothorn. Manche steigen auch zu Fuß auf den Aussichtsberg, gerne vom Brünigpass aus, nur ganz wenige wagen sich westwärts an den lang gestreckten, mehrgipfligen Brienzergrat: eine Tour voller Überraschungen – und mit beachtlichen Abgründen! Ein ähnliches Profil ragt über dem Hasliberg in den Himmel. Die Überschreitung des Glogghüs vermittelt vergleichbare spektakuläre Höhengefühle (und entsprechend viel Tiefe).

Hauptort des Haslitals ist Meiringen, das man leicht als »süße Versuchung« bezeichnen könnte, trat von hier aus doch die weltberühmte Meringue – ein Schaumgebäck – ihren Siegeszug durch die Welt an. Eine andere Karriere wäre in der Gegend beinahe abrupt zu Ende gegangen, jene des Meisterdetektivs Sherlock Holmes. Krimifreunde wissen Bescheid, ich sage nur: Reichenbachfall, Professor Moriarty.

Absturzgefahr ist beim Bergsteigen zwar nie auszuschließen, rund um Meiringen ist sie allerdings vergleichsweise gering – sofern man sich an die markierten Wanderwege hält. Die führen dafür ab und zu in, nicht auf den Berg, wie bei der berühmten Aareschlucht, deren Besuch auch passionierte Gipfelstürmer nicht versäumen sollten. Und wer zur Dossenhütte hinaufsteigt, kommt ohnehin an der Rosenlauischlucht vorbei: noch so ein Landschaftswunder. Aber davon gibt es im Berner Oberland ja wirklich viele. *Eugen E. Hüsler*

Haslital, Brienzersee

# 41 Augstmatthorn (2137 m)

Panoramawandern im Reich der Steinböcke

| T 3 | 6.45 Std. | ↑ 1559 m ↓ 1082 m |

**Tourencharakter:** Knackige Gipfelüberschreitung zwischen Brienzersee und Habkern. Bereits beim Anstieg durch die steile Grasflanke ist Trittsicherheit notwendig, bei der Gratwanderung zum Gipfel auch absolute Schwindelfreiheit. Der Weg ist zwar breit und es gibt keine schwierigen Stellen, aber der Grat fällt vor allem auf der Südseite sehr steil ab. Kurze Stellen sind mit Drahtseilen abgesichert. Nicht bei Nässe, Schnee und Eis begehen! Eine gute Kondition sollte bei diesem Höhenunterschied selbstverständlich sein.
**Beste Jahreszeit:** Juni bis Oktober.
**Ausgangspunkt:** Niedenried (578 m) am Brienzersee, Bahnhof und Parkplätze.
**Endpunkt:** Habkern (1068 m), Bushaltestelle und Parkplätze.
**Verkehrsanbindung:** Straße und Zugverbindung von Interlaken und Brienz; Bus von Habkern nach Interlaken.
**Gehzeiten:** Gesamt 6.45 Std. Niederried – Wyssenfluhhütte 2.30 Std., Wyssenfluhhütte – Hardergrat 1 Std., Hardergrat – Augstmatthorn 1 Std., Augstmatthorn – Lombachalp 1 Std., Lombachalp – Habkern 1.15 Std.
**Einkehr/Unterkunft:** Lombachalp, Restaurant »Jägerstübli«, Tel. +41/33/843 11 78, www.lombachalp.ch
**Markierung:** SAW-Wegweiser und weiß-rot-weiße Markierungen.
**Karte:** Swisstopo 1:50 000, 254 T Interlaken.
**Infos:** Tourist Information Ringgenberg-Goldswil-Niederried, CH-3852 Ringgenberg, Tel. +41/33/8223388, www.interlaken.ch; Habkern Tourismus, CH-3804 Habkern, Tel. +41/33/8431301, www.habkern.ch

Auf der Nordwestseite des Brienzersees erhebt sich eine grasige, sehr steile Bergkette. Der letzte größere Gipfel im südwestlichen Teil ist das Augstmatthorn. Ihm vorgelagert ist noch der Suggiture. Beide sind durch einen hohen Gratfirst verbunden, über den ein aussichtsreicher Wanderweg verläuft. Hier lebt die mit ca. 300 Tieren größte Steinbockkolonie des Berner Oberlandes. Die Tiere halten zwar einen Sicherheitsabstand, zeigen jedoch ansonsten recht wenig Scheu gegenüber Menschen. Oft liegen sie direkt auf der Grathöhe mitten am Weg. Der Gipfel lässt sich deutlich kürzer ab Lombachalp auf einer Rundtour überscheiten. Als weitere Zugangsmöglichkeit kommt der Anstieg ab Harder Kulm in Betracht. Von hier ist die Höhendifferenz zwar deutlich geschrumpft, dafür ist der Weg sehr weit, garniert mit vielen Auf- und Abstiegen.

# Augstmatthorn 41

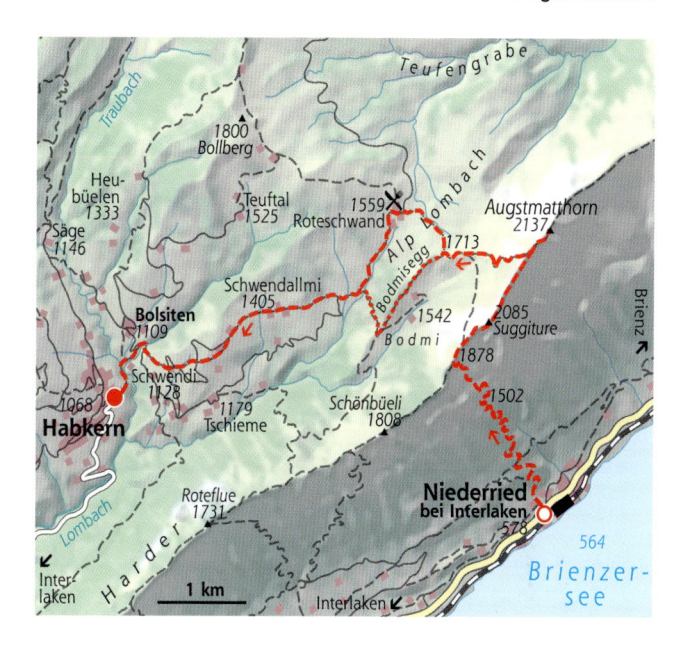

**Aufstieg** Vom Bahnhof **Niederried** (578 m) den Wegweisern folgend über die Kantonsstraße. Der Weg zieht sofort steil durch den Wald hinauf und gewinnt rasch an Höhe. Zunächst bietet die Tour nur wenig Abwechslung. Ab der **Wyssenfluhhütte** (1502 m) lässt man den Wald unter sich, die Ausblicke werden freier. Anhaltend steil zickzackt der Weg hinauf zum **Hardergrat** (1860 m). Ab jetzt geht's immer direkt über den Grat. Den steilsten Aufschwüngen weicht der gute Weg nördlich auf der linken Seite aus und erreicht den **Suggiture** (2085 m). Von hier kurz hinab und anschließend aussichtsreich am Kamm entlang zum **Augstmatthorn** (2137 m). Die Rundsicht bietet neben dem Panorama der Berner Alpen vor allem beeindruckende Tiefblicke auf den Brienzersee mit seinen Ortschaften. Dazu gibt's einen schönen Überblick über die Wald- und Moorlandschaft rund um Habkern.

**Abstieg** Vom Gipfel wieder zurück bis zur ersten Abzweigung. Hier rechts haltend Richtung Habkern und durch die grasige Nordwestflanke bis **P. 1713 m**. Nun entweder rechts via **Lombachalp** oder links via Bodmisegg. In beiden Fällen lässt sich ein kurzes Stück Straße nicht vermeiden und man erreicht die Abzweigung nach **Schwendallmi**. Dieser rechts haltend folgen und auf gut markierten Wegen, immer mit Blick zum Thunersee nach **Habkern** (1068 m) hinab.

## 42 Brienzergrat
### Haslital, Brienzersee
Nur für Schwindelfreie!

| T6 | 6.15 Std. | ↑ 500 m ↓ 2150 m |

**Tourencharakter:** Die schönste Grat- und Graswanderung des Oberlandes! Durchgehende Spur vom Brienzer Rothorn bis in die Ällgäulücke, allerdings nur teilweise markiert. Vielfach abschüssige Grashänge, bei Regen oder Nässe ist deshalb von der Tour dringend abzuraten. Die Schwierigkeiten halten sich in Grenzen (überwiegend T3/T4), eine Ausnahme macht der Ostgrat des Tannhorns: zuerst kurze Kletterei (dünnes Drahtseil als Sicherung), dann eine extrem scharfe Gratschneide. Hier hat jeder Fehltritt fatale Folgen! Grandios die Aussicht mit der Parade der Berner Hochalpen im Süden und dem Brienzersee. Am Grat begegnet man mit etwas Glück Gämsen und (wenig scheuen) Steinböcken.
**Beste Jahreszeit:** Mitte Juni bis zum ersten Schnee im Herbst.
**Ausgangspunkt:** Bergstation (2244 m) der Brienz-Rothorn-Bahn.
**Endpunkt:** Oberried am Brienzersee (589 m).
**Verkehrsanbindung:** Brienz (566 m) und Oberried liegen am Nordufer des Brienzersees. Gute Straßen- und Bahnverbindungen mit Interlaken, Meiringen und dem Brünigpass. Infos über Verkehrszeiten der Brienz-Rothorn-Bahn im Internet unter www.brienz-rothorn-bahn.ch; im Hochsommer erste Fahrt an Sonntagen um 7.30 Uhr, sonst 8.30 Uhr.
**Gehzeiten:** Gesamt 6.15 Std. Rothorn Kulm – Chruterepass 1 Std., Chruterepass – Wannepass 1 Std., Wannepass – Ällgäulücke 2 Std., Ällgäulücke – Oberried 2.15 Std.
**Einkehr/Unterkunft:** Berghotel Rothorn Kulm (2266 m), Juni bis Oktober; Tel. +41/33/951 12 51.
**Markierung:** Bis in den Chruterepass weiß-rot-weiß bezeichnet, dann weiter zum Wannepass alte, sehr verblasste Markierungen. Abstieg aus der Ällgäulücke weiß-rot-weiß markiert, gelbe Wegweiser.
**Karten:** Swisstopo 1:25 000, 1189 Sörenberg, 1209 Brienz.
**Info:** Brienz Tourismus, Hauptstraße 148, Postfach 801, CH-3855 Brienz; Tel. +41/33/952 80 80, www.brienz-tourismus.ch

Das Rothorn (2350 m) ist ganz klar ein Highlight des Brienzersees, seine Bahn (schnauf, schnauf!) bei Besuchern aus aller Welt eine Attraktion und das Panorama vom Gipfel schlicht umwerfend. Da verwundert es nicht, dass auf dem (kurzen) Weg zum höchsten Punkt oft ein ziemliches Gedränge herrscht und auch die beiden Beizen bei Schönwetter bestens besucht sind. Ganz anders am Brienzergrat: Da sind die Bergwanderer meistens allein; Gesell-

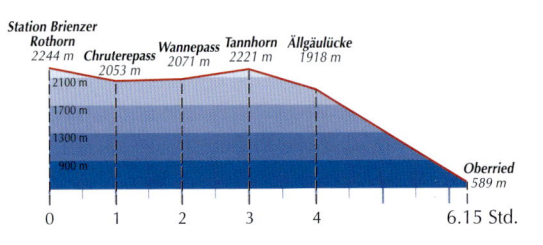

# Brienzergrat 42

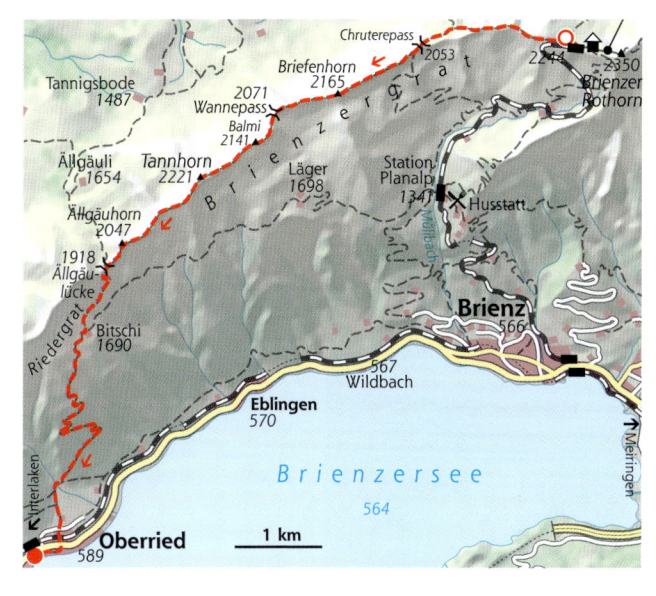

Die schroffen Lanzizähne am Brienzergrat

schaft bekommen sie höchstens von dem Steinwild, das am schroffen Grat spazieren geht.

**Harmloser Auftakt zum Chruterepass** Gleich oberhalb der Bahnstation **Rothorn Kulm** (2244 m) geben Wegzeiger die Richtung an: links. Der deutliche Weg schneidet – nur kurz ansteigend – die grasigen, von ein paar Felsen durchsetzte Südflanke des **Schongütsch** (2320 m) tangiert dahinter ein erstes Mal den Grat, bevor er auf die Nordseite wechselt. Im Rücken der fünf Lanzizähne steigt man über zementierte Treppen durch das Lättgässli, eine steile Rinne, ab und quert dann hinüber zum **Chruterepass** (2053 m).

# 42 Haslital, Brienzersee

*Aussichtwandern am Brienzergrat. Links der Brienzersee*

**Gras und Abgründe**  An der Scharte beginnt die Gratwanderung. Die schmale Spur steigt an zu einer namenlosen Kuppe, folgt dann, meistens knapp links der Schneide verlaufend, dem Briefengrat und gewinnt schließlich die Höhe des **Briefenhorns** (2165 m).

Der Zwischenabstieg führt in den **Wannepass** (2071 m). Im Vorblick hat man die markante Graspyramide des Tannhorns, davor den Rücken des **Balmi** (2141 m). Seine felsigen Aufschwünge umgeht die unmarkierte, aber deutliche Spur nordseitig. Der Ostgrat des Tannhorns rückt nun näher; nicht zu übersehen sind die Felsen über seinem Ansatzpunkt – und die gerade zwei Fuß breite Schneide darüber. Ein dünnes Seil bietet etwas (moralischen) Halt bei der kurzen Kraxelei in dem brüchigen Gestein, beim Gang über den anschließenden Grat hilft dann nur noch Konzentration auf den nächsten Schritt. Nach etwa zwanzig Metern darf man aufatmen und gut zehn Minuten später ist der Gipfel des **Tannhorns** (2221 m) gewonnen.

Der Abstieg in die nächste Gratsenke ist vergleichsweise harmlos, die Spur läuft über eine namenlose **Kuppe** (2089 m) und peilt nach erneutem Zwischenabstieg das schroffe **Ällgäuhorn** (2047 m) an. Dahinter geht's teilweise sehr steil hinunter in die **Ällgäulücke** (1918 m).

**Abstieg**  Aus der Scharte führt ein weiß-rot-weißer Weg, den felsdurchsetzten Hang schneidend, schräg hinunter zur längst aufgegebenen **Alp Bitschi** (1690 m). Gut zweihundert Meter tiefer betritt man den Wald (Beeren!); dann geht's in Schleifen, bald einmal als komfortabel breite Trasse, weiter recht steil, aber angenehm schattig bergab zur Mündung des **Hirscherrenbachgrabens**. Man quert ihn und spaziert – zuletzt auf Asphalt – hinunter zum Bahnhof von **Oberried** (589 m).

Glogghüs

# Glogghüs (2534 m)
## Schroffe Grasberge über dem Hasliberg

**43**

**T6** | 6.45 Std. | ↑↓ 1000 m

**Tourencharakter:** Spannende Gratüberschreitung, teilweise ausgesetzt, mit einigen kurzen felsigen Passagen (I). Die Tour setzt absolute Schwindelfreiheit und einen sicheren Tritt voraus – nichts für Gelegenheitswanderer! Dazu gilt: Der Untergrund muss auf jeden Fall trocken sein, bei Nässe wird's extrem gefährlich! Ein Fehltritt kann hier fatale Folgen haben, denn nur ganz wenige Passagen sind durch Sicherungen entschärft. Von beiden Gipfeln tolle Aussicht, gewürzt mit packenden Tiefblicken.
**Beste Jahreszeit:** Ende Juni bis zum ersten Schnee im Herbst.
**Ausgangs-/Endpunkt:** Seilbahnstation Käserstatt (1831 m).
**Verkehrsanbindung:** Zu den Weilern des Haslibergs führt vom Brünigpass (Bahnhof) eine gut ausgebaute Straße; Postbus. Ab Wasserwendi (1160 m) Gondelbahn nach Käserstatt.
**Gehzeiten:** Gesamt 6.45 Std. Käserstatt – Glogghüs 2.30 Std., Glogghüs – Balmeregghorn 2 Std., Balmeregghorn – Käserstatt 2.15 Std.
**Einkehr/Unterkunft:** Berghaus Käserstatt (1831 m); Panoramarestaurant Alpen tower, Alp Hääggen.
**Markierung:** Weiß-rot-weiß und weiß-blau-weiß, dazu gelbe bzw. blaue Wegzeiger.
**Karten:** Swisstopo 1:50 000, 255 T Sustenpass, 1:25 000, 1210 Innertkirchen.
**Info:** Touristinformation, Bahnhofstraße 22, CH-3860 Meiringen; Tel. +41/33/972 50 50, www.alpenregion.ch

Der Hasliberg, die grün-sonnige Aussichtsterrasse über Meiringen, ist ein beliebtes Ferien- und Wandergebiet. Grün sind auch die Gipfel über dem weitläufigen Almrevier der Mägisalp: Hochstollen (2481 m), Glogghüs (2534 m) und Rothorn (2526 m). Doch darf man sich davon nicht täuschen lassen, die grasigen Flanken sind extrem steil, da und dort mit (bröseligen) Felsen durchsetzt und bei Nässe brandgefährlich: Fehltritte absolut verboten! Also wird man sich nur bei sicherem Wetter auf die weiß-blau-weiß markierte Gratüberschreitung machen, dazu mit einer angemessenen Portion Respekt

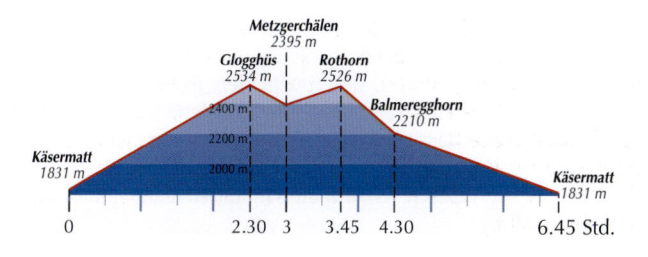

# 43 Haslital, Brienzersee

> **Tipp**
>
> **Über den Hochstollen zum Melchsee**
> Eine leichtere, allerdings auch etwas längere Rundtour führt von Käserstatt über den Hochstollen (2481 m) zum Melchsee (1891 m) und anschließend via Balmegghorn (2255 m) zurück nach Hasliberg. Durchwegs weiß-rot-weiß markierte Wege, etwas Ausdauer und Trittsicherheit erforderlich. Gesamtgehzeit 7 Std., 1060 m, T3, Einkehrmöglichkeiten am Melchsee.

im (mentalen) Gepäck. Der Gang »auf Messers Schneide« wartet mit einigen heiklen Passagen auf, beschert aber atemberaubende Tiefblicke.

**Zum Glogghüs** Bei den Alphütten von Käserstatt, zwei Minuten von der **Seilbahnstation** (1831 m), weist ein Wegzeiger links zum Hochstollen. Die weiß-rot-weißen Markierungen leiten durch eine grüne Mulde, dann – parallel zu einem Winterlift – über einen steilen Grasrücken bergan nach **Hohsträss** (2119 m). Nun flacher auf deutlichem Weg gegen den Fulenberg. Hier zweigt rechts der Weg zum Glogghüs ab, **P. 2270 m**, eine weiß-blau-weiß markierte Spur, die sich bald dem Grat nähert, ihm dann folgt, zuletzt kleine Felsstufen (Sicherungen) bis zum **Glogghüs** (2534 m).

**Gratwanderung übers Rothorn** Das Weglein folgt dem Südostgrat, hält aber Abstand zur Kammschneide: Diese bricht zur Melchsee-Frutt senkrecht ab. Weniger steil ist die Hasliberger Flanke, Trittsicherheit aber unerlässlich. Ein kurzer Kamin mündet wieder auf den grasigen Grat, dem man bis an den Steilabbruch zur **Metzgerchälen** (2395 m) folgt. Die Route weicht ihm nach rechts aus, steigt ab in die Scharte. Seile entschärfen den Auftakt zum Gegenanstieg (plat-

Schroffer Gipfel über grünen Flanken: Glogghüs

# Glogghüs 43

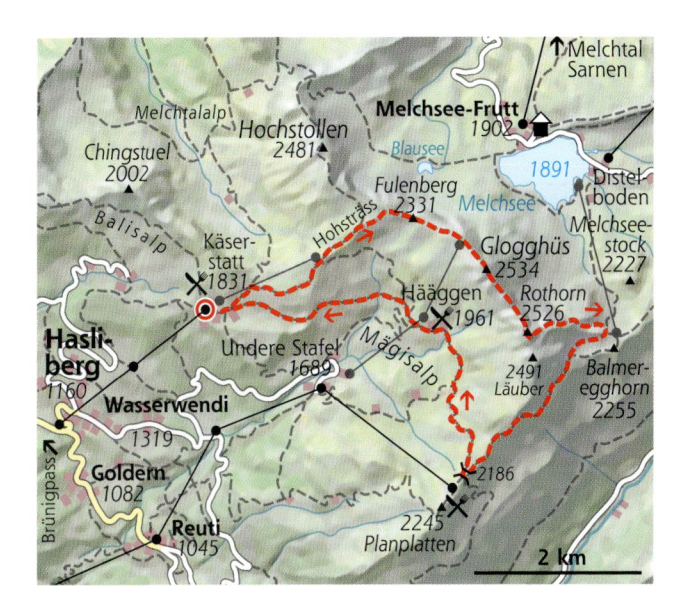

tige Rinne), dann leiten die deutlichen Markierungen über den Nordwestrücken des **Rothorns** (2526 m) bergan.

Der Abstieg beginnt gemütlich, führt dann an einen namenlosen krummen Turm heran. Er wird an- und absteigend passiert (Sicherungen); aus der Scharte vor dem **Läuber** (2491 m) geht's links hinunter in eine steinige Mulde, flach aus ihr heraus und kurz bergan zu einem namenlosen Grasbuckel, **P. 2427 m** (schöner Rastplatz). Über grasige Schrofenhänge steigt man ab gegen den **Talistock** (2297 m) und weiter zur **Scharte** (ca. 2210 m) unterhalb des Balmegghorns (2255 m).

Leichte Kletterpassage am Rothorn

**Abstieg**  Aus der Senke rechts haltend hinab in eine steinige Mulde, hinter der man in den Weg nach Planplatten einfädelt. Mit viel Aussicht geht's – erst noch ansteigend, dann flach – durch die südostseitigen Abstürze des Rothorns hinaus nach Planplatten. Aus der **Scharte** (2186 m) vor dem **Alpen tower** (2224 m, Seilbahn) zieht ein guter Weg hinunter in das weitläufige Wiesengelände der Mägisalp. Via **Hääggen** (1961 m) wandert man zurück nach **Käserstatt** (1831 m).

Haslital, Brienzersee

## 44 Tälli-Klettersteig
Fast eine Dolomiten-Ferrata

| K 3 | 6.30 Std. | ↕ 1000 m |

**Tourencharakter:** Landschaftlich sehr eindrucksvoller Klettersteig in klassischem Stil, mit 14 Leitern, Eisenbügeln, Stiften und Drahtseilen bestens gesichert. Die Hauptschwierigkeiten finden sich im untersten Abschnitt, beim Rückweg (Gegenanstieg) ist dann vor allem die Kondition gefragt. Alternativ Abstieg zur Engstlenalp (Postbus).
**Beste Jahreszeit:** Ende Juni bis zum ersten Schnee im Herbst.
**Ausgangs-/Endpunkt:** Bergstation der Tällibahn, gleich neben der neuen Tällihütte (1726 m).
**Verkehrsanbindung:** Die Talstation der Tällibahn (1171 m) liegt an der Westrampe der Sustenpassstraße, zwischen Fuhren und Gadmen. Postbus ab Meiringen.
**Gehzeiten:** Gesamt 6.30 Std. Zustieg 1 Std., Tälli-Klettersteig 3 Std., Abstieg/Rückweg 2.30 Std.
**Einkehr/Unterkunft:** Tällihütte, Anfang Mai bis Mitte Oktober; Tel. +41/33/975 14 10, www.taellihuette.ch
**Markierung:** Zu- und Abstieg eher sparsam markiert (weiß-blau-weiß, Steinmännchen, ein paar Stangen). Bei Nebel kann die Orientierung beim Abstieg nach Norden problematisch sein.
**Karten:** Swisstopo 1:50 000, 255 T Sustenpass.
**Info:** Touristinformation, Bahnhofstraße 22, CH-3860 Meiringen; Tel. +41/33/972 50 50, www.alpenregion.ch

Klettern vor einer Traumkulisse: am »Tälli«

Den Bernern sagt man ja gerne nach, dass sie nicht die Schnellsten wären (liegt's an der Sprache?), doch in unserem Fall trifft das bestimmt nicht zu. Als die Haslitaler Bergführer ihren Klettersteig an der Gadmerflue 1993 einweihten, war's eine echte Pioniertat: die erste Via ferrata der Schweiz. »Via ferrata« passt in diesem Fall besonders gut, nicht etwa, weil ein alter Saumpfad aus dem Haslital ins benachbarte italienische Ossola führte; vielmehr erinnert die Route an schönste Vorbilder aus den Dolomiten.

**Zustieg** Von der Terrasse der schmucken neuen **Tällihütte** (1726 m) führt der weiß-blau-weiß markierte schmale Weg schräg bergan gegen die Gadmerflue. Die zeigt sich als schroffes, hoch in den Him-

# Tälli-Klettersteig 44

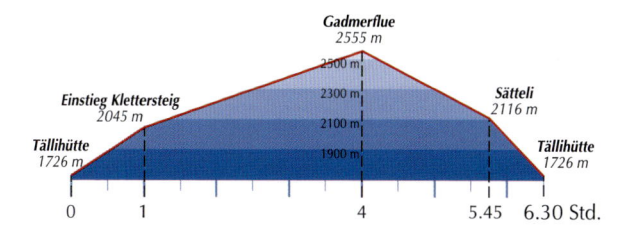

mel ragendes Gemäuer mit vielen Terrassen, Schluchten und senkrechten Abbrüchen. Über die Stüelwäng nähert sich der Weg dem **Alpligerstock** (2067 m). Man quert eine (im Frühsommer mit Schnee gefüllte) Rinne und steigt dann über einen Schrofenhang (Drahtseile) an zum **Einstieg** (ca. 2045 m) im Rücken des Wandvorbaus.

**Tälli-Klettersteig** Den Auftakt macht die erste von insgesamt 14 Leitern der Route, etwa acht Meter hoch, steil und mit einem etwas

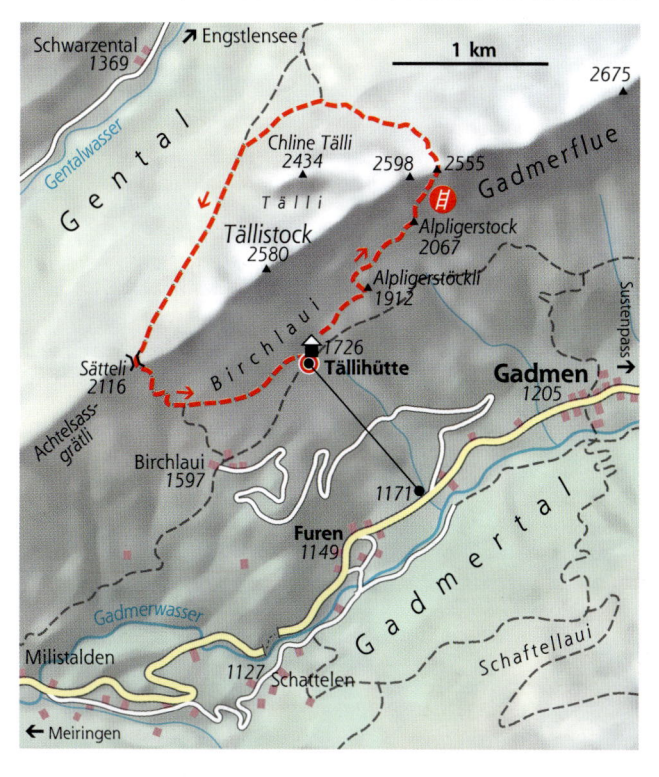

# 44 Haslital, Brienzersee

Am »Tälli-Klettersteig« muss man ein paar Mal kräftig zupacken.

kniffligen kurzen Zustieg durch eine steile Rinne. Anschließend quert man auf einem Horizontalband mit kurzen Unterbrechungsstellen (Haken) luftig nach rechts, bis die Sicherungen wieder nach oben leiten. In anregender Kletterei geht's über steile Aufschwünge, grasige Absätze und Bänder zügig aufwärts, insgesamt nimmt die Steilheit dabei ab, die Aussicht dafür zu. Letztere genießt man ganz entspannt von einer **Holzbank** (ca. 2240 m), die Haslitaler Bergführer in einer kleinen Grotte platziert haben. Danke!

Sicherungen leiten über eine Felsstufe auf das nächsthöhere, markante Grasband; es leitet unter gewaltigen Felsmauern nach rechts auf ein aussichtsreiches Eck. Hier kommt eine steile Verschneidung ins Blickfeld, die mit drei versetzt angeordneten Leitern gangbar gemacht ist. Sie mündet auf eine breite Rippe, über die man die nächste, steile Wandpartie ansteuert. Eine luftige Rechtsquerung führt zum nächsten Aufschwung; über zwei weitere Sprossenfolgen, eine ausgesetzte Traverse und einen großen Tritt für kleine Leute (**»Monas step«**) gelangt man erneut auf ein Band. Man folgt ihm nach rechts, dann um ein felsiges Eck herum zum **Routenbuch** (ca. 2450 m). Hier endet die Kletterei aber noch keineswegs; am steilen Gipfelaufbau sind noch weitere fünf Leitern montiert, dazwischen mit Drahtseilen gesicherte Passagen, bevor man am Gipfelgrat steht und hinüberspaziert zum eisernen Schmuck am Rücken der **Gadmerflue** (2555 m).

**Abstieg**  Nordseitig leiten Spuren über den steinigen Rücken abwärts zu einer Markierungsstange. Hier biegt der Weg links ab und zieht über Schrofen hinunter in einen Graben. In ihm leiten die weiß-blau-weißen Markierungen weiter abwärts (kurze Kletterstelle, I) und hinaus zu einer Verzweigung (Wegzeiger). Man hält sich links (rechts zum Engstlensee) und steigt über Wiesenhänge ab zum nordwestseitigen Felsfuß des **Chline Tälli** (2434 m). Dann heißt es nochmals: hinauf! In recht anhänglicher Gegensteigung geht's bergan ins **Sätteli** (2116 m), auf der Südseite der Gadmerflue dann hinab ins Almgelände und links hinüber zur **Tällihütte**.

## Furtwangsattel, 2568 m
### Drahtseile, Gletschereis und ein hoher Pass

| T4 | 9 Std. | ↑ 1580 m ↓ 1540 m |

**Tourencharakter:** Ausgeprägt alpine Passwanderung, sehr anstrengend, vor allem, wenn man von Furen zu Fuß aufsteigt. Dann besser mit einer Übernachtung in der Windegghütte. Trittsicherheit und eine gute Kondition sind unerlässlich, für den langen Abstieg Teleskopstöcke von Vorteil. Großer Gag der Tour ist die 170 Meter lange Hängebrücke über dem See des Triftgletschers, ein absoluter Publikumsmagnet. Wartezeiten bis zu zwei Stunden(!) an der Talstation der Triftseilbahn sind deshalb keine Seltenheit. Eine die Nerven schonende Alternative bietet der Aufstieg zu Fuß: anderthalb Stunden ganz stressfrei, auch angenehm schattig.
**Beste Jahreszeit:** Juli bis zum ersten Schnee im Herbst.
**Ausgangspunkt:** Furen (1149 m) an der Sustenstraße oder Bergstation der Triftseilbahn (1357 m).
**Endpunkt:** Guttannen (1057 m).
**Verkehrsanbindung:** Ausgangs- und Endpunkt der Tour liegen an der Susten- bzw. der Grimsel-Passstraße, von Innertkirchen je etwa 10 km. Postbusverbindungen ab Meiringen/Innertkirchen. Die Triftbahn verkehrt im Sommer täglich ab 9 Uhr, bei schönem Wetter bereits ab 8 Uhr. Mit Wartezeiten muss gerechnet werden, auch bei der Talfahrt!
**Gehzeiten:** Gesamt 9 Std. Furen – Underi Trift 1.30 Std., Underi Trift – Hängebrücke – Windegghütte 2 Std., Windegghütte – Furtwangsattel 2.30 Std., Furtwangsattel – Guttannen 3 Std.
**Einkehr/Unterkunft:** Windegghütte, Mitte Juni bis Mitte Oktober; Tel. +41/33/975 11 10, www.windegghuette.ch
**Markierung:** Weiß-rot-weiß markierte Bergwege, gelbe Wegzeiger.
**Karten:** Swisstopo 1:50 000, 255 »Sustenpass; 1:25 000, 1210 Innertkirchen.
**Info:** Touristinformation, Bahnhofstraße 22, CH-3860 Meiringen; Tel. +41/33/972 50 50, www.alpenregion.ch

Der Furtwangsattel (2568 m) ist der einzige eisfreie Übergang vom Gadmer- zum Haslital; in hochalpine Regionen führt er allerdings ebenfalls. Besonders interessant sind natürlich Triftgletscher und -see, nicht nur der Hängebrücke wegen. Diese gilt mit einer Spannweite von 170 Meter als eine der längsten Europas. Rund 100 Meter über dem grünlich schimmernden Spiegel des Gletschersees spaziert man hinüber zum Drosiegg. Beim Blick in die Tiefe hat da schon manche/r leicht zittrige Knie bekommen …
Oben am Furtwangsattel öffnet sich ein erster Blick auf die Granitgipfel des Haslitals, der Abstieg nach

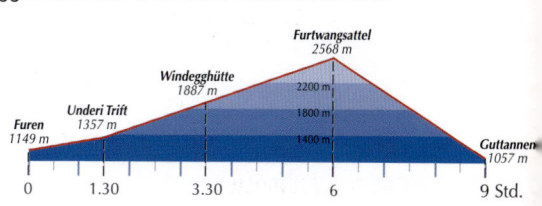

# 45 Haslital, Brienzersee

Guttannen (1057 m) ist dann ein einziges Schaulaufen, mit freier Sicht auf das mächtige Ritzlihorn (3263 m) zu den Engelhörnern und zum eisumwallten Wetterhorn. Die extrem steilen Talflanken lassen keinen Zweifel am Sinn des Ortsnamens: Bäume, Wald als natürlicher Schutz gegen Lawinen – Guttannen.

**Zur Trift-Hängebrücke**  Wer nicht in einer der Acht-Personen-Kabinen der ehemaligen Werkseilbahn taleinwärts schweben mag, mit fast schon gruseligen Tiefblicken in den wilden Graben des Triftwassers, nimmt den alten Hüttenzustieg. Er beginnt beim Postbushalt in **Furen** (1149 m), führt auf Asphalt hinab zum Gadmerwasser (Parkmöglichkeit), dann mit einem Sandsträßchen ein paar hundert Meter talauswärts. Beim Hinweis »Windegg« biegt man links ab und folgt dem Fußweg, der neben einem Bach recht steil gegen den Schaftellauiwald ansteigt, vorbei an der Abzweigung zum Gadenlauisee. Er umgeht einen Hangabbruch oberhalb und senkt sich dann ins Tal des Triftwassers. Man passiert die **Bergstation der Triftseilbahn** (1357 m), quert wenig weiter auf solider Brücke den Gletscherbach

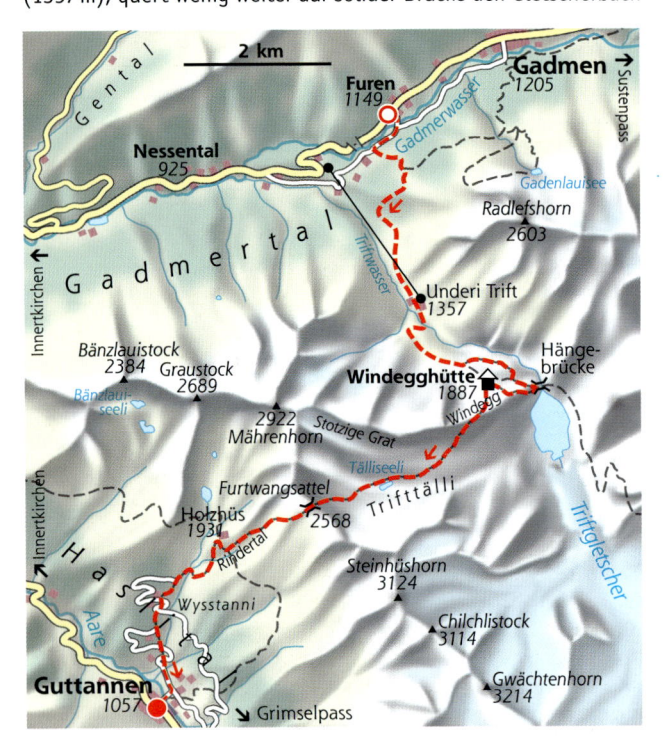

# Furtwangsattel 45

Luftiger Gletscherblick: auf der Trift-Hängebrücke

und steigt hinauf zu »**Bosslis Stein**« (ca. 1625 m). Hier gabelt sich die Route: rechts direkt zur Windegghütte, links hoch über der Granitschlucht des Triftwassers zur **Trift-Hängebrücke** (ca. 1760 m). Wer schwindelfrei ist, nimmt die zweimal 170 Meter unter die Füße: hin und zurück.

**Über den Furtwangsattel**   Von der Brücke leiten die Markierungen noch gut hundert Höhenmeter über die vom Eis glatt polierten Felsen (Ketten) bergan. Dann leitet die Spur hinüber zur **Windegghütte** (1887 m). Wenig oberhalb der beliebten Einkehr zweigt der Weg nach Innertkirchen ab (Tafeln). Er gewinnt an dem felsigen Rücken des Windeggs zügig an Höhe, bietet dabei Aussicht auf die arktisch anmutende Eislandschaft um den Triftgletscher. An einem Felsdurchlass betritt man das Trifttälli. Ein Stück taleinwärts liegt in einem Geröllboden der kleine **Tällisee** (2267 m). Hier beginnt der Schlussanstieg zum Pass: rechts um das Gewässer herum, dann links an einem Felsriegel vorbei und schließlich über einen Geröllhang hinauf in den **Furtwangsattel** (2568 m).
Der lange Abstieg führt durch das Rindertal zunächst hinunter zur **Alp Holzhüs** (1931 m). Rund 200 Meter tiefer kreuzt man erstmals eine Alpstraße. Auf ihr über den Hostetbach, dann links und auf dem weiß-rot-weiß markierten Bergweg über **Wysstanni** hinunter nach **Guttannen** (1057 m).

Die Trift-Seilbahn

179

Haslital, Brienzersee

# 46 Sustenhorn (3503 m) und Gwächtenhorn (3420 m)
## Gletscherberge im östlichsten Berner Oberland

| WS– | 13.15 Std. | ↑↓ 1720 m |

**Tourencharakter:** Hochalpine Tour über einen sehr spaltigen Gletscher. Erfahrung und sicherer Umgang mit Gletscherausrüstung sowie gute Kondition notwendig. Nur bei sicherem Wetter.
**Beste Jahreszeit:** Juni bis September.
**Ausgangs-/Endpunkt:** Parkplatz in Umpol (2090 m). Privatstraße ab Hotel Steingletscher, Mautgebühr.
**Verkehrsanbindung:** Bahnverbindung von Interlaken (und Luzern) nach Meiringen, Bus zum Hotel Steingletscher, mit dem Pkw von Meiringen.
**Gehzeiten:** Gesamt 13.15 Std. Umpol – Tierberglihütte 2.15 Std., Tierberglihütte – Gwächtenhorn 4 Std., Gwächtenhorn – Sustenhorn 3 Std., Sustenhorn – Tierberglihütte 2.30 Std., Tierberglihütte – Umpol 1.30 Std.
**Einkehr/Unterkunft:** Tierberglihütte, Ende Juni bis Mitte Oktober; +41/33/971 27 82, www.tierbergli.ch; Hotel Steingletscher, Anfang Juli bis Ende Sept. Tel. +41/33/975 12 22, ww.sustenpass.ch
**Markierung:** Bis zur Tierberglihütte weiß-blau-weiße Markierung.
**Karte:** Swisstopo 1:25 000, 1211 Meiental.
**Infos:** Haslital Tourismus, CH-3860 Meiringen, Tel. +041/33/972 50 50, www.haslital.ch

Sustenhorn und Gwächtenhorn – zwei Nachbarn in fantastischer Landschaft. Die Gipfel ermöglichen einen makellosen Weitblick über Titlis, Wendenstöcke und die hohen Gipfel der Berner Alpen. Das Abschmelzen der Gletscher bringt immer mehr Gestein hervor, das noch vor 20 Jahren kaum passierbare, blau schimmernde, massive Eisschild am Sustenhorn ist einem Gletscherrest gewichen. Trotz einiger Spalten gelangt man über zwei verhältnismäßig einfache Routen zu den Gipfeln. Wer bereits beim Hotel Steingletscher startet, muss im Anstieg zusätzlich 1 Std. einplanen.

**Zur Tierberglihütte** Zur Tierberglihütte (2795 m) führt von **Umpol** (2090 m) ein markierter Wanderweg über vom Gletscher glatt geschliffene Felsen. Im oberen Teil befinden sich einige Ketten, um auch den weniger Mutigen den Aufstieg zu erleichtern.

**Zum Gwächtenhorn** Am nächsten Morgen geht es zunächst hinab auf den Gletscher, wo man anseilt und die Steigeisen anlegt. Nach einer Querung dieses Gletscherteils in Richtung des gut sichtbaren Gletscherbruchs, beginnt der eigentliche Anstieg im rechten Teil des Bruches. Am Plateau angekommen geht man geradeaus Richtung **Sustenlimi**, zwischen Vorderem Sustenlimihorn und dem Rotstock.

## Sustenhorn und Gwächtenhorn 46

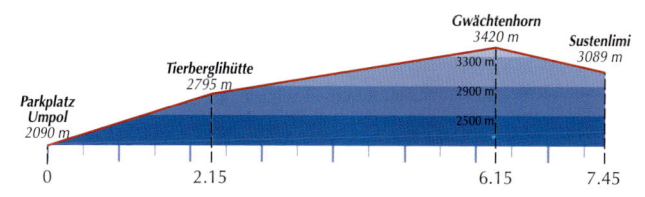

Es wird ein weiterer Gletscherbruch durchquert oder bei Ausaperung etwas nach Osten ausgewichen. Schließlich dreht man nach Westen ab und beginnt den Aufstieg zum Gwächtenhorn. Vorbei an weiteren Spalten geht es zum Teil in mäanderartigen Linien bergauf. Zuletzt legt sich das Gwächtenhorn weit zurück und über einen fast ebenen Rücken wird der Gipfel des **Gwächtenhorns** (3420 m) erreicht.

**Zum Sustenhorn**  Abstieg direkt zur Sustenlimi, um **P. 3089 m** zu erreichen. Von hier zunächst sanft, dann schnell recht steil (35°) hinauf in Richtung Sustenhorn. Eine große Querspalte wird weit links überquert, um danach sofort wieder Richtung Grat hinaufzuspuren. Dort ist ein großer Abstand von den Wechten zu halten. Der Gletscher legt sich zurück und der Felsaufbau mit Gipfelkreuz wird

Gwächtenhorn vom Anstieg zum Sustenhorn

# 46 Haslital, Brienzersee

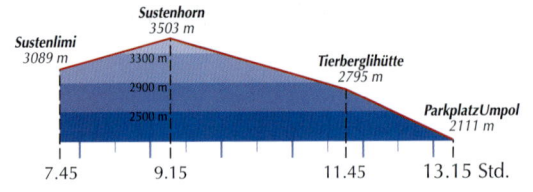

```
Sustenlimi    Sustenhorn
3089 m        3503 m
              3300 m        Tierberglihütte
              2900 m        2795 m
              2500 m                    Parkplatz Umpol
                                        2111 m
7.45          9.15          11.45       13.15 Std.
```

sichtbar. Man überquert ein Felsband, gelangt erneut auf den Gletscher bevor ein letzter kurzer, nochmals steiler Anstieg zum Gipfel des **Sustenhorns** (3503 m) in traumhafter Umgebung leitet.

**Abstieg**   Dieselbe Route wie Aufstieg zum Sustenhorn, nur schon unterhalb der großen Querspalte nach Osten abdrehen, um das Plateau zu erreichen. Der Abstiegsweg quert den Bruch relativ weit nördlich auf einer kleinen Erhebung, die den Bruch zweiteilt. Hier weiter zur Aufstiegsroute und am unteren Plateau zurück zur Tierberglihütte und weiter nach Umpol.

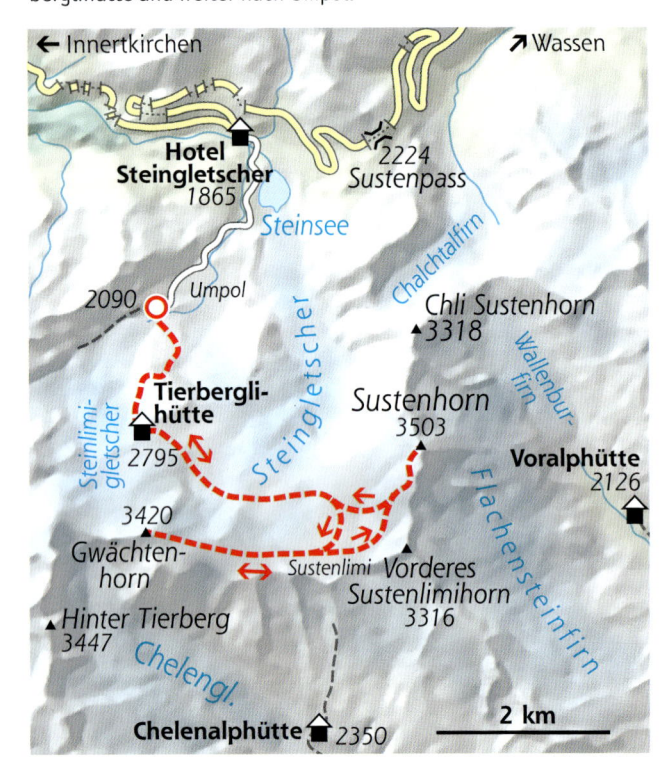

182

# Gaulihütte (2205 m) und Gauligletschersee

## Verborgenes Landschaftsjuwel

**47**

T5 | 10.30 Std. | ↑↓ 1600 m

**Tourencharakter:** Tal-, Hütten- und (fast) Gletscherwanderung in großer Kulisse mit einem absoluten Knaller: dem Tiefblick auf den arktisch anmutenden See vor dem Gauligletscher. Es empfiehlt sich aus »dramaturgischen« Gründen, die Tour im Gegenuhrzeigersinn zu unternehmen; als Zugabe gibt's dann noch einen Mini-Klettersteig (mit Wasserrauschen im Ohr). Eine Übernachtung in der gemütlichen Gaulihütte ist sehr zu empfehlen – nicht nur wegen der Tourenlänge. Weiter interessant: das Gletschervorfeld mit seinen Tümpeln und einer ortstypischen Flora, die neue Hängebrücke, die luftige Hangtraverse unterhalb des Mattenalpsees. Selbstsicherung für den kurzen Klettersteig nicht erforderlich.
**Beste Jahreszeit:** Ende Juni bis Ende September.
**Ausgangs-/Endpunkt:** Kleiner Wanderparkplatz im Urbachtal (880 m).
**Verkehrsanbindung:** Innertkirchen (625 m) ist Ausgangspunkt der beiden großen Passstraßen über den Susten und die Grimsel, per Postbus gut erreichbar. Südlich führt eine kleine Straße über ein paar Serpentinen in den flachen Boden des Urbachtals, 5 km. Kein Postbus!
**Gehzeiten:** Gesamt 10.30 Std. Urbachtal – Gaulihütte 4.45 Std., Gaulihütte – Chammliegg – Gletschersee – Wasserfälle – Mini-Klettersteig – Mattenalpsee 3.30 Std., Mattenalpsee – Urbachtal 2.15 Std.
**Einkehr/Unterkunft:** Gaulihütte, Mitte Juni bis Ende September; Tel. +41/33/971 31 66, www.gauli.ch
**Markierung:** Weiß-rot-weiße, weiß-blau-weiße und weiß-gelb-weiße Markierungen, Wegzeiger (gelb am Hüttenzustieg, dann Holzschilder).
**Karten:** Swisstopo 1:50 000, 255 T Sustenpass; 1:25 000, 1230 Guttannen.
**Info:** Touristinformation, Bahnhofstraße 22, CH-3860 Meiringen; Tel. +41/33/972 50 50, www.alpenregion.ch

Auf einer Fahrt durch das Haslital gibt es so viel zu entdecken, dass man jenes Seitental, das sich hinter einer bewaldeten Geländestufe südlich von Innertkirchen versteckt, leicht übersehen kann. Das ist schade, auch wenn es hilft, die Ursprünglichkeit dieses Bergwinkels zu erhalten. Denn hinter der Gaulihütte, die nach knapp fünfstündiger Wanderung erreicht ist, am Chamliegg, steht man ganz unvermittelt vor einer Szenerie, die selbst im Berner Oberland ihresgleichen sucht: Gut zweihundert Meter tiefer liegt ein größerer See, in dem mächtige Eisbrocken schwimmen, abgebrochen von der Zunge des Gauligletschers. Da fehlt nur noch ein Eisbär, dann wäre das arktische Bild perfekt ...

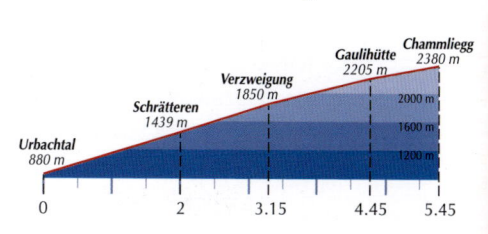

# 47 Haslital, Brienzersee

Arktische Landschaft im Oberland: der Gauligletschersee

Ein Halbrund von Dreitausendern bildet den Rahmen des grandiosen Bildes, alle mehr oder weniger vergletschert, und das Eis hat auch die Felsen, über die man zum Seeufer absteigt, glatt geschliffen. Markierungen leiten anschließend durch das Vorfeld des Gletschers zu einem steilen Felsabbruch. Rechts stiebt das Wasser in die Tiefe, links helfen Sicherungen hinunter ins Blockgelände: eine Mini-Ferrata.

Ein paar Sicherungen gibt's auch noch am Rückweg, an der längeren Querung mit Gegenanstieg hinter dem Mattenalpsee. Der ist aufgestaut, sammelt das (Schwitz-)Wasser der Gletscher zwischen dem Bärglistock (3655 m) und dem Hiendertelltihorn (3179 m), leitet es dem Kraftwerk Handegg der KWO zu: heile Bergwelt mit kleinem Schönheitsfehler ...

**Hüttenanstieg**   Die lange Wanderung zur Gaulihütte beginnt auf einem Sandsträßchen. Hinter den Hütten von **Rohrmatten** (1043 m) wird aus der Fahrspur ein Alpweg. Er gewinnt an der linken Talflanke in Kehren zügig an Höhe, passiert einen Graben (Undri Schmallaui) und steuert dann über schmale

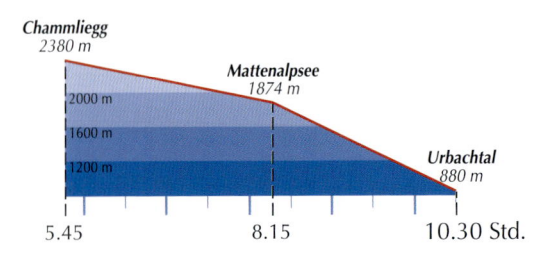

*Chammliegg* 2380 m
*Mattenalpsee* 1874 m
*Urbachtal* 880 m
5.45   8.15   10.30 Std.

# Gaulihütte und Gauligletschersee 47

Bänder (Geländer) ohne weiteren Höhengewinn das Almgelände von **Schrätteren** (1439 m) an. Dahinter quert man den Bach; wenig weiter geht rechts der Zustieg zur Dossenhütte ab. Der Gauliweg steigt in Kehren über einen licht bewaldeten Hang an zu einer steinigen Rinne. Hoch über der wilden Klamm des Urbachs gewinnt man eine kleine **Hangterrasse** (1850 m), wo sich die Route gabelt: geradeaus zum Mattenalpsee (siehe Abstieg), rechts über den felsdurchsetzten Hang der Hohwang hinauf zu einer markanten **Geländeschulter** (2216 m). Unter dem Tälligrat flach hinein ins Tälli und mit leichtem Auf und Ab über das vom Gletschereis geprägte Gelände zur **Gaulihütte** (2205 m).

**Zum Gauligletschersee** Von der ganzen Gletscherpracht ist hier noch kaum etwas zu sehen. Man folgt also den weiß-blau-weißen Markierungen. Sie leiten von der Hütte kurz abwärts zum Chammlibach, jenseits durch ein winziges Tälchen bergan, dann nach links auf ein felsiges Eck und weiter zu einer markanten Terrasse am **Chammliegg** (2380 m) mit großem Steinmann. Bitte vortreten – und Vorhang auf!

Zweihundert Meter tiefer schaukeln die Eisbrocken im milchig-grünen Wasser. Die Zunge des Gauligletschers, der trotz Klimaerwärmung immer noch einen grandiosen Anblick bietet, hängt direkt ins Wasser, kalbt ab und zu.

Von dem Aussichtsbalkon steigt man mit Kettensicherung ab zum See, wahlweise zu seinem oberen Ende (weitgehend weglos, Blockwerk, Geröll) oder (weiß-blaue Kreismarkierungen, Sicherungen) zum unteren Ende. Hier stößt man auf eine deutliche weiß-gelbe Markierung. Sie leitet über die Buckellandschaft im Gletschervorfeld zur neuen, etwa zwanzig Meter langen Hängebrücke (Gletscherübergang zur Grubenhütte).

# 47 Haslital, Brienzersee

**Eine Mini-Ferrata** Die weiß-gelb-weißen Markierungen folgen dem Gletscherbach weiter bis zu einem markanten Geländeabbruch. Rechts rauscht das Wasser über die hohe Felsstufe hinunter, Bergsteiger finden Halt an den soliden Sicherungen (Ketten, Eisenstiften, Krampen), die hinableiten in den Karboden. Hier ist zunächst Blockhüpfen angesagt, bis man aus dem Trümmerfeld herauskommt. Ein guter Weg führt dann talauswärts zum **Mattenalpsee** (1874 m) und rechts an dem aufgestauten Gewässer vorbei. Auf einer soliden Brücke überquert man den Urbach und folgt dem Weg, der zunächst einen felsdurchsetzten Hang quert, dann über Steinstufen (Drahtseile) ansteigt und flach hinüberläuft zur Verzweigung, **P. 1850 m** unter der Hohwang. Auf dem Hinweg hinab ins Urbachtal und zurück zum Ausgangspunkt der großen Runde.

Das Gstellihorn, höchster Gipfel der Engelhörner

Ein gemütliches Refugium: die Gaulihütte

# Oberaarhorn (3629 m)

Logenplatz mit Blick auf den höchsten Berner

**48**

| L | 11 Std. | ↕ 1340 m |

**Tourencharakter:** Leichte Hochtour für Einsteiger, aber auch dieser Gletscher hat Spalten, die eine komplette Gletscherausrüstung verlangen. Eine Übernachtung auf der Oberaarjochhütte (3256 m) teilt die Tour in zwei angenehme Etappen.
**Beste Jahreszeit:** Ende Juni bis Mitte September.
**Ausgangs-/Endpunkt:** Berghaus Oberaar (2338 m), oberhalb vom Grimselpass. Die einspurige Straße darf jeweils zur vollen Stunde 10 Minuten befahren werden. Ausfahrt zur halben Stunde.
**Verkehrsanbindung:** Von Bern mit der SBB zum Bahnhof Meiringen, weiter mit dem Postauto zum Grimselpass. Zum Berghaus Oberaar keine Busverbindung.
**Gehzeiten:** Gesamt 11 Std. Berghaus Oberaar – Oberaarjochhütte 5 Std., Oberaarjochhütte – Oberaarhorn 2 Std., Oberaarhorn – Oberaarjochhütte 1 Std., Oberaarjochhütte – Berghaus Oberaar 3 Std.
**Einkehr/Unterkunft:** Berghaus Oberaar (2338 m), Juni bis Sept., Tel. +041/33/982 48 11, www.grimselwelt.ch/hotels/restaurant-und-berghaus-oberaar; Oberaarjochhütte (3256 m) Tel. +041/33/972 13 82
**Markierung:** Bis zum Gletscher rote-weiße Markierung, am Gletscher zur Hütte keine Markierung, von der Hütte zum Gipfel rote Markierung.
**Karte:** Swisstopo 1:25 000, 1225 Ulrichen
**Infos:** Haslital Tourismus, CH-3860 Meiringen, Tel. +041/33/972 50 50, www.haslital.ch

Der Gipfel des Oberaarhorns ist ein Logenplatz mit besten Blick auf den höchsten Berner Gipfel, das Finsteraarhorn (4274 m). Das ist aber nicht der einzige Grund, der für das Oberaarhorn spricht: neben der fantastischen Aussicht auf weitere 4000er bietet die Tour ei-

# 48 Haslital, Brienzersee

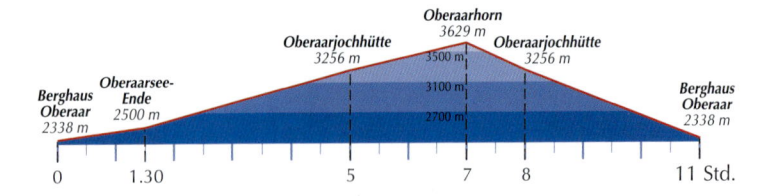

Berghaus Oberaar 2338 m — Oberaarsee-Ende 2500 m — Oberaarjochhütte 3256 m — Oberaarhorn 3629 m — Oberaarjochhütte 3256 m — Berghaus Oberaar 2338 m

0 — 1.30 — 5 — 7 — 8 — 11 Std.

nen genussvollen Anstieg ohne allzu große Schwierigkeiten. Ein weiteres Argument ist die oberhalb des Oberaarjoch gelegene Oberaarjochhütte (3256 m). Mit einer Übernachtung auf der Hütte und einem frühen Aufstieg kann man einen unvergesslichen Sonnenaufgang auf dem Gipfel erleben.

**Aufstieg** Vom **Oberaarsee** unterhalb des Berghauses geht es zuerst über die Staumauer und anschließend in 1.30 Std. auf gut markiertem Weg am See entlang. Am Ende des Sees folgt man den Markierungen zum Gletscher, der problemlos erreicht wird. In gerader Linie wird über den relativ flachen **Oberaargletscher** auf das schon lange sichtbare **Oberaarjoch** (3212 m) zugesteuert. Dabei ist auf die großen Spalten ab 3000 m zu achten. Vom Joch gelangt man über Schutt zu einer Leiter und auf einem gesicherten Steig in wenigen Minuten zur **Oberaarjochhütte** (3256 m).

Nach der Hütte folgt man einem markierten Steig über leichte Felsen zum firnigen Gipfelrücken, über den der Gipfel des **Oberaarhorns** (3629 m) ohne Probleme erreicht wird. Der ideale Zeitpunkt zum Aufbruch bei Übernachtung auf der Hütte ist Sonnenaufgang minus

Im Gipfelfirn des Oberaarhorns

## Oberaarhorn 48

zwei Stunden. Dann wird der Morgen sicherlich zu einem unvergesslichen Erlebnis. Finsteraarhorn, Schreckhorn und Lauteraarhorn zeigen die Seiten ihrer Normalwege, rechts daneben noch die Wetterhorngruppe. Im Süden präsentieren sich die Walliser 4000er: Mischabelgruppe, Matterhorn und Weisshorn. Im Nahbereich sind noch das Grosse Wannenhorn und das Aletschhorn zu erkennen.

**Abstieg**   Auf dem Anstiegsweg.

Am Oberaargletscher mit dem Oberaarjoch

# Register

Aeugi-Lowa-Weg 78
Albristhorn 74ff.
Ällgäuhorn 170
Alpen tower 171, 173
Alpiglen 143, 146
Ammertenspitz 77
Arpelistock 34, 37
Augstmatthorn 166f.

Bachsee 139
Balmhorn 98, 100
Blüemlisalphorn 109ff.
Blüemlisalphütte 109, 111
Bonderalp 80, 84
Brienzer Rothorn 168
Brienzergrat 168
Brienzersee 164f.
Bundalp 116, 119
Bunderspitz 84ff., 86

Chammliegg 183, 185

Daubensee 93
Diemtigtal 22f., 53, 56
Doldenhorn 105, 108
Doldenhornhütte 105, 107
Dossen 150
Dossenhütte 147, 150

Eiger-Nordwand 144
Eiger-Trail 143
Elsigenalp 113, 115
Elsighorn 113, 115
Engstligenalp 77f., 80, 83
Engstligental 68f.
Erlenbach 64

Faulhorn 136f.
Faulhorn, Berghotel 136
Felsenhorn 94, 97
First 134ff., 139f., 142
Frutigland 68f.
Furtwangsattel 177, 179

Gadmerflue 174, 176
Gamchi 116, 118
Gamchigletscher 116, 118f.
Gantrisch 61
Gantrisch-Klettersteig 59, 61
Gauligletschersee 183, 185
Gaulihütte 183, 185
Geltenhütte 34, 36
Gemmenalphorn 126f.
Gemmipass 87, 90f.
Giferspitz 24, 26
Glacier de la Plaine Morte 52
Glecksteinhütte 147

Glogghüs 171f.
Golitschepass 113f.
Griesalp 116ff.
Grimmialp 73
Grosse Scheidegg 134, 134
Gsürweg 75
Guggihütte 151ff.
Güggisgrat 126
Gummfluh 27, 29
Gurnigel, Berghaus 59
Gwächtenhorn 180f.

Habkern 166f.
Haslital 164f.
Hochstollen 171f.
Hockenhorn 101, 104
Hohgant 129ff.
Hohtürli 111
Hundshorn 157f., 160

Iffigenalp 38f., 42, 45ff., 48f., 51
Iffighore 42, 44
Iffigsee 39, 44f.

Jungfrau Region 120f.
Jungfraujoch 120, 160

Kandersteg 86
Kandertal 68f.
Käserstatt, Berghaus 171
Kiental 68f.
Kleine Scheidegg 143, 156, 151
Kummenalp 101, 104

Lämmerenhütte 52, 87f.
Leukerbad 89
Lohnerhütte 80f., 83
Lohner-Westflankensteig 80ff.
Lötschenpass 101, 103
Lötschenpasshütte 101, 103
Louwenehore 25f.

Männdlenen, Berghaus 136
Männlichen 143, 145
Männliflue 70, 72f.
Meiringen 165
Mönch 154, 156
Mönchsjochhütte 154f.
Morgenberghorn 132f.
Mülenen 65, 67

Niederhorn 126, 128
Niesen 65ff.
Niesen, Berghaus 65

Oberaar, Berghaus 187f.
Oberaarhorn 187f.
Oberaarjochhütte 187f.
Oberberghorn 137
Oberstockenalp 62, 64
Oeschinensee 111
Oldenegg 32
Oldenhorn 30, 33

Rezliberg 46, 48
Rosenhorn 147, 150
Rosenlaui 150
Rothorn 171, 173
Rothorn Kulm 168f.
Rotstockhütte 157, 160
Rotstock-Klettersteig 146

Saanenland 22f.
Sanetschpass 37
Scheidegg 56, 58
Schilthorn 157, 159
Schnidejoch 43
Schwalmere 161f.
Schwarenbach, Berghaus 90, 93f., 96f., 98f.
Schwarzhorn (Grindelwald) 140
Schwarzhorn (Gemmi) 87ff.
Schynige Platte 136ff.
Seebergsee 56, 58
Sigriswiler Rothorn 122
Sigriswilgrat 123, 125
Simmental 22f.
Stand 56f.
Stockhorn 62, 64
Suggiture 167
Sustenhorn 180, 182

Tällihütte 174, 176
Tälli-Klettersteig 174ff.
Tannhorn 170
Thunersee 120f.
Tierberglihütte 180
Tierbergsattel 46f.
Trift-Hängebrücke 177ff.

Üschenegrat 90ff.

Wildgärst 134f.
Wildhorn 38, 41
Wildhornhütte 38f., 45
Wildstrubel 49ff.
Wildstrubelhütte 49, 51
Windegghütte 177, 179
Wiriehorn 53, 55
Wyssi Flue 92

# Wanderland Schweiz

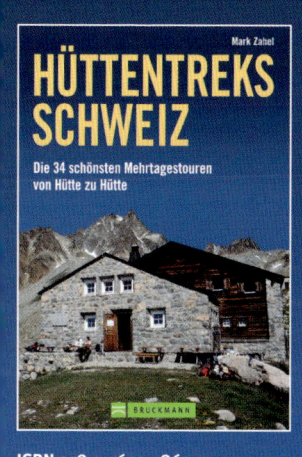

**HÜTTENTREKS SCHWEIZ**
Mark Zahel
Die 34 schönsten Mehrtagestouren von Hütte zu Hütte

ISBN 978-3-7654-4860-7

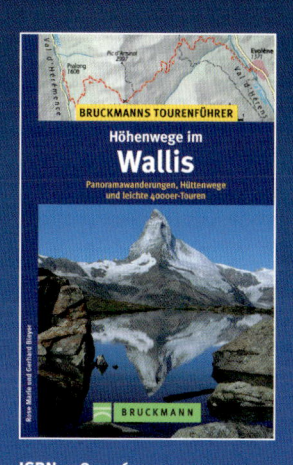

**BRUCKMANNS TOURENFÜHRER**
**Höhenwege im Wallis**
Panoramawanderungen, Hüttenwege und leichte 4000er-Touren

ISBN 978-3-7654-5241-3

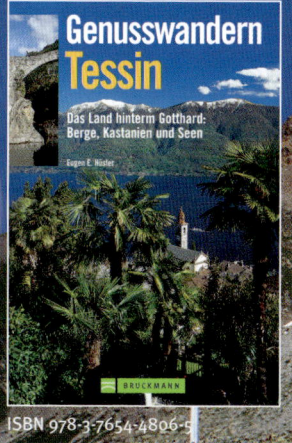

**Genusswandern Tessin**
Das Land hinterm Gotthard: Berge, Kastanien und Seen
Eugen E. Hüsler

ISBN 978-3-7654-4806-5

Das komplette Programm unter
www.bruckmann.de

**BRUCKMANN**

# Impressum

## DIE AUTOREN

**Eugen E. Hüsler** ist seit über 40 Jahren in den Alpen unterwegs, ohne dabei ein Extremer zu sein. Inzwischen nähern sich seine Wanderführer, Klettersteigführer und Bildbände der 100er-Marke.
**Peter Deuble** ist seit über 20 Jahren wandernd und fotografierend in den Alpen unterwegs. Den bekennenden Schweiz-Fan zieht es immer wieder ins Berner Oberland.
**Markus Meier** ist für alle Spielarten des Bergsports zu haben, egal ob Wandern, Klettern oder Hoch- und Skitouren. Er ist Fachübungsleiter Bergsteigen und Skihochtouren im DAV.

**Unser komplettes Programm:**
## www.bruckmann.de

Produktmanagement: Dr. Heike Degenhardt
Lektorat: Elisabeth Pfurtscheller, Innsbruck, Österreich
Layout: Medienfabrik GmbH, Stuttgart
Repro: Cromika sas, Verona
Kartografie: Rolle Kartografie, Holzkirchen
Herstellung: Thomas Fischer
Printed in Italy by Printer Trento S.r.l.

Alle Angaben des Werkes wurden von den Autoren sorgfältig recherchiert und auf den aktuellen Stand gebracht sowie vom Verlag geprüft. Für die Richtigkeit der Angaben kann jedoch keine Haftung übernommen werden. Für Hinweise und Anregungen sind wir jederzeit dankbar. Bitte richten Sie diese an:
Bruckmann Verlag
Postfach 40 02 09
80702 München
E-Mail: lektorat@verlagshaus.de

Die Autoren zu den jeweiligen Touren sind:
Eugen E. Hüsler: 1, 2, 6, 7, 10, 11, 15, 17, 19, 20, 27, 28, 31, 33, 34, 35, 37, 42, 43, 44, 45, 47
Peter Deuble: Einleitung, 3, 4, 5, 8, 9, 12, 13, 14, 16, 18, 21, 23, 26, 29, 30, 32, 39, 40, 41
Markus Meier: 22, 24, 25, 36, 38, 46, 48

Bildnachweis: Alle Aufnahmen stammen von den Autoren mit folgenden Ausnahmen: Seite 6: Hildegard Hüsler; Seiten 10, 12: Markus Meier; Seiten 59, 61: Peter Deuble; Seiten 98, 100, 188: Veronika Vitzthum; Seite 107: Martin Hainz; Seite 181: Janina Meier

Umschlagvorderseite: Wanderin am Ammertenpass, links der Wildstrubel (Foto: Deuble)
Umschlagrückseite: Am schmalen Gipfelgrat des Mönchs, im Hintergrund Finsteraarhorn (Foto: Meier)
Seite 1: Wappentier – der Berner Bär am Suggiture (Foto: Deuble)

Die Deutsche Nationalbibliothek verzeichnet diese Publikation in der Deutschen Nationalbibliografie; detaillierte bibliografische Daten sind im Internet über http://dnb.d-nb.de abrufbar.

© 2010 Bruckmann Verlag GmbH

ISBN 978-3-7654-5002-0